박문각

파이널 패스

핵심이론과 함께하는

100선

박문각 공인중개사

김화현 민법·민사특별법

브랜드만족 1위 박문각

근거자료 별면표기

2024

합격까지 박문각 공인중개사

CONTENTS

이 책의 차례

PART 01 민법총칙 ···· 4

PART 02 물권법 ···· 20

PART 03 계약법 ···· 38

PART 04 민사특별법 ···· 49

부 록 01 복습문제 ···· 60
02 복습문제 ···· 100
03 복습문제 ···· 140
정 답 ···· 180

PART

01 민법총칙

01 甲은 자기소유의 X토지에 대하여 乙과 매매계약을 체결하였으나 X토지의 지번 등에 착오를 일으켜 계약서에는 Y토지 잘못 기재하였다. 다음 설명 중 틀린 것은? (다툼이 있으면 판례에 의함) [정답 : 3개]

① X토지에 관하여 매매계약이 성립하지만, 甲은 착오를 이유로 X토지에 대한 계약을 취소할 수 있다.

② Y토지에 관하여 매매계약이 성립한다.

③ Y토지에 관하여 乙명의로 이전등기가 경료되었다면, 그 이전등기는 무효이다.

④ X토지에 관하여 乙은 소유권을 취득하였다.

정답 ①, ②, ④

해설 ① X토지에 관하여 매매계약이 유효하게 성립하므로, 甲은 착오를 이유로 X토지에 대한 계약을 취소할 수 없다.
② Y토지가 아니라 X토지에 관하여 매매계약이 성립한다.
④ X토지에 관하여 乙은 이전등기를 하여야 소유권을 취득한다.

02 반사회적 법률행위에 관한 내용 중 틀린 것은? (다툼이 있으면 판례에 의함) [정답 : 6개]

① 반사회질서의 법률행위에 해당하는지 여부는 해당 법률행위가 효력이 발생하는 때를 기준으로 판단해야 한다.

② 소송에서 증언할 것을 조건으로 통상 용인되는 수준을 넘는 대가를 지급하기로 하는 약정은 반사회적 법률행위로서 무효이다.

③ 사회질서에 위반되는 행위로서 무효임에도 이미 이행한 경우에는 부당이득반환청구를 할 수 없으나 소유권에 기한 반환청구를 할 수 있다.

④ 공무원의 직무에 관하여 부정한 청탁의 대가로 금전을 지급하기로 한 약정은 반사회적 법률행위로서 무효이다.

⑤ 강제집행을 면할 목적으로 부동산에 허위의 근저당권설정등기를 경료하는 행위는 반사회질서에 해당하는 법률행위로 무효이다.

⑥ 민사사건에서의 성공보수약정은 반사회질서의 법률행위에 해당하지 않는다.

⑦ 형사사건에서의 성공보수약정은 선량한 풍속 기타 사회질서에 위배되는 것으로 평가할 수 있다.

⑧ 도박채무를 변제하기 위해 채무자로부터 부동산의 처분을 위임받은 채권자가 그 부동산을 제3자에게 매도한 경우, 위와 같은 사정을 알지 못하는 제3자가 도박 채권자를 통하여 위 부동산을 매수한 행위는 사회질서에 반하는 법률행위에 해당한다.
⑨ 표시되거나 상대방에게 알려진 법률행위의 동기가 사회질서에 반하는 경우 그 법률행위는 반사회적 법률행위로서 무효이다.
⑩ 보험계약자가 다수의 보험계약을 통하여 보험금을 부정취득할 목적으로 보험계약을 체결한 경우, 이와 같은 보험계약은 민법 제13조 소정의 선량한 풍속 기타 사회질서에 반하여 무효이다.
⑪ 대리인이 매도인의 배임행위에 적극 가담하여 이루어진 부동산의 이중매매는 본인인 매수인이 그러한 사정을 몰랐다면 반사회질서의 법률행위가 되지 않는다.
⑫ 양도소득세를 회피할 목적으로 실제로 거래한 매매대금보다 낮은 금액으로 매매계약을 체결한 행위는 반사회질서에 해당하는 법률행위로 무효이다.
⑬ 반사회적 행위에 의해 조성된 비자금을 소극적으로 은닉하기 위해 체결한 임치약정은 반사회질서의 법률행위에 해당하지 않는다.

정답 ①, ③, ⑤, ⑧, ⑪, ⑫

해설 ① 반사회질서의 법률행위에 해당하는지 여부는 법률행위가 발생하는 때를 기준으로 판단해야 한다.
③ 사회질서에 위반되는 행위로서 무효임에도 이미 이행한 경우, 부당이득반환청구를 할 수 없으며 소유권에 기한 반환청구도 할 수 없다.
⑤ 강제집행을 면할 목적으로 부동산에 허위의 근저당권설정등기를 경료하는 행위는 반사회질서에 해당하는 법률행위로 무효라고 할 수 없다(제108조 무효에 해당한다).
⑧ 도박채무를 변제하기 위해 채무자로부터 부동산의 처분을 위임받은 채권자가 그 부동산을 제3자에게 매도한 경우, 위와 같은 사정을 알지 못하는 제3자가 도박 채권자를 통하여 위 부동산을 매수한 행위는 사회질서에 반하는 법률행위에 해당하지 않는다.
⑪ 대리행위의 하자는 대리인을 표준으로 결정한다. 따라서 대리인이 매도인의 배임행위에 적극 가담하여 이루어진 부동산의 이중매매는 본인인 매수인이 그러한 사정을 몰랐더라도 반사회질서의 법률행위에 해당하여 무효이다.
⑫ 양도소득세를 회피할 목적으로 실제로 거래한 매매대금보다 낮은 금액으로 매매계약을 체결한 행위는 반사회질서에 해당하는 법률행위로 무효라고 할 수 없다.

03 **甲은 자신의 X건물을 乙에게 매도하는 계약을 체결한 후, 다시 X건물을 丙에게 매도·인도하고 소유권이전등기도 해주었다. 다음 설명 중 옳지 않은 것은?** (다툼이 있으면 판례에 의함) [정답: 3개]

① 특별한 사정이 없는 한 丙은 X건물의 소유권을 취득하지 못한다.
② 乙은 甲에게 최고 없이 계약을 해제하고 손해배상을 청구할 수 있다.
③ 丙이 甲의 乙에 대한 배임행위에 적극 가담한 경우, 乙은 丙을 상대로 직접 등기의 말소를 청구할 수 없다.
④ 甲과 丙 사이의 매매계약이 반사회적 법률행위로 무효인 경우라도, 乙은 丙에 대하여 직접 등기의 말소를 청구할 수 없다.
⑤ ④의 경우, 丙으로부터 그 부동산을 전득한 丁이 선의이며 과실 없다면 甲과 丙의 매매계약의 유효를 주장할 수 있다.
⑥ 만약 丙의 대리인 戊가 丙을 대리하여 X토지를 매수하면서 甲의 배임행위에 적극 가담하였다면, 그러한 사정을 모르는 丙은 그 소유권을 취득하지 못한다.
⑦ 丙이 甲과 乙 사이의 매매사실을 알았다면, 乙은 甲을 대위하여 丙 명의의 등기를 말소청구할 수 있다.

정답 ①, ⑤, ⑦

해설 ① 특별한 사정이 없는 한 丙은 선의·악의를 불문하고 X건물의 소유권을 취득한다.
⑤ ④의 경우, 이는 절대적 무효이므로 丙으로부터 그 부동산을 전득한 丁이 선의이며 과실 없더라도 甲과 丙의 매매계약의 유효를 주장할 수 없다.
⑦ 丙이 甲과 乙 사이의 매매사실을 알았더라도 丙이 유효하게 소유권을 취득한다. 따라서 乙은 甲을 대위하여 丙 명의의 등기를 말소청구할 수 없다.

04 **불공정한 법률행위에 관한 설명 중 옳은 것은?** (다툼이 있으면 판례에 의함) [정답: 5개]

① 불공정한 법률행위에는 무효행위의 추인은 인정될 수 있으나 무효행위의 전환은 인정될 수 없다.
② 급부와 반대급부 사이에 현저한 불균형이 존재하는지는 특별한 사정이 없는 한 법률행위 당시를 기준으로 판단하여야 한다.
③ 무경험이란 거래일반에 관한 경험 및 지식의 결여를 의미하는 것이 아니라 어느 특정영역에서의 무경험을 의미한다.
④ 대리행위에 있어서 궁박은 본인을 기준으로 판단하지만, 경솔과 무경험은 대리인을 기준으로 판단한다.

⑤ 급부와 반대급부 사이의 현저한 불균형은 피해자의 궁박·경솔·무경험의 정도를 고려하여 당사자의 주관적 가치에 따라 판단한다.
⑥ 경매절차에서 매각대금이 시가보다 현저히 저렴하더라도 불공정한 법률행위를 이유로 그 무효를 주장할 수 없다.
⑦ 증여와 같은 아무런 대가 없는 법률행위도 불공정한 법률행위에 해당될 수 있다.
⑧ 일방이 궁박 상태에 있었더라도 상대방이 그와 같은 사정을 알면서 이를 이용하려는 의사가 없으면 그 계약은 불공정한 법률행위가 되지 않는다.
⑨ 법률행위가 현저하게 공정을 잃었다고 하여 그 법률행위가 궁박, 경솔 또는 무경험으로 이루어진 것으로 추정되지 않는다.

정답 ②, ④, ⑥, ⑧, ⑨

해설 ① 불공정한 법률행위에는 무효행위의 추인은 인정될 수 없으나 무효행위의 전환은 인정될 수 있다.
③ 무경험이란 특정영역에서의 무경험을 의미하는 것이 아니라 거래일반에 관한 경험 및 지식의 결여를 의미한다.
⑤ 급부와 반대급부 사이의 현저한 불균형의 여부는 객관적 가치에 의하여 판단한다(대판).
⑦ 증여와 같은 아무런 대가 없는 법률행위에는 불공정한 법률행위에 해당될 수 없다.

05 진의 아닌 의사표시에 관한 설명으로 틀린 것은? (다툼이 있으면 판례에 의함)

[정답 : 2개]

① 비진의표시는 상대방이 선의이며 과실이 없는 경우에 한하여 유효하다.
② 진의 아닌 의사표시는 상대방과 통정이 없다는 점에서 통정허위표시와 구별된다.
③ 비진의표시는 원칙적으로 무효이다.
④ 진의란 표의자가 진정으로 마음속에서 바라는 사항을 뜻하는 것이 아니다.
⑤ 표의자가 강박에 의하여 증여의 의사표시를 한 경우, 재산을 강제로 빼앗긴다는 것이 표의자의 본심에 잠재되어 있었다면 그 의사표시는 진의 아닌 의사표시라고 할 수 있다.

정답 ③, ⑤

해설 ③ 비진의표시는 원칙적으로 무효이다.
⑤ 표의자가 강박에 의하여 증여의 의사표시를 한 경우, 비록 재산을 강제로 빼앗긴다는 것이 표의자의 본심에 잠재되어 있었다고 하더라도 그 의사표시는 증여의 의사가 결여된 의사표시(진의 아닌 의사표시)라고 할 수 없다.

06 **甲은 채권자 A의 강제집행을 면하기 위하여 자신의 부동산에 관하여 乙과 통정한 허위의 매매계약에 따라 소유권이전등기를 乙에게 해주었다. 그 후 乙은 이러한 사정을 모르는 丙과 위 부동산에 대한 매매계약을 체결하고 그에게 소유권이전등기를 해주었다. 다음 설명 중 틀린 것은?** (다툼이 있으면 판례에 따름) [정답 : 5개]

① 甲과 乙의 매매계약은 무효이다.
② 丙이 부동산의 소유권을 취득한다.
③ 甲은 丙을 상대로 이전등기의 말소를 청구할 수 없다.
④ 乙은 丙에 대해 원인행위의 무효를 이유로 등기말소를 청구할 수 있다.
⑤ 丙이 자신의 소유권을 주장하려면 자신의 선의를 증명해야 한다.
⑥ 丙이 선의이더라도 과실이 있으면 소유권을 취득하지 못한다.
⑦ 丙으로부터 위 부동산을 매수하여 소유권이전등기를 경료한 丁이 악의인 경우, 丁은 소유권을 취득하지 못한다.
⑧ 만약 丙이 악의인 경우, 丙으로부터 위 부동산을 매수하여 소유권이전등기를 경료한 丁은 선의이더라도 소유권을 취득하지 못한다.

정답 ④, ⑤, ⑥, ⑦, ⑧

해설 ④ 선의의 丙은 유효하게 소유권을 취득하였으므로, 乙은 丙에 대해 원인행위의 무효를 이유로 등기말소를 청구할 수 없다.
⑤ 甲이 자신의 소유권을 주장하려면 丙의 악의를 증명해야 한다.
⑥ 丙이 선의라면 과실이 있더라도 소유권을 취득한다.
⑦ 선의의 丙으로부터 위 부동산을 매수하여 소유권이전등기를 경료한 丁은 선의 · 악의를 불문하고 소유권을 취득한다.
⑧ 丙이 악의이더라도, 丙으로부터 위 부동산을 매수하여 소유권이전등기를 경료한 丁은 선의라면 소유권을 취득한다.

07 **甲은 乙에게 자신의 토지를 증여하기로 합의하였으나 甲과 乙은 마치 매도하는 것처럼 계약서를 꾸며서 이전등기를 하였다. 그 뒤 乙은 丙에게 그 토지를 매도하고 이전등기를 하였다. 다음 설명 중 틀린 것은?** (다툼이 있으면 판례에 의함) [정답 : 4개]

① 乙명의의 등기는 효력이 있다.
② 甲과 乙 사이의 매매와 증여계약은 모두 무효이다.
③ 甲은 악의의 丙을 상대로 그 명의의 등기말소를 청구할 수 있다.
④ 乙은 악의의 丙을 상대로 그 명의의 등기말소를 청구할 수 없다.
⑤ 丙은 선의인 경우에 한하여 소유권을 유효하게 취득한다.
⑥ 만약 丙이 甲과 乙 사이에 증여계약이 체결된 사실을 알지 못한데 과실이 있다면 丙은 소유권을 취득하지 못한다.

정답 ②, ③, ⑤, ⑥

해설 ② 甲과 乙 사이의 매매계약은 무효이지만 증여계약은 유효이다.

③ 丙은 선의·악의를 불문하고 유효하게 소유권을 취득하므로, 甲은 악의의 丙을 상대로 그 명의의 등기말소를 청구할 수 없다.

⑤ 丙은 선의·악의를 불문하고 유효하게 소유권을 취득한다.

⑥ 丙은 선의·악의를 불문하고 유효하게 소유권을 취득하므로, 丙이 甲과 乙 사이에 증여계약이 체결된 사실을 알지 못한데 과실이 있더라도 丙은 소유권을 취득한다.

08 **통정허위표시에 관한 설명으로 틀린 것은?** (다툼이 있으면 판례에 따름) [정답: 5개]

① 당사자가 통정하여 증여를 매매로 가장한 경우, 증여와 매매 모두 무효이다.

② 통정허위표시의 무효로 대항할 수 없는 제3자에 해당하는지의 여부를 판단할 때, 파산관재인은 파산채권자 모두가 악의로 되지 않는 한 선의로 다루어진다.

③ 통정허위표시의 무효로 대항할 수 없는 제3자에 해당하는지를 판단할 때, 파산관재인은 파산채권자 일부가 선의라면 선의로 다루어진다.

④ 대리인이 본인 몰래 대리권의 범위 안에서 상대방과 통정허위표시를 한 경우, 본인은 선의의 제3자로서 그 유효를 주장할 수 있다.

⑤ 통정허위표시에 의한 채권을 가압류한 자는 통정허위표시를 기초로 새로운 법률상 이해관계를 맺은 제3자에 해당한다.

⑥ 가장채권을 가압류한 자는 통정허위표시를 기초로 새로운 법률상 이해관계를 맺은 제3자에 해당하지 않는다.

⑦ 통정허위표시에 의해 설정된 전세권에 대해 저당권을 설정받은 자는 통정허위표시를 기초로 새로운 법률상 이해관계를 맺은 제3자에 해당한다.

⑧ 가장전세권에 저당권을 취득한 자는 통정허위표시를 기초로 새로운 법률상 이해관계를 맺은 제3자에 해당하지 않는다.

⑨ 통정허위표시에 의해 체결된 제3자를 위한 계약에서 제3자는 통정허위표시를 기초로 새로운 법률상 이해관계를 맺은 제3자에 해당하지 않는다.

⑩ 가장소비대차에 따른 대여금채권의 선의의 양수인은 민법 제108조 제2항에 따라 보호받는 제3자가 아니다.

정답 ①, ④, ⑥, ⑧, ⑩

해설 ① 당사자가 통정하여 증여를 매매로 가장한 경우, 매매는 가장행위로서 무효이지만, 증여(은닉행위)는 유효이다.

④ 대리행위에서 본인은 제3자에 해당하지 않으므로 통정허위표시의 유효를 주장할 수 없다.

⑥ 가장채권을 가압류한 자는 통정허위표시를 기초로 새로운 법률상 이해관계를 맺은 제3자에 해당한다.

⑧ 가장전세권에 저당권을 취득한 자는 통정허위표시를 기초로 새로운 법률상 이해관계를 맺은 제3자에 해당한다.

⑩ 가장소비대차에 따른 대여금채권(가장채권)의 선의의 양수인은 보호받는 제3자에 해당한다.

09 **착오에 관한 설명으로 옳은 것은?** (다툼이 있으면 판례에 따름) [정답 : 4개]

① 상대방에 의해 유발된 동기의 착오는 동기가 표시되지 않았더라도 중요부분의 착오가 될 수 있다.

② 동기의 착오를 이유로 의사표시를 취소하기 위해서는 그 동기를 의사표시의 내용으로 삼기로 하는 합의가 있어야 한다.

③ 착오가 표의자의 중대한 과실로 인한 경우에는 상대방이 표의자의 착오를 알고 이용하더라도 표의자는 의사표시를 취소할 수 없다.

④ 표의자의 중대한 과실 유무는 착오에 의한 의사표시의 효력을 부인하는 자가 증명하여야 한다.

⑤ 경과실로 인해 착오에 빠진 표의자가 착오를 이유로 의사표시를 취소한 경우, 취소된 의사표시로 인해 손해를 입은 상대방은 불법행위를 이유로 손해배상을 청구할 수 없다.

⑥ 장래의 미필적 사실의 발생에 대한 기대나 예상이 빗나간 것에 불과한 것도 착오라고 할 수 있다.

⑦ 매도인의 하자담보책임이 성립하면 착오를 이유로 한 매수인의 취소권은 배제된다.

⑧ 매도인이 계약을 적법하게 해제한 후에도 매수인은 계약해제에 따른 불이익을 면하기 위하여 중요부분의 착오를 이유로 취소권을 행사하여 계약 전체를 무효로 할 수 있다.

⑨ 당사자가 착오를 이유로 의사표시를 취소하지 않기로 약정한 경우, 표의자는 의사표시를 취소할 수 없다.

정답 ①, ⑤, ⑧, ⑨

해설 ② 동기의 착오를 이유로 의사표시를 취소하기 위해서 그 동기를 의사표시의 내용으로 삼기로 하는 합의가 있어야 하는 것은 아니다.

③ 착오가 표의자의 중대한 과실로 인한 경우라도 상대방이 표의자의 착오를 알고 이용한 경우에는 표의자는 의사표시를 취소할 수 있다.

④ 표의자의 중대한 과실 유무는 착오에 의한 의사표시의 효력을 주장하려는 상대방이 증명하여야 한다.

⑥ 매매계약 당시 장차 도시계획이 변경되어 공동주택, 호텔 등의 신축에 대한 인 · 허가를 받을 수 있을 것이라고 생각하였으나 그 후 생각대로 되지 않은 경우, 이는 법률행위 당시를 기준으로 장래의 미필적 사실의 발생에 대한 기대나 예상이 빗나간 것에 불과할 뿐 착오라고 할 수는 없다.

⑦ 매도인의 하자담보책임이 성립하더라도 착오를 이유로 한 매수인의 취소권은 배제되지 않는다.

10 **사기, 강박에 의한 의사표시에 관한 설명으로 옳은 것은?** (다툼이 있으면 판례에 의함)

[정답 : 6개]

① 교환계약의 당사자 일방이 상대방에게 그가 소유하는 목적물의 시가를 허위로 고지한 경우, 원칙적으로 사기를 이유로 취소할 수 있다.

② 강박에 의한 의사표시가 스스로 의사결정을 할 수 있는 여지가 전혀 없는 상태에서 의사표시의 외형만 있는 것에 불과한 경우에 그 의사표시는 효력이 없다.

③ 사기로 계약을 체결한 경우, 피해자는 불법행위책임을 묻기 위해서 그 의사표시를 취소하여야 한다.

④ 표의자가 제3자의 사기로 의사표시를 한 경우, 상대방이 그 사실을 과실 없이 알지 못한 때에도 그 의사표시를 취소할 수 있다.

⑤ 제3자의 사기에 의해 의사표시를 한 표의자는 상대방이 그 사실을 알았거나 알 수 있었을 경우에 그 의사표시를 취소할 수 있다.

⑥ 상대방이 불법적인 해악의 고지 없이 각서에 서명 · 날인할 것을 강력히 요구하는 것만으로는 강박이 되지 않는다.

⑦ 강박에 의해 증여의 의사표시를 하였다고 하여 증여의 내심의 효과의사가 결여된 것이라고 할 수 없다.

⑧ 대리인의 기망행위에 의해 계약이 체결된 경우, 계약의 상대방은 본인이 선의이더라도 계약을 취소할 수 있다.

⑨ 甲의 대리인 乙의 사기로 乙에게 매수의사를 표시한 丙은 甲이 그 사실을 알지 못한 경우에도, 사기를 이유로 법률행위를 취소할 수 있다.

정답 ②, ⑤, ⑥, ⑦, ⑧, ⑨

해설 ① 교환계약의 당사자 일방이 상대방에게 그가 소유하는 목적물의 시가를 허위로 고지한 경우에도 이는 사기에 해당하지 않는다.

③ 사기로 계약을 체결한 경우, 피해자는 불법행위책임을 묻기 위해서 그 의사표시를 취소하여야 하는 것은 아니다.

④ 표의자가 제3자의 사기로 의사표시를 한 경우, 상대방이 그 사실을 과실 없이 알지 못한 때에는 그 의사표시를 취소할 수 없다.

11 **의사표시에 관한 설명으로 틀린 것은?** (다툼이 있으면 판례에 의함) [정답: 6개]

① 우편물이 보통우편의 방법으로 발송되었다는 사실만으로는 그 우편물이 상당기간 내에 도달하였다고 추정할 수 없다.

② 우편물이 내용증명우편이나 등기취급의 방법으로 발송되고 반송되지 않은 경우에는 특별한 사정이 없는 한 그 무렵에 송달된 것으로 보아야 한다.

③ 과실로 상대방의 소재를 알지 못하는 표의자는 공시송달에 의하여 의사표시의 효력을 발생시킬 수 있다.

④ 표의자가 의사표시 발신 후 행위능력을 상실하면 그 의사표시를 취소할 수 있다.

⑤ 표의자는 의사표시가 도달하기 전에는 그 의사표시를 철회할 수 있다.

⑥ 상대방이 정당한 사유 없이 통지의 수령을 거절한 경우에는 상대방이 그 통지의 내용을 알 수 있는 객관적 상태에 놓여 있는 때에 의사표시의 효력이 생기는 것으로 보아야 한다.

⑦ 매매 목적물과 대금은 매매계약 체결시 반드시 구체적으로 확정되어야 한다.

⑧ 중간생략등기는 부동산등기특별조치법상 형사처벌하도록 되어 있으므로 중간생략등기합의에 관한 사법상 효력도 인정되지 않는다.

⑨ 농지법상 농지취득자격증명은 농지취득의 원인이 되는 법률행위의 효력발생요건이다.

⑩ 표의자가 매매의 청약을 발송한 후 사망하면 그 청약의 효력은 상실한다.

정답 ③, ④, ⑦, ⑧, ⑨, ⑩

해설 ③ 과실 없이 상대방의 소재를 알지 못하는 표의자는 공시송달에 의하여 의사표시의 효력을 발생시킬 수 있다.

④ 표의자가 의사표시 발신 후 행위능력을 상실하더라도 그 의사표시를 취소할 수 없다.

⑦ 매매 목적물과 대금은 매매계약 체결시 반드시 구체적으로 확정되어야 하는 것은 아니고 이를 사후에라도 확정할 수 있는 기준과 방법이 마련되어 있으면 족하다.

⑧ 중간생략등기는 부동산등기특별조치법상 형사처벌하도록 되어 있으나 중간생략등기합의에 관한 사법상 효력까지 부인되는 것은 아니다(단속규정).

⑨ 농지법상 농지취득자격증명은 농지취득의 원인이 되는 법률행위의 효력발생요건이 아니라 등기요건에 해당한다.

⑩ 표의자가 매매의 청약을 발송한 후 사망하여도 그 청약의 효력에 영향을 미치지 아니한다(유효).

12 **甲은 자신의 X토지를 매도하기 위해 乙에게 포괄적인 대리권을 수여하였고, 乙은 甲을 위한 것임을 표시하고 X토지에 대하여 丙과 매매계약을 체결하였다. 다음 설명 중 틀린 것은?** (다툼이 있으면 판례에 의함) [정답: 8개]

① 乙은 특별한 사정이 없으면 丙으로부터 계약금, 중도금, 잔금을 수령할 권한이 있다.
② 乙이 丙으로부터 대금 전부를 지급받고 甲에게 전달하지 않은 경우, 특별한 사정이 없는 한 丙의 대급지급의무는 소멸하지 않는다.
③ 乙은 특별한 사정이 없는 한 丙에 대하여 약정된 매매대금지급기일을 연기하여 줄 권한은 없다.
④ 丙이 乙의 기망행위로 계약을 체결한 경우, 甲이 그 사실을 과실 없이 몰랐다면 丙은 계약을 취소할 수 없다.
⑤ 乙은 甲의 허락이 있으면 甲을 대리하여 자신이 X토지를 매수하는 계약을 체결할 수 있다.
⑥ 만약 乙이 매매계약을 체결하면서 甲을 위한 것임을 표시하지 않은 경우, 특별한 사정이 없으면 그 의사표시는 乙을 위한 것으로 본다.
⑦ 乙이 대리권을 남용한 경우, 丙이 그 사실을 알았거나 알 수 있었을 경우, 대리행위는 甲에게 효력이 없다.
⑧ 만약 乙이 미성년자인 경우, 甲은 乙이 제한능력자임을 이유로 매매계약을 취소할 수 있다.
⑨ 만약 甲의 대리인이 乙, A, B라면 이들은 甲의 이익을 위하여 원칙적으로 공동으로 甲을 대리한다.
⑩ 만약 乙이 한정후견개시의 심판을 받은 경우, 乙의 대리권은 소멸하지 않는다.
⑪ 丙이 매매계약을 적법하게 해제한 경우, 丙은 乙에게 손해배상을 청구할 수 있다.
⑫ 丙의 채무불이행이 있는 경우, 乙은 특별한 사정이 없는 한 계약을 해제할 수 있다.
⑬ 丙이 매매계약을 적법하게 해제한 경우, 그 해제로 인한 원상회복의무는 乙과 丙이 부담한다.

정답 ②, ③, ④, ⑧, ⑨, ⑪, ⑫, ⑬

해설 ② 乙은 丙으로부터 매매대금을 지급받을 권한이 있으므로, 乙이 丙으로부터 대금 전부를 지급받고 甲에게 전달하지 않은 경우, 특별한 사정이 없는 한 丙의 대급지급의무는 변제로 소멸한다.
③ 乙은 특별한 사정이 없는 한 丙에 대하여 약정된 매매대금지급기일을 연기하여 줄 권한이 있다.
④ 대리인의 기망은 제3자의 기망에 해당하지 않는다. 따라서 丙이 乙의 기망행위로 계약을 체결한 경우, 甲(본인)이 그 사실을 과실 없이 몰랐더라도 丙은 계약을 취소할 수 있다.
⑧ 제한능력자도 대리인이 될 수 있으므로(제117조), 만일 乙이 미성년자인 경우에도 甲 또는 법정대리인은 乙이 제한능력자임을 이유로 매매계약을 취소할 수 없다.
⑨ 대리인이 수인이면 이들은 원칙적으로 각자 甲을 대리한다.
⑪ 丙이 매매계약을 적법하게 해제한 경우, 丙은 乙에게 손해배상을 청구할 수 없고 甲에게 청구할 수 있다.
⑫ 丙의 채무불이행이 있는 경우, 乙은 특별한 사정이 없는 한 계약을 해제할 수 없다.
⑬ 丙이 매매계약을 적법하게 해제한 경우, 그 해제로 인한 원상회복의무는 甲과 丙이 부담한다.

13 **대리권 없는 乙이 甲소유의 X부동산을 甲의 이름으로 丙과 매매계약을 체결하였다. 다음 설명으로 틀린 것은?** (표현대리는 고려하지 않음, 다툼이 있으면 판례에 의함)

[정답 : 8개]

① 계약 당시에 대리권 없음을 안 丙은 계약을 철회할 수 없다.
② 丙이 계약 당시 乙의 대리권 없음을 알았다면 丙은 상당한 기간을 정하여 甲에게 추인 여부의 확답을 최고할 수 없다.
③ 추인은 단독행위이므로, 甲이 무권대리행위의 일부만 추인하거나 변경을 가하여 추인한 경우에는 丙의 동의가 없어도 효력이 있다.
④ 甲이 무권대리행위를 추인하면 다른 의사표시가 없는 때에는 추인한 때부터 그 효력이 생긴다.
⑤ 甲이 乙의 무권대리행위를 추인하지 아니하면 甲에 대하여 효력이 없다.
⑥ 丙은 상당한 기간을 정하여 甲에게 그 추인여부의 확답을 최고할 수 있고, 甲이 그 기간 내에 확답을 발하지 아니한 때에는 추인한 것으로 본다.
⑦ 乙의 대리권 없음을 알지 못한 丙은, 甲이 乙에 대하여 매매계약을 추인한 후라면 그 사실을 몰랐더라도 계약을 철회할 수 없다.
⑧ 丙이 당해 토지를 다시 丁에게 매도하고 소유권이전등기를 경료한 경우, 甲은 丁에 대하여도 무권대리행위를 추인할 수 있다.
⑨ 무권대리행위가 乙의 과실 없이 제3자의 기망 등 위법행위로 야기된 경우라면, 특별한 사정이 없는 한 乙은 丙에 대하여 책임을 지지 않는다.
⑩ 乙이 甲을 단독상속한 경우, 乙은 소유권이전등기를 경료한 丙에게 대리행위의 무효를 이유로 등기말소를 청구할 수 없다.
⑪ 乙이 甲을 단독상속한 경우, 乙이 무권대리를 이유로 丙에게 그 부동산의 점유로 인한 부당이득반환을 청구하는 것은 신의칙에 반하지 않는다.
⑫ 위 매매계약이 체결된 후에 甲이 X토지를 丁에게 매도하고 소유권이전등기를 마쳤더라도, 甲이 乙의 대리행위를 추인하면 丁은 유효하게 그 소유권을 취득하지 못한다.

정답 ②, ③, ④, ⑥, ⑦, ⑨, ⑪, ⑫

해설 ② 丙이 계약 당시 乙의 대리권 없음을 알았더라도 丙은 상당한 기간을 정하여 甲에게 추인 여부의 확답을 최고할 수 있다.
③ 추인은 단독행위이지만, 甲이 무권대리행위의 일부만 추인하거나 변경을 가하여 추인한 경우에는 丙의 동의가 있어야 그 효력이 있다.
④ 甲이 무권대리행위를 추인하면 다른 의사표시가 없는 때에는 계약시에 소급하여 그 효력이 생긴다.
⑥ 丙은 상당한 기간을 정하여 甲에게 그 추인여부의 확답을 최고할 수 있고, 甲이 그 기간 내에 확답을 발하지 아니한 때에는 추인을 거절한 것으로 본다.
⑦ 乙의 대리권 없음을 알지 못한 丙은, 甲이 乙에 대하여 매매계약을 추인한 후라도 그 사실을 몰랐다면 계약을 철회할 수 있다.

⑨ 무권대리인의 제135조의 책임은 무과실책임이므로, 무권대리행위가 乙의 과실 없이 제3자의 기망 등 위법행위로 야기된 경우에도 특별한 사정이 없는 한 乙은 丙에 대하여 책임을 져야 한다.
⑪ 乙이 甲을 단독상속한 경우, 乙이 무권대리를 이유로 丙에게 그 부동산의 점유로 인한 부당이득반환을 청구하는 것은 신의칙에 반한다. 따라서 부당이득반환을 청구할 수 없다.
⑫ 추인은 다른 의사표시가 없는 때에는 계약시에 소급하여 그 효력이 생긴다. 그러나 제삼자의 권리를 해하지 못한다(제133조). 위 매매계약이 체결된 후에 甲이 X토지를 丁에게 매도하고 소유권이전등기를 마쳤다면, 甲이 乙의 대리행위를 추인하더라도 제3자의 권리를 해하지 못하므로 丁은 유효하게 그 소유권을 취득한다.

14 **권한을 넘은 표현대리에 관한 설명으로 옳지 않은 것은?** (다툼이 있으면 판례에 의함) [정답 : 4개]

① 권한을 넘은 표현대리인지를 판단할 때 정당한 이유의 유무는 대리행위 당시를 기준으로 한다.
② 법정대리권을 기본대리권으로 하는 표현대리가 성립할 수 없다.
③ 부부간의 일상가사대리권을 기본대리권으로 하여 권한을 넘은 표현대리가 성립할 수 있다.
④ 복대리인 선임권이 없는 대리인에 의하여 선임된 복대리인의 권한은 기본대리권이 될 수 없다.
⑤ 대리행위가 강행법규에 위반하여 무효인 경우에도 표현대리의 법리가 적용될 수 있다.
⑥ 등기신청대리권을 기본대리권으로 하여 사법상의 법률행위를 한 경우에도 권한을 넘은 표현대리가 성립할 수 있다.
⑦ 대리권소멸 후의 표현대리가 인정되고 그 표현대리의 권한을 넘는 대리행위가 있는 경우, 권한을 넘은 표현대리가 성립할 수 없다.

정답 ②, ④, ⑤, ⑦

해설 ② 법정대리권을 기본대리권으로 하는 표현대리가 성립할 수 있다.
④ 복대리인 선임권이 없는 대리인에 의하여 선임된 복대리인의 권한도 기본대리권이 될 수 있다.
⑤ 대리행위가 강행법규에 위반하여 무효인 경우에는 표현대리의 법리가 적용될 수 없다.
⑦ 대리권소멸 후의 표현대리가 인정되고 그 표현대리의 권한을 넘는 대리행위가 있는 경우, 권한을 넘은 표현대리가 성립할 수 있다.

15 대리에 관한 설명으로 옳은 것은? (다툼이 있으면 판례에 따름) [정답 : 4개]

① 권한을 정하지 아니한 대리인은 보존행위만을 할 수 있다.
② 복대리인은 대리인의 대리인이다.
③ 복대리인은 그 권한 내에서 대리인의 이름으로 법률행위를 한다.
④ 권한을 넘은 표현대리의 기본대리권에는 대리인에 의하여 선임된 복대리인의 권한도 포함된다.
⑤ 대리인이 대리권 소멸 후 선임한 복대리인과 상대방 사이의 법률행위에도 민법 제129조의 표현대리가 성립할 수 있다.
⑥ 권한을 넘은 표현대리의 기본대리권은 대리행위와 같은 종류의 행위에 관한 것이어야 한다.
⑦ 상대방의 유권대리 주장에는 표현대리의 주장도 포함된다.
⑧ 임의대리의 경우, 원인된 법률관계가 종료하기 전에는 본인은 수권행위를 철회하여 대리권을 소멸시킬 수 없다.
⑨ 표현대리가 성립하는 경우, 상대방에게 과실이 있더라도 과실상계의 법리를 유추적용하여 본인의 책임을 경감할 수 없다.
⑩ 법정대리인은 부득이한 사유가 없더라도 복대리인을 선임할 수 있다.
⑪ 대리인이 복대리인을 선임한 후 사망한 경우, 특별한 사정이 없는 한 그 복대리권은 소멸하지 않는다.
⑫ 복대리인의 대리행위에 대하여는 표현대리에 관한 규정이 적용될 수 없다.

정답 ④, ⑤, ⑨, ⑩

해설 ① 권한을 정하지 아니한 대리인은 보존행위를 할 수 있다.
② 복대리인은 본인의 대리인이다.
③ 복대리인은 그 권한 내에서 본인의 이름으로 법률행위를 한다.
⑥ 권한을 넘은 표현대리의 기본대리권은 대리행위와 같은 종류의 행위에 관한 것일 필요 없다.
⑦ 상대방의 유권대리 주장에는 표현대리의 주장이 포함된 것은 아니다.
⑧ 임의대리의 경우, 원인된 법률관계가 종료하기 전에 본인은 수권행위를 철회하여 대리권을 소멸시킬 수 있다(제128조).
⑪ 대리인이 복대리인을 선임한 후 사망한 경우, 특별한 사정이 없는 한 그 복대리권은 소멸한다.
⑫ 복대리인의 대리행위에 대하여는 표현대리에 관한 규정이 적용될 수 있다.

16 **법률행위의 무효 또는 취소에 관한 설명으로 틀린 것은?** (다툼이 있으면 판례에 의함)

[정답 : 7개]

① 취소된 법률행위는 처음부터 무효인 것으로 본다.
② 甲과 乙이 무효인 가등기를 유효한 등기로 전용하기로 약정하였다면 이 가등기는 소급하여 유효한 등기로 전환된다.
③ 취소할 수 있는 법률행위를 추인한 자는 그 법률행위를 다시 취소하지 못한다.
④ 강행법규 위반으로 무효인 법률행위도 추인할 수 있다.
⑤ 불법조건이 붙은 법률행위는 무효임을 알고 추인하면 그 효력이 생길 수 있다.
⑥ 무효인 법률행위를 추인하면 특별한 사정이 없는 한 법률행위를 한 때로부터 새로운 법률행위를 한 것으로 본다.
⑦ 법정대리인은 취소원인 종료 전이라면 추인할 수 없다.
⑧ 취소권은 법률행위를 한 날로부터 3년 내에 추인할 수 있는 날로부터 10년 내에 행사하여야 한다.
⑨ 취소할 수 있는 법률행위의 추인은 취소원인이 소멸한 후에 하여야 효력이 있으며, 추인 후에는 취소할 수 없다.
⑩ 무효인 법률행위의 추인은 그 무효의 원인이 소멸한 후에 하여야 그 효력이 인정된다.
⑪ 「부동산등기 특별조치법」상 중간생략등기를 금지하는 규정은 효력규정이 아니다.
⑫ 「공인중개사법」상 개업공인중개사가 중개의뢰인과 직접 거래를 하는 행위를 금지하는 규정은 효력규정이다.
⑬ 「공인중개사법」상 개업공인중개사가 법령에 규정된 중개보수 등을 초과하여 금품을 받는 행위를 금지하는 규정은 효력규정이다.

정답 ②, ④, ⑤, ⑥, ⑦, ⑧, ⑫

해설 ② 甲과 乙이 무효인 가등기를 유효한 등기로 전용하기로 약정하였다면 이 가등기는 소급하여 유효한 등기로 전환되는 것은 아니다.

④ 반사회적 법률행위, 불공정한 법률행위, 강행법규 위반으로 무효인 법률행위는 무효행위의 추인이 인정되지 않는다.

⑤ 불법조건이 붙은 법률행위는 무효임을 알고 추인하여도 유효가 될 수 없다.

⑥ 무효인 법률행위를 추인하면 특별한 사정이 없는 한 그때부터 새로운 법률행위를 한 것으로 본다.

⑦ 법정대리인은 취소원인 종료 전이라도 추인할 수 있다.

⑧ 취소권은 법률행위를 한 날로부터 10년 내에 추인할 수 있는 날로부터 3년 내에 행사하여야 한다.

⑫ 「공인중개사법」상 개업공인중개사가 중개의뢰인과 직접 거래를 하는 행위를 금지하는 규정은 단속규정이다.

17 **법정추인이 인정되는 경우가 아닌 것은?** (단, 취소권자는 추인할 수 있는 상태이며, 행위자가 취소할 수 있는 법률행위에 관하여 이의보류 없이 한 행위임을 전제함)

[정답: 2개]

① 취소권자가 상대방에게 채무를 이행한 경우
② 취소권자가 상대방에게 담보를 제공한 경우
③ 상대방이 취소권자에게 이행을 청구한 경우
④ 취소할 수 있는 행위로 취득한 권리를 취소권자가 타인에게 양도한 경우
⑤ 상대방이 취소할 수 있는 행위로 취득한 권리를 타인에게 양도한 경우

정답 ③, ⑤

해설 ③ 상대방이 취소권자에게 이행을 청구한 경우는 법정추인사유가 아니다.
⑤ 상대방이 취소할 수 있는 행위로 취득한 권리를 타인에게 양도한 경우는 법정추인사유가 아니다.

18 **추인에 관한 설명 중 옳은 것은?** (다툼이 있으면 판례에 의함) [정답: 2개]

① 무권대리 행위를 본인이 추인하면 그때부터 그 효력이 생긴다.
② 무권리자의 처분행위를 본인이 추인하면 추인한 때부터 권리자에게 그 효력이 귀속된다.
③ 법정대리인은 제한능력자가 한 법률행위를 취소의 원인이 소멸되기 전이라도 추인할 수 있다.
④ 무효행위를 추인하면 법률행위시부터 새로운 법률행위로 본다.
⑤ 제한능력자는 자신이 한 법률행위를 법정대리인의 동의 없이 취소할 수 있으나 추인할 수 없다.

정답 ③, ⑤

해설 ① 무권대리행위를 본인이 추인하면 계약시에 소급하여 그 효력이 생긴다.
② 무권리자의 처분행위를 본인이 추인하면 계약시에 소급하여 권리자에게 그 효력이 귀속된다.
④ 무효행위를 추인하면 그때부터 새로운 법률행위로 본다.

19 **조건과 기한에 관한 설명으로 옳지 않은 것은?** (다툼이 있으면 판례에 따름)

[정답 : 7개]

① 조건의 성취가 미정한 권리라도 일반규정에 의하여 처분하거나 상속할 수 있다.
② 기한의 도래가 미정한 권리의무는 일반규정에 의하여 처분하거나 담보로 할 수 없다.
③ 정지조건부 법률행위에 있어 조건이 성취되면 법률행위시로 소급하여 그 효력이 발생한다.
④ 당사자가 조건성취의 효력을 그 성취 전에 소급하게 할 의사를 표시한 경우에도 그 효력은 조건이 성취된 때부터 발생한다.
⑤ 조건을 붙이고자 하는 의사가 있더라도 그것이 표시되지 않으면 법률행위의 부관으로서의 조건이 되는 것은 아니다.
⑥ 조건을 붙이는 것이 허용되지 아니하는 법률행위에 조건을 붙인 경우 그 조건만을 분리하여 무효로 할 수 있다.
⑦ 조건부 법률행위에 있어 조건의 내용 자체가 불법적인 것이어서 무효일 경우 그 조건만을 분리하여 무효로 할 수 있다.
⑧ 조건이 법률행위 당시 이미 성취할 수 없는 것인 경우에는 그 조건이 정지조건이면 조건 없는 법률행위로 한다.
⑨ 불능조건이 해제조건이면 조건 없는 법률행위가 된다.
⑩ 조건이 법률행위 당시 이미 성취한 것인 경우, 그 조건이 해제조건이면 그 법률행위는 무효로 한다.
⑪ 상대방이 동의하면 해제의 의사표시에 조건을 붙일 수 있다.
⑫ 기한이익 상실특약은 특별한 사정이 없으면 정지조건부 기한이익 상실특약으로 추정된다.

정답 ②, ③, ④, ⑥, ⑦, ⑧, ⑫

해설 ② 기한의 도래가 미정한 권리의무는 일반규정에 의하여 처분하거나 담보로 할 수 있다.
③ 정지조건부 법률행위에 있어 조건이 성취되면 조건이 성취한 때부터 그 효력이 발생한다.
④ 당사자가 조건성취의 효력을 그 성취 전에 소급하게 할 의사를 표시한 경우에는 그 의사에 의한다.
⑥ 조건을 붙이는 것이 허용되지 아니하는 법률행위에 조건을 붙인 경우 그 조건만을 분리하여 무효로 할 수 없고 법률행위 전부가 무효로 된다.
⑦ 조건부 법률행위에 있어 조건의 내용 자체가 불법적인 것이어서 무효일 경우 그 조건만을 분리하여 무효로 없고 법률행위 전부가 무효로 된다.
⑧ 조건이 법률행위 당시 이미 성취할 수 없는 것인 경우에는 그 조건이 정지조건이면 무효로 한다.
⑫ 기한이익 상실특약은 특별한 사정이 없으면 형성권적 기한이익 상실특약으로 추정된다.

PART

02 물권법

01 물권에 관한 설명으로 틀린 것은? (다툼이 있으면 판례에 의함) [정답 : 9개]

① 미등기 무허가건물의 양수인은 소유권이전등기를 경료 받지 않아도 소유권에 준하는 관습법상의 물권을 취득한다.

② 미등기건물의 매수인은 건물의 매매대금을 전부 지급한 경우에는 건물의 불법점유자에 대해 직접 소유물반환청구를 할 수 있다.

③ 소유권에 기한 물권적 청구권은 그 소유권과 분리하여 별도의 소멸시효의 대상이 된다.

④ 소유자는 자신의 물건을 권원 없이 점유하는 자에 대해 점유자가 과실이 없다면 그 반환을 청구할 수 없다.

⑤ 물권적 청구권은 물권과 분리하여 양도할 수 없다.

⑥ 소유권에 기한 방해제거청구권은 현재 계속되고 있는 방해의 원인과 함께 방해결과의 제거를 내용으로 한다.

⑦ 소유자는 물권적 청구권에 의하여 방해제거비용 또는 방해예방비용을 청구할 수 있다.

⑧ 소유권을 양도한 전소유자가 물권적 청구권만을 분리, 유보하여 불법점유자에 대해 그 물권적 청구권에 의한 방해배제를 할 수 있다.

⑨ 소유권에 기한 방해배제청구권에 있어서 방해에는 과거에 이미 종결된 손해가 포함된다.

⑩ 근린공원을 자유롭게 이용한 사정만으로 공원이용권이라는 배타적 권리를 취득하였다고 볼 수는 없다.

⑪ 온천에 관한 권리를 관습법상의 물권이라고 볼 수는 없다.

⑫ 토지의 소유권을 양도하여 소유권을 상실한 전(前)소유자도 그 토지 일부의 불법점유자에 대하여 소유권에 기한 방해배제를 청구할 수 있다.

정답 ①, ②, ③, ④, ⑥, ⑦, ⑧, ⑨, ⑫

해설 ① 미등기 무허가건물의 양수인은 소유권이전등기를 경료 받지 않는 한 소유권이나 소유권에 준하는 관습법상의 물권을 취득하지 못한다.

② 미등기건물의 매수인은 건물의 매매대금을 전부 지급한 경우에도 아직 물권자가 아니므로 건물의 불법점유자에 대해 직접 소유물반환청구를 할 수 없다.

③ 소유권에 기한 물권적 청구권은 그 소유권과 분리하여 별도의 소멸시효의 대상이 되지 않는다.

④ 소유자는 자신의 물건을 권원 없이 점유하는 자에 대해 점유자가 과실이 없더라도 그 반환을 청구할 수 있다.

⑥ 소유권에 기한 방해제거청구권은 현재 계속되고 있는 방해의 원인의 제거를 내용으로 하지만, 방해결과의 제거를 내용으로 하지 않는다.
⑦ 소유자는 물권적 청구권에 의하여 방해제거비용 또는 방해예방비용을 청구할 수 없다.
⑧ 물권적 청구권은 현재 물권자만 행사할 수 있으므로, 소유권을 양도한 전소유자가 물권적 청구권만을 분리, 유보하여 불법점유자에 대해 그 물권적 청구권에 의한 방해배제를 할 수 없다.
⑨ 소유권에 기한 방해배제청구권에 있어서 방해에는 과거에 이미 종결된 손해가 포함되지 않는다.
⑫ 토지의 소유권을 양도하여 소유권을 상실한 전(前)소유자는 현재 물권자가 아니므로 그 토지 일부의 불법점유자에 대하여 소유권에 기한 방해배제를 청구할 수 없다.

02 **甲 소유의 토지 위에 乙이 무단으로 건물을 건축하였다. 다음 중 틀린 것은?** (다툼이 있으면 판례에 따름) [정답 : 3개]

① 甲이 乙을 상대로 건물철거소송을 제기한 후 丙에게 토지소유권을 이전한 경우, 甲은 더 이상 乙에게 철거청구를 할 수 없다.
② 乙이 건물을 점유하고 있는 경우, 甲은 乙에게 건물철거의 청구와 퇴거청구를 할 수 있다.
③ 乙이 丙에게 그 건물을 임대한 경우, 甲은 丙에 대하여 건물철거를 청구할 수 없다.
④ ③의 경우, 甲은 임차권의 대항력을 갖춘 丙에게 그 건물로부터의 퇴출을 청구할 수 없다.
⑤ 甲의 토지 위에 乙이 무단으로 건물을 건축하고 등기 없이 丙에게 매도하여 丙이 점유하고 있는 경우, 甲은 丙에게 건물철거를 청구할 수 없다.

정답 ②, ④, ⑤
해설 ② 乙이 건물을 점유하고 있는 경우, 甲은 乙에게 건물철거의 청구와 대지의 반환청구를 할 수 있으나 퇴거청구를 할 수 없다.
④ ③의 경우, 甲은 임차권의 대항력을 갖춘 丙에게 그 건물로부터의 퇴출을 청구할 수 있다.
⑤ 乙이 무단으로 건물을 건축하고 등기 없이 丙에게 매도하여 丙이 점유하고 있는 경우, 甲은 법률상·사실상 처분권이 있는 丙에게 건물철거를 청구할 수 있다.

03 **등기에 관한 설명으로 옳은 것은?** (다툼이 있으면 판례에 따름) [정답 : 5개]

① 민사집행법상 경매의 매수인은 등기를 하여야 소유권을 취득할 수 있다.
② 집합건물의 구분소유권을 취득하는 자의 공용부분에 대한 지분 취득에는 등기를 요하지 않는다.
③ 피담보채권이 소멸하더라도 저당권의 말소등기가 있어야 저당권이 소멸한다.
④ 법률행위를 원인으로 하여 소유권이전등기를 명하는 판결에 따른 소유권의 취득에는 등기를 요하지 않는다.
⑤ 공유물분할의 소에서 공유부동산의 특정한 일부씩을 각각의 공유자에게 귀속시키는 것으로 현물분할하는 내용의 조정이 성립하였다면, 그 조정이 성립한 때 물권변동의 효력이 발생한다.
⑥ 등기가 원인 없이 말소된 경우, 그 회복등기가 마쳐지기 전이라도 말소된 등기의 등기명의인은 적법한 권리자로 추정된다.
⑦ 기존 건물 멸실 후 건물이 신축된 경우, 종전 건물에 대한 등기는 신축건물에 대한 등기로 유용하지 못한다.
⑧ 법정지상권자는 그 지상권을 등기하여야 지상권을 취득할 당시의 토지소유자로부터 토지를 양수한 제3자에게 대항할 수 있다.
⑨ 건물을 위한 법정지상권이 성립한 경우, 그 건물에 대한 저당권이 실행되면 경락인은 등기하여야 법정지상권을 취득한다.
⑩ 법정지상권자가 지상건물을 제3자에게 양도한 경우, 제3자는 그 건물과 함께 법정지상권을 당연히 취득한다.

정답 ②, ⑥, ⑦, ⑩, ⑪

해설 ① 민사집행법상 경매의 매수인은 매각대금 완납시 등기없이도 소유권을 취득한다.
③ 피담보채권이 소멸하면 저당권의 말소등기가 없어도 저당권이 소멸한다.
④ 법률행위를 원인으로 하여 소유권이전등기를 명하는 판결(이행판결)에 따른 소유권의 취득에는 등기를 요한다.
⑤ 공유물분할의 소에서 공유부동산의 특정한 일부씩을 각각의 공유자에게 귀속시키는 것으로 현물분할하는 내용의 조정이 성립하였다면, 등기하여야 물권변동의 효력이 발생한다.
⑧ 법정지상권자는 그 지상권의 등기 없이도 지상권을 취득할 당시의 토지소유자로부터 토지를 양수한 제3자에게 대항할 수 있다.
⑨ 건물을 위한 법정지상권이 성립한 경우, 그 건물에 대한 저당권이 실행되면 경락인은 당연히(등기 없이도) 법정지상권을 취득한다.
⑩ 법정지상권자가 지상건물을 제3자에게 양도한 경우, 제3자는 그 건물과 함께 법정지상권을 등기하여야 취득한다.

04 **등기에 관한 설명으로 옳지 않은 것은?** (다툼이 있으면 판례에 따름) [정답 : 8개]

① 소유권이전등기가 된 경우, 등기명의인은 전 소유자(권리변동의 당사자)에 대하여 적법한 등기원인에 기한 소유권을 취득한 것으로 추정된다.

② 등기명의인이 등기원인행위의 태양이나 과정을 다소 다르게 주장한다고 하여 추정력이 깨어지는 것은 아니다.

③ 소유권이전등기의 원인으로 주장된 계약서가 진정하지 않은 것으로 증명된 경우에는 그 등기의 추정력은 깨진다.

④ 소유권이전청구권 보전을 위한 가등기가 있으면, 소유권이전등기를 청구할 어떠한 법률관계가 있다고 추정된다.

⑤ 건물 소유권보존등기 명의자가 전(前)소유자로부터 그 건물을 양수하였다고 주장하는 경우, 전(前)소유자가 양도사실을 부인하더라도 그 보존등기의 추정력은 깨어지지 않는다.

⑥ 등기를 요하지 않은 물권취득의 원인인 판결이란 형성판결을 의미한다.

⑦ 소유권이전등기청구권의 보전을 위한 가등기에 기하여 본등기가 행해지면 물권변동의 효력은 가등기가 행해진 때 발생한다.

⑧ 가등기에 기한 본등기 절차에 의하지 않고 별도의 본등기를 경료받은 경우, 제3자 명의로 중간처분의 등기가 있어도 가등기에 기한 본등기 절차의 이행을 구할 수 없다.

⑨ 가등기된 소유권이전청구권은 가등기에 대한 부기등기의 방법으로 타인에게 양도될 수 있다.

⑩ 소유자는 허무인(虛無人) 명의로 등기한 행위자를 상대로 그 등기의 말소를 구할 수 없다.

⑪ 점유취득시효의 완성으로 점유자가 소유자에 대해 갖는 소유권이전등기청구권은 통상의 채권양도 법리에 따라 양도될 수 있다.

⑫ 취득시효완성으로 인한 소유권이전등기청구권은 시효완성 당시의 등기명의인이 동의해야만 양도할 수 있다.

⑬ 점유취득시효 완성으로 인한 이전등기청구권의 양도는 특별한 사정이 없는 한 양도인의 채무자에 대한 통지만으로는 대항력이 생기지 않는다.

⑭ 매매로 인한 이전등기청구권의 양도는 특별한 사정이 없는 한 양도인의 채무자에 대한 통지만으로 대항력이 생긴다.

정답 ④, ⑤, ⑦, ⑧, ⑩, ⑫, ⑬, ⑭

해설 ④ 소유권이전청구권 보전을 위한 가등기가 있다고 하여 소유권이전등기를 청구할 어떠한 법률관계가 있다고 추정되는 것은 아니다.

⑤ 건물 소유권보존등기 명의자가 전(前)소유자로부터 그 건물을 양수하였다고 주장하는 경우, 전(前)소유자가 양도사실을 부인하면 그 보존등기의 추정력은 깨어진다.

⑦ 소유권이전등기청구권의 보전을 위한 가등기에 기하여 본등기가 행해지면 물권변동의 효력은 본등기가 행해진 때 발생한다.
⑧ 토지를 乙에게 명의신탁하고 장차의 소유권이전의 청구권 보전을 위하여 자신의 명의로 가등기를 경료한 甲이, 乙에 대하여 가지는 가등기에 기한 본등기청구권은 甲이 가등기에 기한 본등기 절차에 의하지 아니하고 乙로부터 별도의 소유권이전등기를 경료받았다고 하여 혼동의 법리에 의하여 소멸하는 것은 아니다. 따라서 부동산에 관한 소유권이전청구권 보전을 위한 가등기 경료 이후에 다른 가압류등기가 경료되었다면, 그 가등기에 기한 본등기 절차에 의하지 아니하고 별도로 소유권이전등기를 경료받은 甲은 특별한 사정이 없는 한, 乙에 대하여 그 가등기에 기한 본등기 절차의 이행을 구할 수도 있다.
⑩ 등기부상 진실한 소유자의 소유권에 방해가 되는 불실등기가 존재하는 경우에 그 등기명의인이 허무인 또는 실체가 없는 단체인 때에는 소유자는 그와 같은 허무인 또는 실체가 없는 단체 명의로 실제 등기행위를 한 자에 대하여 소유권에 기한 방해배제로서 등기의 말소를 구할 수 있다.
⑫, ⑬, ⑭ 부동산매매계약에서 매도인과 매수인은 서로 동시이행관계에 있는 일정한 의무를 부담하므로 이행과정에 신뢰관계가 따른다. 이러한 이유로 매매로 인한 소유권이전등기청구권의 양도는 특별한 사정이 없는 이상 양도가 제한되고 양도에 채무자의 승낙이나 동의를 요한다고 할 것이므로 통상의 채권양도와 달리 양도인의 채무자에 대한 통지만으로는 채무자에 대한 대항력이 생기지 않으며 반드시 채무자의 동의나 승낙을 받아야 대항력이 생긴다. 그러나 취득시효완성으로 인한 소유권이전등기청구권은 채권자와 채무자 사이에 아무런 계약관계나 신뢰관계가 없다. 따라서 취득시효완성으로 인한 소유권이전등기청구권의 양도의 경우에는 매매로 인한 소유권이전등기청구권에 관한 양도제한의 법리가 적용되지 않으므로 특별한 사정이 없는 한 양도인의 채무자에 대한 통지만으로 대항력이 생긴다.

05 **甲 소유의 X부동산을 乙이 대금을 완납하고 매수하여 점유하고 있으나 아직 소유권이전등기는 하지 않고 있다. 다음 중 틀린 것은?** (다툼이 있으면 판례에 따름)

[정답 : 1개]

① 乙의 소유권이전등기청구권은 채권적 청구권이지만 소멸시효에 걸리지 않는다.
② 乙이 丙에게 매도하여 그 점유를 승계한 경우에는 乙의 소유권이전등기청구권은 소멸시효에 걸린다.

정답 ②

해설 ② 乙이 보다 더 적극적인 권리행사의 일환으로 丙에게 매도하여 그 점유를 승계한 경우에도 乙의 소유권이전등기청구권은 소멸시효에 걸리지 않는다.

06 **乙은 甲소유의 건물을 매수하여 다시 이를 丙에게 매도하였으며, 甲 · 乙 · 丙은 甲에게서 丙으로 소유권이전등기를 해 주기로 합의하였다. 다음 설명 중 옳지 않은 것은?** (다툼이 있으면 판례에 따름) [정답 : 2개]

① 甲, 乙, 丙 전원이 중간생략등기에 합의했더라도, 乙의 甲에 대한 소유권이전등기청구권은 소멸하는 것이 아니다.

② 만약 甲, 乙, 丙 전원의 합의가 없다면 丙은 직접 甲을 상대로 이전등기를 청구할 수 없다.

③ 만약 중간생략등기의 합의가 없다면, 丙은 甲의 동의나 승낙 없이 乙의 소유권이전등기청구권을 양도받아 甲에게 소유권이전등기를 청구할 수 있다.

④ 만약 乙이 甲에 대한 소유권이전등기청구권을 丙에게 양도하고 이를 甲에게 통지하였더라도 그 양도에 관해 甲의 동의나 승낙이 없다면 丙은 甲을 상대로 직접 소유권이전등기를 청구할 수 없다.

⑤ 甲에서 직접 丙 앞으로 이전등기가 되었다면 甲, 乙, 丙 전원의 합의가 없더라도 丙은 유효하게 소유권을 취득한다.

⑥ 만약 甲, 乙, 丙 전원이 중간생략등기에 합의 후 甲과 乙 사이에 매매대금을 인상하는 약정을 체결한 경우, 甲은 인상분의 미지급을 이유로 丙의 소유권이전등기청구를 거절할 수 없다.

정답 ③, ⑥

해설 ③ 만약 중간생략등기의 합의가 없다면, 丙은 "甲의 동의나 승낙 없이는" 乙의 소유권이전등기청구권을 양도받아 甲에게 소유권이전등기를 청구할 수 없다.

⑥ 만약 甲, 乙, 丙 전원이 중간생략등기에 합의 후 甲과 乙 사이에 매매대금을 인상하는 약정을 체결한 경우, 甲은 인상분의 미지급을 이유로 丙의 소유권이전등기청구를 거절할 수 있다.

07 **점유에 관한 설명으로 틀린 것은?** (다툼이 있으면 판례에 따름) [정답 : 7개]

① 점유자의 점유가 자주점유인지 타주점유인지의 여부는 점유자 내심의 의사에 의하여 결정된다.

② 전후 양 시점의 점유자가 다르더라도 점유의 승계가 증명된다면 점유계속은 추정된다.

③ 건물소유자가 현실적으로 건물이나 그 부지를 점거하지 않더라도 특별한 사정이 없는 한 건물의 부지에 대한 점유가 인정된다.

④ 진정 소유자가 자신의 소유권을 주장하여 점유자를 상대로 소유권이전등기의 말소등기청구소송을 제기하여 점유자의 패소로 확정된 경우, 그 소송의 제기시부터는 점유자의 점유가 타주점유로 전환된다.

⑤ 토지점유자가 등기명의자를 상대로 매매를 원인으로 소유권이전등기를 청구하였다가 패소 확정된 경우, 점유자의 점유는 타주점유로 전환된다.

⑥ 점유자가 자주점유의 권원을 주장하였으나 인정되지 않는 것만으로도 자주점유의 추정이 번복되어 타주점유로 전환된다.

⑦ 점유자는 소유의 의사로 선의, 평온 및 과실 없이 점유한 것으로 추정된다.

⑧ 乙이 甲을 기망하여 甲으로부터 점유물을 인도받은 경우, 甲은 乙에게 점유물반환청구권을 행사할 수 있다.

⑨ 주택임대차보호법상의 대항요건인 인도(引渡)는 임차인이 주택의 간접점유를 취득하는 경우에도 인정될 수 있다.

⑩ 점유매개관계의 직접점유자는 타주점유자이다.

⑪ 甲이 乙과의 명의신탁약정에 따라 자신의 부동산 소유권을 乙명의로 등기한 경우, 乙의 점유는 타주점유이다.

⑫ 간접점유자에게는 점유보호청구권이 인정되지 않는다.

⑬ 점유자의 권리추정 규정은 특별한 사정이 없는 한 부동산 물권에는 적용되지 않는다.

정답 ①, ④, ⑤, ⑥, ⑦, ⑧, ⑫

해설 ① 점유자의 점유가 자주점유인지 타주점유인지의 여부는 외형적, 객관적 성질에 의하여 결정된다.

④ 진정 소유자가 자신의 소유권을 주장하여 점유자를 상대로 소유권이전등기의 말소등기청구소송을 제기하여 점유자의 패소로 확정된 경우, "패소판결확정시"부터 점유자의 점유가 타주점유로 전환된다.

⑤ 토지점유자가 등기명의자를 상대로 매매를 원인으로 소유권이전등기를 청구하였다가 패소 확정된 경우, 점유자의 점유는 자주점유의 추정이 번복되어 타주점유로 전환되지 않는다.

⑥ 점유자가 자주점유의 권원을 주장하였으나 이것이 인정되지 않는 것만으로는 자주점유의 추정이 번복되어 타주점유로 전환되지 않는다.

⑦ 점유자는 과실 없이 점유한 것으로 추정되지 않는다.

⑧ 乙이 甲을 기망하여 甲으로부터 점유물을 인도받은 경우, 甲은 乙에게 점유물반환청구권을 행사할 수 없다.

⑫ 간접점유자에게도 점유보호청구권이 인정된다.

08 점유자와 회복자의 관계에 관한 설명으로 틀린 것은? (다툼이 있으면 판례에 따름)

[정답: 5개]

① 선의의 점유자는 과실을 취득하더라도 통상의 필요비의 상환을 청구할 수 있다.

② 점유자가 유익비를 지출한 경우, 회복자의 선택에 좇아 그 지출금액이나 증가액의 상환을 청구할 수 있다.

③ 무효인 매매계약의 매수인이 점유목적물에 필요비 등을 지출한 후 매도인이 그 목적물을 제3자에게 양도한 경우, 점유자인 매수인은 양수인에게 비용상환을 청구할 수 없다.

④ 악의의 점유자가 책임 있는 사유로 점유물을 훼손한 경우, 이익이 현존하는 한도에서 배상해야 한다.

⑤ 악의의 점유자는 통상의 필요비를 청구할 수 있다.

⑥ 점유자가 책임 있는 사유로 그 물건을 훼손한 경우, 점유자가 소유의 의사가 없는 선의인 경우나 점유자가 악의인 경우 그 배상범위는 동일하다.

⑦ 타인의 물건을 선의로 점유한 점유자는 비록 법률상 원인 없이 사용하였더라도 이로 인한 이득을 반환할 의무가 없다.

⑧ 필요비상환청구권에 대하여 회복자는 법원에 상환기간의 허여를 청구할 수 있다.

⑨ 악의의 점유자는 과실(過失)없이 과실(果實)을 수취하지 못한 때에도 그 과실(果實)의 대가를 회복자에게 보상하여야 한다.

⑩ 악의의 점유자가 점유물의 과실을 수취하여 소비한 경우, 특별한 사정이 없는 한 그 점유자는 그 과실의 대가를 보상하여야 한다.

정답 ①, ③, ④, ⑧, ⑨

해설 ① 선의의 점유자는 과실을 취득하면 통상의 필요비의 상환을 청구할 수 없다(제203조 제1항).
③ 점유자가 점유물에 비용을 지출한 경우, 지출할 당시의 소유자가 누구이었는지 관계없이 점유회복 당시의 소유자에 대하여 비용상환청구권을 행사할 수 있다(대판). 따라서 무효인 매매계약의 매수인이 점유목적물에 필요비 등을 지출한 후 매도인이 그 목적물을 제3자에게 양도한 경우, 점유자인 매수인은 점유회복 당시의 소유자인 양수인에게 비용상환을 청구할 수 있다.
④ 악의의 점유자가 책임 있는 사유로 점유물을 훼손한 경우, 손해의 전부를 배상해야 한다(제202조).
⑧ 유익비상환청구권에 대하여 회복자는 법원에 상환기간의 허여를 청구할 수 있다.
⑨ 악의의 점유자는 과실(過失)로 인하여 과실(果實)을 수취하지 못한 때 그 과실(果實)의 대가를 회복자에게 보상하여야 한다.

09 **부동산의 점유취득시효에 관한 설명으로 틀린 것은?** (다툼이 있으면 판례에 따름)
[정답: 4개]

① 시효취득자가 제3자에게 목적물을 처분하여 점유를 상실하면, 그의 소유권이전등기청구권은 즉시 소멸한다.
② 취득시효완성 후 이전등기 전에 제3자 앞으로 소유권이전등기가 경료되면 시효취득자는 등기명의자에게 시효취득을 주장할 수 없음이 원칙이다.
③ 부동산명의수탁자는 신탁부동산을 점유시효취득 할 수 없다.
④ 시효완성 당시의 소유권보존등기 또는 이전등기가 무효라면 원칙적으로 그 등기명의인은 시효완성을 원인으로 한 소유권이전등기청구의 상대방이 될 수 없다.
⑤ 집합건물의 공용부분은 별도로 취득시효의 대상이 되지 않는다.
⑥ 아직 등기하지 않은 시효완성자는 그 완성 전에 이미 설정되어 있던 가등기에 기하여 시효완성 후에 소유권 이전의 본등기를 마친 자에 대하여 시효완성을 주장할 수 있다.
⑦ 부동산에 대한 압류 또는 가압류는 점유취득시효를 중단시킨다.
⑧ 중복등기로 인해 무효인 소유권보존등기에 기한 등기부 취득시효는 부정된다.
⑨ 취득시효완성으로 인한 소유권이전등기청구권은 원소유자의 동의가 없어도 제3자에게 양도할 수 있다.
⑩ 시효완성 후 점유자 명의로 소유권이전등기가 경료되기 전에 부동산 소유명의자는 점유자에 대해 점유로 인한 부당이득반환청구를 할 수 있다.

정답 ①, ⑥, ⑦, ⑩

해설 ① 토지에 대한 취득시효 완성으로 인한 소유권이전등기청구권은 그 토지에 대한 점유가 계속되는 한 시효로 소멸하지 아니하고, 그 후 점유를 상실하였다고 하더라도 이미 취득한 소유권이전등기청구권은 바로 소멸되는 것은 아니나, 점유자가 점유를 상실한 때로부터 10년간 등기청구권을 행사하지 아니하면 소멸시효가 완성한다.
⑥ 아직 등기하지 않은 시효완성자는 그 완성 전에 이미 설정되어 있던 가등기에 기하여 시효완성 후에 소유권 이전의 본등기를 마친 자에 대하여 시효완성을 주장할 수 없다.
⑦ 점유로 인한 부동산소유권의 시효취득에 있어 취득시효의 중단사유는 종래의 점유상태의 계속을 파괴하는 것으로 인정될 수 있는 사유이어야 하는데, '압류 또는 가압류'는 종래의 점유상태의 계속이 파괴되었다고는 할 수 없으므로 이는 취득시효의 중단사유가 될 수 없다.
⑩ 소유자는 시효완성자인 점유자에게 소유권이전등기의무를 부담하므로 목적물 반환청구권, 점유로 인한 부당이득반환청구권, 손해배상청구권을 행사할 수 없다(대판).

10 **X토지를 甲이 2/3지분, 乙이 1/6지분, 丙이 1/6지분으로 등기하여 공유하면서 그 관리 방법에 관해 별도로 협의하지 않았다. 다음 설명 중 틀린 것은?** (다툼이 있으면 판례에 따름) [정답 : 6개]

① 甲이 乙, 丙의 동의 없이 X토지 전부를 丁에게 임대한 경우, 乙은 丁을 상대로 그 토지부분의 반환을 청구할 수 있다.

② ①의 경우, 乙은 丁 또는 甲을 상대로 그 점유로 인한 부당이득의 반환을 청구할 수 있다.

③ X토지에 관하여 丁 명의로 원인무효의 소유권이전등기가 경료되어 있는 경우, 乙은 丁을 상대로 그 등기 전부의 말소를 청구할 수 있다.

④ 戊가 X토지 위에 무단으로 건물을 신축한 경우, 乙은 특별한 사유가 없는 한 단독으로 戊에게 손해전부의 배상을 청구할 수 있다.

⑤ 甲이 乙, 丙의 동의 없이 X토지 전부를 丁에게 매도하여 이전등기를 해 준 경우, 매매계약과 丁명의의 등기는 甲의 지분 범위 내에서 유효하다.

⑥ 乙이 다른 공유자와 협의 없이 X토지를 독점적으로 점유하는 경우, 소수 지분권자인 丙은 단독으로 乙에게 공유물의 보존행위로서 공유물의 인도를 청구할 수 있다.

⑦ 乙이 甲의 동의 없이 X토지를 독점적으로 점유하는 경우, 丙은 乙에게 방해배제청구권을 행사할 수 없다.

⑧ 甲이 공유지분을 포기한 경우, 등기를 하여야 포기에 따른 물권변동의 효력이 발생한다.

정답 ①, ②, ④, ⑤, ⑥, ⑦

해설 ① 甲이 乙, 丙의 동의 없이 X토지 전부를 丁에게 임대한 경우, 乙은 丁을 상대로 그 토지부분의 반환을 청구할 수 없다.

② ①의 경우, 乙은 丁이 아닌 甲을 상대로 그 점유로 인한 부당이득의 반환을 청구할 수 있다.

④ 戊가 X토지 위에 무단으로 건물을 신축한 경우, 乙은 특별한 사유가 없는 한 戊에게 자기 지분의 범위에서 손해배상이나 부당이득반환을 청구할 수 있다.

⑤ 甲이 乙, 丙의 동의 없이 X토지 전부를 丁에게 매도하여 이전등기를 해 준 경우, 매매계약은 전부 유효이나 丁명의의 등기는 甲의 지분 범위 내에서 유효하다.

⑥, ⑦ 乙이 다른 공유자와 협의 없이 X토지를 독점적으로 점유하는 경우, 소수 지분권자인 丙은 단독으로 乙에게 공유물의 보존행위로서 공유물의 인도를 청구할 수 없으나 방해배제청구권을 행사할 수 있다.

11 공동소유에 관한 다음 설명 중 옳지 않은 것은? (다툼이 있는 경우 판례에 의함) [정답: 3개]

① 비법인 사단이 타인 간의 금전채무를 보증하는 행위는 총유물의 관리·처분행위라고 볼 수 있다.

② 총유물의 관리는 정관 기타 규약에 달리 정한 바가 없으면 사원총회의 결의에 의한다.

③ 합유자는 합유물의 분할을 청구하지 못한다.

④ 합유자 중 일부가 사망한 경우, 특별한 사정이 없는 한 상속인은 그 지분을 포괄승계하지 못한다.

⑤ 합유물의 보존행위는 합유자 각자가 할 수 있다.

⑥ 합유지분의 포기는 등기하여야 효력이 생긴다.

⑦ 비법인사단의 대표는 단독으로 총유물의 보존행위를 할 수 있다.

⑧ 합유자는 전원의 동의 없이 합유물에 대한 지분을 처분할 수 있다.

⑨ 공유부동산에 대해 공유자 중 1인의 단독명의로 원인무효의 소유권이전등기가 행해졌다면 다른 공유자는 등기명의인인 공유자를 상대로 등기 전부의 말소를 청구할 수 없다.

정답 ①, ⑦, ⑧

해설 ① 총유물의 관리 및 처분이라 함은 총유물 그 자체에 관한 이용·개량행위나 법률적·사실적 처분행위를 의미하는 것이므로, 비법인사단이 타인 간의 금전채무를 보증하는 행위는 총유물 그 자체의 관리·처분이 따르지 아니하는 단순한 채무부담행위에 불과하여 이를 총유물의 관리·처분행위라고 볼 수는 없다.

⑦ 총유물의 보존행위는 사원총회의 결의를 거쳐야 할 수 있다.

⑧ 합유자는 전원의 동의 없이 합유물에 대한 지분을 처분할 수 없다.

12 지상권에 관한 설명으로 틀린 것은? (다툼이 있으면 판례에 의함) [정답 : 5개]

① 지상권자는 토지소유자의 의사에 반하여 지상권을 타인에게 양도할 수 없다.
② 지상의 공간은 상하의 범위를 정하여 공작물을 소유하기 위한 지상권의 목적으로 할 수 있다.
③ 지상권설정의 목적이 된 건물이 전부 멸실하여도 지상권은 소멸하지 않는다.
④ 지상권이 설정된 토지를 양수한 자는 지상권자에게 그 토지의 인도를 청구할 수 없다.
⑤ 지상권자는 지상물의 소유권을 유보한 채 지상권만을 양도할 수 있다.
⑥ 지상권자가 지상권설정자에게 약정한 지료의 1년 6개월분을 연체한 후 당해 토지를 양수한 자에게 지료의 1년분을 연체한 경우, 양수인은 지상권자에게 지상권의 소멸을 청구할 수 있다.
⑦ 분묘기지권을 시효로 취득한 경우, 토지소유자가 지료를 청구하면 분묘기지권자는 지료를 지급할 필요 없다.
⑧ 지료의 지급은 지상권의 성립요건이 아니다.
⑨ 지상권을 목적으로 하는 저당권을 설정한 경우, 지료연체를 원인으로 하는 지상권 소멸청구는 저당권자에게 통지한 후 즉시 효력이 생긴다.
⑩ 저당권설정자가 담보가치의 하락을 막기 위해 저당권자에게 무상의 지상권을 설정해 준 경우, 피담보채권이 소멸하면 그 지상권도 소멸한다.
⑪ ⑩의 경우, 제3자가 목적 토지 위에 건물을 신축한 경우 지상권자는 제3자에게 목적 토지의 사용·수익을 이유로 지상권 자체의 침해를 이유로 손해배상이나 부당이득의 반환을 청구할 수 있다.
⑫ ⑩의 경우, 제3자가 목적 토지 위에 건물을 신축한 경우 지상권자는 방해배제청구로서 그 건물의 철거와 대지의 인도를 청구할 수 있다.

정답 ①, ⑥, ⑦, ⑨, ⑪

해설 ① 지상권자는 토지소유자의 의사에 반하여 지상권을 타인에게 양도할 수 있다.
⑥ 양수인에게 2년의 지료를 연체하여야 지상권자에게 지상권의 소멸을 청구할 수 있다.
⑦ 분묘기지권을 시효로 취득한 경우, 토지소유자가 지료를 청구하면 그때부터 분묘기지권자는 지료를 지급하여야 한다.
⑨ 지상권을 목적으로 하는 저당권을 설정한 경우, 지료연체를 원인으로 하는 지상권소멸청구는 저당권자에게 통지한 후 상당한 기간이 경과한 후 효력이 생긴다.
⑪ 담보지상권의 경우에는 임료 상당의 이익이 없으므로, 제3자가 목적 토지 위에 건물을 신축한 경우 지상권자는 제3자에게 목적 토지의 사용·수익을 이유로 지상권 자체의 침해를 이유로 손해배상이나 부당이득의 반환을 청구할 수 없다.

13 **법정지상권에 관한 설명 중 틀린 것은?** (다툼이 있으면 판례에 의함) [정답 : 3개]

① 강제경매에 있어 관습상 법정지상권이 인정되기 위해서는 매각대금 완납 시를 기준으로 해서 토지와 그 지상 건물이 동일인의 소유에 속하여야 한다.

② 경매의 목적이 된 부동산에 대하여 가압류가 있고 그것이 본압류로 이행되어 경매절차가 진행된 경우에는 애초 가압류가 효력을 발생하는 때를 기준으로 토지와 그 지상건물이 동일인에 속하였는지 여부를 판단한다.

③ 강제경매의 목적이 된 토지 또는 그 지상건물의 소유권이 강제경매로 인하여 그 절차상의 매수인에게 이전된 경우에는 매각대금의 완납시가 아니라 압류의 효력이 발생하는 때를 기준으로 토지와 그 지상건물이 동일인에 속하였는지 여부를 판단한다.

④ 강제경매를 위한 압류나 그 압류에 선행한 가압류가 있기 이전에 저당권이 설정되어 있다가 강제경매로 저당권이 소멸한 경우, 토지와 그 지상건물이 동일인의 소유에 속하였는지 여부는 그 저당권 설정 이후의 특정 시점을 기준으로 판단한다.

⑤ 동일인 소유의 토지와 건물에 관하여 공동저당권이 설정된 후 그 건물이 철거되고 건물이 새로 축조된 다음, 토지에 관한 저당권의 실행으로 토지와 건물의 소유자가 달라진 경우에는 특별한 사정이 없는 한 법정지상권이 성립하지 않는다.

⑥ 동일인 소유의 토지와 건물이 매매로 인하여 서로 소유자가 다르게 되었고, 그 후 당사자가 그 건물을 철거하기로 합의한 경우에는 관습법상 법정지상권이 성립하지 않는다.

⑦ 甲소유의 나대지에 乙이 저당권을 취득한 후 甲이 그 나대지에 건물을 신축한 경우, 저당권실행으로 토지와 건물의 소유자가 다르게 되어도 법정지상권은 성립하지 않는다.

⑧ 대지와 건물의 소유자가 건물만을 양도하면서 양수인과 대지에 관하여 임대차 계약을 체결한 경우, 특별한 사정이 없는 한 그 양수인은 관습상 법정지상권을 취득한다.

정답 ①, ④, ⑧

해설 ① 강제경매에 있어 관습상 법정지상권이 인정되기 위해서는 매각대금 완납 시가 아니라 압류의 효력이 발생한 때를 기준으로 해서 토지와 그 지상 건물이 동일인의 소유에 속하여야 한다.
④ 강제경매를 위한 압류나 그 압류에 선행한 가압류가 있기 이전에 저당권이 설정되어 있다가 강제경매로 저당권이 소멸한 경우, 토지와 그 지상건물이 동일인의 소유에 속하였는지 여부는 그 저당권 설정당시를 기준으로 판단한다.
⑧ 대지와 건물의 소유자가 건물만을 양도하면서 양수인과 대지에 관하여 임대차 계약을 체결한 경우, 특별한 사정이 없는 한 그 양수인은 관습상 법정지상권을 포기한 것으로 본다.

14 지역권에 관한 설명으로 옳지 않은 것은? (다툼이 있으면 판례에 따름) [정답 : 8개]

① 지역권은 요역지와 분리하여 양도하지 못한다.
② 토지의 일부를 위한 지역권은 인정된다.
③ 1필의 토지 일부를 승역지로 하여 지역권을 설정할 수 있다.
④ 다른 특별한 사정이 없다면 통행지역권을 시효취득한 자는 승역지 소유자가 입은 손해를 보상하지 않아도 된다.
⑤ 요역지와 분리하여 지역권만을 양도할 수 있다.
⑥ 지역권은 요역지와 분리하여 저당권의 목적이 될 수 있다.
⑦ 지역권의 이전을 위해서 지역권의 이전등기가 필요하다.
⑧ 소유권에 기한 소유물반환청구권에 관한 규정은 지역권에 준용된다.
⑨ 요역지의 소유권이 양도되면 지역권은 원칙적으로 이전되지 않는다.
⑩ 공유자의 1인이 지역권을 취득한 때에는 다른 공유자도 이를 취득한다.
⑪ 통행지역권을 주장하는 사람은 통행으로 편익을 얻는 요역지가 있음을 주장·증명하여야 한다.
⑫ 자기 소유의 토지에 도로를 개설하여 타인에게 영구적으로 사용하도록 약정하고 대금을 수령하는 것은 지역권설정에 관한 합의라고 볼 수 없다.

정답 ②, ④, ⑤, ⑥, ⑦, ⑧, ⑨, ⑫

② 토지의 일부를 위한 지역권은 인정되지 않는다.
④ 다른 특별한 사정이 없다면 통행지역권을 시효취득한 자는 승역지 소유자가 입은 손해를 보상하여야 한다.
⑤ 요역지와 분리하여 지역권만을 양도할 수 없다.
⑥ 지역권은 요역지와 분리하여 저당권의 목적이 될 수 없다.
⑦ 지역권의 이전을 위해서 지역권의 이전등기를 요하지 않는다.
⑧ 소유권에 기한 소유물반환청구권에 관한 규정은 지역권에 준용되지 않는다.
⑨ 요역지의 소유권이 양도되면 종된 권리인 지역권도 원칙적으로 이전된다.
⑫ 자기 소유의 토지에 도로를 개설하여 타인에게 영구적으로 사용하도록 약정하고 대금을 수령하는 것은 지역권설정에 관한 합의이다.

15 **전세권에 관한 설명으로 틀린 것은?** (다툼이 있으면 판례에 의함) [정답: 5개]

① 전세권이 성립한 후 전세목적물의 소유권이 이전되면, 전세금반환채무도 신소유자에게 이전된다.

② 건물에 대한 전세권이 법정갱신된 경우, 전세권자는 그 등기 없이는 건물의 양수인에게 전세권을 주장할 수 없다.

③ 전세금의 지급은 전세권의 성립요소이다.

④ 구분소유권의 객체가 될 수 없는 건물의 일부에 대한 전세권자는 건물 전체의 경매를 신청할 수 없다.

⑤ 전세목적물의 인도는 전세권의 성립요건이 아니다.

⑥ 전세권이 법정갱신된 경우, 그 존속기간은 전(前)전세권의 약정기간과 동일하다.

⑦ 甲의 전세권 존속기간이 만료한 경우, 전세권의 용익물권적 권능은 소멸한다.

⑧ 전세금의 지급은 반드시 현실적으로 수수되어야 하고, 기존의 채권으로 갈음할 수 없다.

⑨ 채권담보의 목적으로 전세권을 설정한 경우, 그 설정과 동시에 목적물을 인도하지 않았으나 장래 전세권자의 사용·수익을 완전히 배제하는 것이 아니라면, 그 전세권은 유효하다.

⑩ 타인의 토지에 있는 건물에 전세권을 설정한 경우, 전세권의 효력은 그 건물의 소유를 목적으로 한 지상권에 미친다.

⑪ 전세권설정자는 특별한 사정이 없는 한 목적물의 현상을 유지하고 그 통상의 관리에 속한 수선을 해야 한다.

⑫ 전세권자는 특별한 사정이 없는 한 전세목적물의 현상유지를 위해 지출한 통상필요비의 상환을 청구할 수 없다.

⑬ 협의한 전세권 존속기간이 시작되기 전에 전세권설정등기가 마쳐진 경우, 그 등기는 특별한 사정이 없는 한 무효로 추정된다.

정답 ②, ⑥, ⑧, ⑪, ⑬

해설 ② 건물에 대한 전세권이 법정갱신된 경우, 전세권자는 그 등기 없이도 건물의 양수인에게 전세권을 주장할 수 있다.

⑥ 전세권이 법정갱신된 경우, 기간은 그 정함이 없는 것으로 본다(제312조 제4항).

⑧ 전세금의 지급은 반드시 현실적으로 수수될 필요는 없고 기존의 채권으로 갈음할 수 있다.

⑪ "전세권자"는 특별한 사정이 없는 한 목적물의 현상을 유지하고 그 통상의 관리에 속한 수선을 해야 한다.

⑬ 전세권 존속기간이 시작되기 전에 마친 전세권설정등기도 특별한 사정이 없는 한 유효한 것으로 추정된다.

16 **민법상 유치권에 관한 설명으로 틀린 것은?** (다툼이 있으면 판례에 의함) [정답 : 8개]

① 임대차 종료시 임대인이 임차인에게 권리금을 반환하기로 약정한 경우, 권리금반환청구권을 피담보채권으로 하여 임차인은 건물에 대하여 유치권을 행사할 수 있다.

② 유치권은 법정담보물권이므로 이를 미리 포기하는 약정은 무효이다.

③ 유치권은 채무자 이외의 제3자 소유물에도 성립할 수 있다.

④ 채무자가 유치물을 직접 점유하고 있는 경우, 채권자는 자신의 간접점유를 이유로 유치권을 행사할 수 없다.

⑤ 유치권자는 경매절차에서의 매수인에 대하여 목적물의 인도의 거절을 할 수 있으며 피담보채권의 변제를 청구할 수 있다.

⑥ 수급인이 경매개시결정의 기입등기가 마쳐지기 전에 채무자에게서 건물의 점유를 이전받았다 하더라도 경매개시결정의 기입등기가 마쳐져 압류의 효력이 발생한 후에 공사를 완공하여 공사대금채권을 취득함으로써 그때 비로소 유치권이 성립한 경우에는, 수급인은 유치권을 내세워 경매절차의 매수인에게 대항할 수 없다.

⑦ 경매로 인한 압류의 효력이 발생하기 전에 이미 그 부동산에 관하여 유치권을 취득한 사람은 그 취득에 앞서 저당권설정등기나 가압류등기 또는 체납처분압류등기가 먼저 되어 있는 경우에는 경매절차의 매수인에게 자기의 유치권으로 대항할 수 없다.

⑧ 임대차종료 후 법원이 임차인의 유익비상환청구권에 유예기간을 인정한 경우, 임차인은 그 기간 내에 유익비상환청구권을 담보하기 위해 임차목적물을 유치할 수 없다.

⑨ 임대차 종료시 원상회복약정이 있는 경우 임차인의 유익비상환청구권은 유치권을 행사하기 위한 피담보채권에 해당하지 않는다.

⑩ 건축자재를 매도한 자는 그 자재로 건축된 건물에 대해 자신의 대금채권을 담보하기 위하여 유치권을 행사할 수 있다.

⑪ 전세권자가 전세목적물을 보존하기 위하여 필요비를 지출한 경우, 필요비상환청구권을 피담보채권으로 하여 유치권을 행사할 수 있다.

⑫ 유치권자가 점유를 침탈당한 경우에도 유치권에 기한 반환청구권이 인정되지 않는다.

⑬ 유치권자와 유치물의 소유자 사이에 유치권을 포기하기로 특약한 경우, 제3자는 특약의 효력을 주장할 수 없다.

⑭ 유치권자는 채권의 변제를 받기 위하여 유치물을 경매할 수 있다.

⑮ 임차인의 임대인에 대한 보증금반환청구권은 유치권이 인정되지 않는다.

⑯ 건물의 신축공사를 도급받은 수급인이 사회통념상 독립한 건물이라고 볼 수 없는 정착물을 토지에 설치한 상태에서 공사가 중단된 경우에 위 정착물에 대하여 유치권을 행사할 수 있다.

⑰ 건물신축공사를 도급받은 수급인이 사회통념상 독립한 건물이 되지 못한 정착물을 토지에 설치한 상태에서 공사가 중단된 경우, 토지에 대하여 유치권을 행사할 수 없다.

정답 ①, ②, ⑤, ⑦, ⑩, ⑪, ⑬, ⑯

해설 ① 권리금반환청구권은 유치권의 피담보채권이 될 수 없다.

② 유치권은 법정담보물권이지만 이를 미리 포기하는 약정은 유효이다.

⑤ 유치권자는 경매절차에서의 매수인에 대하여 목적물의 인도의 거절을 할 수 있으나 피담보채권의 변제를 청구할 수 없다.

⑦ 경매로 인한 압류의 효력이 발생하기 전에 이미 그 부동산에 관하여 유치권을 취득한 사람은 그 취득에 앞서 저당권설정등기나 가압류등기 또는 체납처분압류등기가 먼저 되어 있다 하더라도 경매절차의 매수인에게 자기의 유치권으로 대항할 수 있다.

⑩ 건축자재를 매도한 자는 그 자재로 건축된 건물에 대해 자신의 대금채권(매매대금)을 담보하기 위하여 유치권을 행사할 수 없다.

⑪ 전세권자에게는 필요비상환청구권이 인정되지 않는다. 따라서 전세권자가 전세목적물을 보존하기 위하여 필요비를 지출한 경우, 필요비상환청구권을 피담보채권으로 하여 유치권을 행사할 수 없다.

⑬ 당사자는 미리 유치권의 발생을 막는 특약을 할 수 있고 이러한 특약은 유효하다. 유치권 배제 특약이 있는 경우 다른 법정요건이 모두 충족되더라도 유치권은 발생하지 않는데, 특약에 따른 효력은 특약의 상대방뿐 아니라 그 밖의 사람(제3자)도 주장할 수 있다(대판 2016다234043).

⑯ 유치권의 객체는 독립한 물건이어야 한다. 따라서 건물의 신축공사를 도급받은 수급인이 사회통념상 독립한 건물이라고 볼 수 없는 정착물을 토지에 설치한 상태에서 공사가 중단된 경우에 위 정착물에 대하여 유치권을 행사할 수 없다.

17 **저당권에 관한 설명으로 틀린 것은?** (다툼이 있으면 판례에 따름) [정답 : 7개]

① 저당권으로 담보한 채권이 시효완성으로 소멸하면 저당권도 소멸한다.

② 저당권은 그 담보한 채권과 분리하여 타인에게 양도하거나 다른 채권의 담보로 할 수 있다.

③ 저당권설정자에게 대위할 물건이 인도된 후에도 저당권자가 그 물건을 압류한 경우 물상대위권을 행사할 수 있다.

④ 저당권이 설정된 토지가 「공익사업을 위한 토지 등의 취득 및 보상에 관한 법률」에 따라 협의취득된 경우, 저당권자는 그 보상금에 대하여 물상대위권을 행사할 수 없다.

⑤ 대위할 물건이 제3자에 의하여 압류된 경우에도 물상대위가 인정된다.

⑥ 저당목적물이 매매된 경우, 저당권자는 저당권설정자가 받을 매매대금에 대하여 물상대위권을 행사할 수 있다.

⑦ 저당부동산에 대한 압류가 있으면 압류 이전의 저당권 설정자의 저당부동산에 관한 차임채권에도 저당권의 효력이 미친다.

⑧ 저당부동산에 대한 후순위저당권자는 저당부동산의 피담보채권을 변제하고 그 저당권의 소멸을 청구할 수 있는 제3취득자에 해당하지 않는다.

⑨ 저당권의 효력이 미치는 종물은 저당권 설정 전부터 존재하였던 것이어야 한다.

⑩ 타인 소유의 토지 위에 있는 건물에 대한 저당권의 효력은 원칙적으로 그 대지이용권인 지상권 또는 토지임차권에도 미친다.

⑪ 구분건물의 전유부분에 설정된 저당권의 효력은 특별한 사정이 없는 한 전유부분의 소유자가 나중에 취득한 대지사용권에 미친다.

⑫ 저당권에는 목적물반환청구권이 인정되지 않는다.
⑬ 토지저당권이 설정된 후 저당권설정자가 건물을 축조하였으나 경매 당시 제3자가 소유하고 있는 경우에는 일괄경매청구권이 인정되지 않는다.
⑭ 저당물의 제3취득자가 그 부동산에 유익비를 지출한 경우, 저당물의 경매대가에서 우선상환을 받을 수 없다.
⑮ 저당물의 소유권을 취득한 제3자는 그 저당물의 경매에서 경매인이 될 수 없다.

정답 ②, ③, ⑥, ⑦, ⑨, ⑭, ⑮
해설 ② 저당권은 그 담보한 채권과 분리하여 타인에게 양도하거나 다른 채권의 담보로 할 수 없다(제361조).
③ 저당권설정자에게 대위할 물건이 인도된 후에는 저당권자가 그 물건을 압류한 경우에도 물상대위권을 행사할 수 없다.
⑥ 차임이나 매매대금에는 물상대위권을 행사할 수 없다.
⑦ 저당부동산에 대한 압류가 있으면 압류 이후의 저당권 설정자의 저당부동산에 관한 차임채권에도 저당권의 효력이 미친다.
⑨ 부합물이나 종물은 저당권설정 당시에 이미 부합되어 있었던 것이든 그 후에 부합된 것이든 모두 저당권의 효력이 미친다.
⑭ 저당물의 제3취득자가 그 부동산에 유익비를 지출한 경우, 저당물의 경매대가에서 우선상환을 받을 수 있다.
⑮ 저당물의 소유권을 취득한 제3자는 그 저당물의 경매에서 경매인이 될 수 있다.

18 근저당권에 관한 설명으로 틀린 것은? (다툼이 있으면 판례에 의함) [정답 : 3개]

① 근저당권자가 경매를 신청한 경우, 그 근저당권의 피담보채권은 매수인이 매각대금을 완납한 때 확정된다.
② 근저당권의 후순위 담보권자가 경매를 신청한 경우, 근저당권의 피담보채권은 경매를 신청한 때 확정된다.
③ 채무자의 채무액이 채권최고액을 초과하는 경우, 물상보증인은 채무자의 채무 전액을 변제하지 않으면 근저당권설정등기의 말소를 청구할 수 없다.
④ 채권최고액에는 피담보채무의 이자가 산입된다.
⑤ 피담보채무 확정 전에는 채무자를 변경할 수 있다.
⑥ 근저당권의 피담보채권이 확정된 경우, 확정 이후에 새로운 거래관계에서 발생하는 채권은 그 근저당권에 의하여 담보되지 않는다.

정답 ①, ②, ③
해설 ① 근저당권자가 경매를 신청한 경우, 그 근저당권의 피담보채권은 경매를 신청한 때 확정된다.
② 근저당권의 후순위 담보권자가 경매를 신청한 경우, 근저당권의 피담보채권은 매수인이 매각대금을 완납한 때 확정된다.
③ 제3취득자나 물상보증인은 채권최고액만 변제하고 근저당권설정등기의 말소를 청구할 수 있다.

PART

03 계약법

01 **계약에 관한 설명으로 틀린 것은?** (다툼이 있으면 판례에 따름) [정답 : 10개]

① 격지자 간의 계약에서 청약은 그 통지가 상대방에게 도달한 때에 효력이 발생한다.

② 승낙자가 청약에 대하여 조건을 붙이거나 변경을 가하여 승낙한 때, 청약자가 다시 승낙하여도 계약은 성립하지 않는다.

③ 청약자가 그 통지를 발송한 후 도달 전에 사망한 경우, 청약은 효력을 상실한다.

④ 불특정 다수인에 대한 승낙은 유효하다.

⑤ 승낙기간을 정한 계약의 청약은 청약자가 그 기간 내에 승낙의 통지를 받지 못한 때에는 원칙적으로 그 효력을 잃는다.

⑥ 불특정 다수인에 대하여 한 청약은 무효이다.

⑦ 격지자간의 계약은 승낙의 통지가 도달한 때에 성립한다.

⑧ 당사자 사이에 동일한 내용의 청약이 서로 교차된 경우, 양 청약이 상대방에게 도달한 때에 계약은 성립한다.

⑨ 계약의 합의해제에 관한 청약에 대하여 상대방이 조건을 붙여 승낙한 때에는 그 청약은 효력을 잃는다.

⑩ 청약자가 '일정한 기간 내에 회답이 없으면 승낙한 것으로 본다'고 표시한 경우, 특별한 사정이 없으면 그 기간이 지나면 계약은 성립한다.

⑪ 청약자의 의사표시나 관습에 의하여 승낙의 통지가 필요하지 않은 경우, 계약은 승낙의 의사표시로 인정되는 사실이 있는 때에 성립한다.

⑫ 당사자 쌍방의 귀책사유 없는 이행불능으로 매매계약이 종료된 경우, 매도인은 이미 지급받은 계약금을 반환하지 않아도 된다.

⑬ 甲과 乙 사이에 甲의 토지에 대한 매매계약이 체결된 후에 甲의 토지가 강제수용된 경우, 乙은 이행불능을 이유로 매매계약을 해제할 수 있다.

⑭ 채무자의 책임 있는 사유로 후발적 불능이 발생한 경우, 위험부담의 법리가 적용된다.

⑮ 당사자 일방이 대상청구권을 행사하기 위하여 상대방에 대하여 반대급부를 이행할 의무는 없다.

정답 ②, ③, ④, ⑥, ⑦, ⑩, ⑫, ⑬, ⑭, ⑮

해설 ② 승낙자가 청약에 대하여 조건을 붙이거나 변경을 가하여 승낙한 때, 청약은 효력을 상실하지만 이를 새로운 청약으로 볼 수 있다. 따라서 청약자가 다시 승낙하면 계약은 성립한다.

③ 청약자가 그 통지를 발송한 후 도달 전에 사망한 경우, 청약의 효력에 영향을 미치지 아니한다(유효).

④ 불특정 다수인에 대한 승낙은 불가능하다.

⑥ 불특정 다수인에 대하여 한 청약은 유효이다.

⑦ 격지자간의 계약은 승낙의 통지가 발송한 때에 성립한다.

⑩ 청약자가 '일정한 기간 내에 회답이 없으면 승낙한 것으로 본다'고 표시한 경우, 이는 상대방을 구속하지 않으므로 별한 사정이 없으면 그 기간이 지나더라도 계약은 성립하지 않는다.
⑫ 당사자 쌍방의 귀책사유 없는 이행불능으로 매매계약이 종료된 경우, 매도인은 이미 지급받은 계약금을 반환하여야 한다.
⑬ 甲과 乙 사이에 甲의 토지에 대한 매매계약이 체결된 후에 甲의 토지가 강제수용된 경우, 이는 채무자에게 귀책사유가 없으므로 乙은 이행불능을 이유로 매매계약을 해제할 수 없다.
⑭ 채무자의 책임 없는 사유로 후발적 불능이 발생한 경우, 위험부담의 법리가 적용된다.
⑮ 당사자 일방이 대상청구권을 행사하려면 상대방에 대하여 반대급부를 이행할 의무가 있다.

02 **甲은 자기소유의 주택을 乙에게 매도하는 계약을 체결하였는데, 그 주택의 점유와 등기가 乙에게 이전되기 전에 멸실되었다. 다음 설명 중 틀린 것은?** (다툼이 있으면 판례에 의함) [정답 : 2개]

① 양 당사자의 책임 없는 사유로 주택이 멸실된 경우, 甲은 乙에게 매매대금을 청구할 수 없다.
② 주택이 태풍으로 멸실된 경우, 甲이 乙에게 받은 계약금은 반환할 의무가 있다.
③ 乙의 채권자지체 중에 태풍으로 주택이 멸실된 경우, 甲은 乙에게 매매대금을 청구할 수 있다.
④ ③의 경우 乙의 채권자지체 중에 주택이 멸실되었으므로 甲은 자기의 채무를 면함으로써 얻은 이익을 乙에게 상환할 필요는 없다.
⑤ 乙의 과실로 주택이 멸실된 경우, 甲은 乙에게 매매대금을 청구할 수 있다.
⑥ 甲의 과실로 주택이 전소된 경우, 乙은 계약을 해제할 수 없다.

정답 ④, ⑥

해설 ④ ③의 경우 乙의 채권자지체 중에 주택이 멸실되었더라도 甲은 자기의 채무를 면함으로써 얻은 이익을 乙에게 상환하여야 한다.
⑥ 甲의 과실로 주택이 전소된 경우, 乙은 계약을 해제할 수 있다.

03 **동시이행의 항변권에 관한 설명 중 틀린 것은?** (다툼이 있으면 판례에 의함)

[정답: 4개]

① 동시이행의 항변권을 배제하는 당사자 사이의 특약은 유효이다.
② 채무자의 피담보채권을 변제할 의무와 채권자의 담보가등기 말소의무는 동시이행 관계에 있다.
③ 피담보채권을 변제할 의무와 근저당권설정등기 말소의무는 동시이행관계가 아니다.
④ 매도인의 토지거래허가 신청절차에 협력할 의무와 매수인의 매매대금지급의무는 동시이행관계가 아니다.
⑤ 임차권등기명령에 의해 등기된 임차권등기말소의무와 보증금반환의무는 동시이행 관계에 있다.
⑥ 구분소유적 공유관계가 해소되는 경우, 공유지분권자 상호간의 지분이전등기의무는 동시이행관계에 있다.
⑦ 임대차 종료 후 보증금을 반환받지 못한 임차인이 동시이행의 항변권에 기하여 임차목적물을 점유하는 경우, 불법점유로 인한 손해배상책임을 지지 않는다.
⑧ 동시이행관계에 있는 어느 일방의 채권이 양도되더라도 그 동일성이 인정되는 한 동시이행관계는 존속한다.
⑨ 동시이행관계에 있는 쌍방의 채무 중 어느 한 채무가 이행불능이 되어 손해배상채무로 바뀌는 경우, 동시이행의 항변권은 소멸한다.
⑩ 동시이행의 항변권은 당사자의 주장이 없다면 법원이 직권으로 고려할 사항이 아니다.
⑪ 가등기담보에 있어 채권자의 청산금지급의무와 채무자의 목적부동산에 대한 소유권이전등기 및 인도의무는 동시이행관계가 아니다.

정답 ②, ⑤, ⑨, ⑪

해설 ② 채무자의 피담보채권을 변제할 의무가 선이행의무이다.

⑤ 임차권등기명령에 의해 등기된 임차권등기말소의무가 후이행의무이고, 보증금반환의무가 선이행의무이다.

⑨ 당사자 일방의 책임 있는 사유로 채무이행이 불능으로 되어 그 채무가 손해배상채무로 바뀌게 되더라도 동시이행관계는 존속한다.

⑪ 가등기담보에 있어 채권자의 청산금지급의무와 채무자의 목적부동산에 대한 소유권이전등기 및 인도의무는 동시이행관계에 있다.

04 **甲은 자신의 토지를 乙에게 매도하기로 하고, 그 대금을 자신의 채권자 丙에게 지급하도록 乙과 약정하였다. 다음 설명 중 옳은 것은?** (다툼이 있으면 판례에 의함)

[정답 : 7개]

① 丙의 수익의 의사표시는 제3자를 위한 계약의 성립요건이 아니다.
② 丙이 하는 수익의 의사표시의 상대방은 甲이다.
③ 丙이 매매대금의 지급을 청구하였으나 乙이 이를 지급하지 않으면 丙은 매매계약을 해제할 수 있다.
④ 乙이 丙에게 매매대금을 지급하였는데 계약이 해제된 경우, 특별한 사정이 없는 한 乙은 丙에게 부당이득반환을 청구할 수 없다.
⑤ 甲이 소유권을 이전하지 않더라도 乙은 특별한 사정이 없는 한 丙의 대금지급청구를 거절할 수 없다.
⑥ 丙이 수익의 의사표시를 한 후 甲과 乙이 대금지급과 관련한 丙의 권리를 변경시키는 합의를 하였다면 그 합의는 丙에 대하여 효력이 있다.
⑦ 丙에게 대금을 지급하기로 한 약정이 체결된 이후, 甲 · 丙 사이의 금전소비대차계약이 취소되었다면 乙은 丙에 대하여 대금의 지급을 거절할 수 있다.
⑧ 乙은 기본계약에서 발생한 항변으로 丙에게 대항할 수 없다.
⑨ 乙은 甲의 丙에 대한 항변으로 丙에게 대항할 수 있다.
⑩ 乙은 甲과 丙 사이의 법률관계에 기한 항변으로 丙에게 대항할 수 없다.
⑪ 乙이 상당한 기간을 정하여 丙에게 수익 여부를 최고하였으나 그 기간 내에 확답을 받지 못하였다면, 丙이 계약의 이익을 받기를 거절한 것으로 본다.
⑫ 丙이 수익의 의사를 표시한 후에는 甲과 乙은 특별한 사정이 없는 한 계약을 합의해제할 수 없다.
⑬ 甲이 乙의 채무불이행을 이유로 계약을 해제한 경우, 丙은 乙에게 손해배상을 청구할 수 있다.
⑭ 甲의 채무불이행을 이유로 丙은 요약자와 낙약자의 계약을 해제할 수 있다.
⑮ 乙의 채무불이행이 있으면, 甲은 丙의 동의 없이 계약을 해제할 수 있다.
⑯ 甲이 소유권을 이전하지 않으면 乙은 특별한 사정이 없는 한 丙의 대금지급청구를 거절할 수 없다.

정답 ①, ④, ⑩, ⑪, ⑫, ⑬, ⑮

해설 ② 제3자가 하는 수익의 의사표시의 상대방은 낙약자(乙)이다.
③ 丙이 매매대금의 지급을 청구하였으나 乙이 이를 지급하지 않으면 丙은 매매계약을 해제할 수 없다.
⑤ 甲이 소유권을 이전하지 않으면 乙은 특별한 사정이 없는 한 丙의 대금지급청구를 거절할 수 있다.
⑥ 丙이 수익의 의사표시를 한 후 甲과 乙이 대금지급과 관련한 丙의 권리를 변경시키는 합의를 하였다면, 그 합의는 丙에 대하여 효력이 없다.
⑦ 丙에게 대금을 지급하기로 한 약정이 체결된 이후, 甲 · 丙 사이의 금전소비대차계약이 취소되더라도 乙은 丙에 대하여 대금의 지급을 거절할 수 없다.
⑧ 乙은 기본계약에서 발생한 항변으로 丙에게 대항할 수 있다.
⑨ 乙은 甲의 丙에 대한 항변으로 丙에게 대항할 수 없다.
⑭ 甲의 채무불이행을 이유로 계약당사자가 아닌 丙은 요약자와 낙약자의 계약을 해제할 수 없다.
⑯ 甲이 소유권을 이전하지 않으면 乙은 특별한 사정이 없는 한 丙의 대금지급청구를 거절할 수 있다.

05 **계약의 해지, 해제에 관한 설명 중 옳은 것은?** (다툼이 있으면 판례에 의함)

[정답 : 6개]

① 합의해제의 경우에도 법정해제의 경우와 마찬가지로 제3자의 권리를 해하지 못한다.

② 해제 후 원상회복을 위해 금전을 반환할 자는 해제한 날로부터 이자를 가산하여야 한다.

③ 계약이 합의해제된 경우, 다른 사정이 없는 한 채무불이행으로 인한 손해배상을 청구할 수 없다.

④ 당사자의 쌍방이 수인인 경우, 계약의 해제는 그 1인에 대하여 하더라도 효력이 있다.

⑤ 당사자 일방이 수인인 경우, 그 중 1인에 대하여 해지권이 소멸한 때에는 다른 당사자에 대하여는 소멸하지 않는다.

⑥ 특별한 약정이 없는 한, 합의해제로 인하여 반환할 금전에는 그 받은 날로부터의 이자를 가산하여야 한다.

⑦ 일방 당사자의 계약위반을 이유로 상대방이 계약을 해제하였다면, 특별한 사정이 없는 한, 계약을 위반한 당사자는 계약해제의 효과를 주장할 수 없다.

⑧ 채무자가 불이행 의사를 명백히 표시하더라도 이행기 도래 전에는 최고 없이 해제할 수 없다.

⑨ 매도인의 이행불능을 이유로 매수인이 계약을 해제하려면 매매대금의 변제제공을 하여야 한다.

⑩ 계약이 해제되기 이전에 계약상의 채권을 양수하여 이를 피보전권리로 하여 처분금지가처분결정을 받은 경우, 그 채권자는 계약해제의 소급효로부터 보호될 수 있는 제3자에 해당하지 아니한다.

⑪ 해제된 매매계약에 의하여 채무자의 책임재산이 된 부동산을 가압류 집행한 가압류채권자도 계약해제의 소급효로부터 보호될 수 있는 제3자에 해당된다.

⑫ 매매대금채권이 양도된 후 매매계약이 해제된 경우, 그 양수인은 해제로 권리를 침해당하지 않는 제3자에 해당하지 않는다.

⑬ 매도인이 잔금기일 경과 후 해제를 주장하며 수령한 대금을 공탁하고 매수인이 이의 없이 수령한 경우, 특별한 사정이 없는 한 합의해제된 것으로 본다.

정답 ①, ③, ⑩, ⑪, ⑫, ⑬

해설 ② 해제 후 원상회복을 위해 금전을 반환할 자는 받은 날로부터 이자를 가산하여야 한다.

④ 당사자의 쌍방이 수인인 경우, 계약의 해제는 전원에 대하여 하여야 하고, 그 1인에 대하여 하면 그 효력이 없다.

⑤ 당사자 일방이 수인인 경우, 그 중 1인에 대하여 해지권이 소멸한 때에는 다른 당사자에 대하여도 소멸한다.

⑥ 특별한 약정이 없는 한, 합의해지로 인하여 반환할 금전에는 그 받은 날로부터의 이자를 가산할 필요 없다.

⑦ 일방 당사자의 계약위반을 이유로 상대방이 계약을 해제하였다면, 특별한 사정이 없는 한, 계약을 위반한 당사자도 계약해제의 효과를 주장할 수 있다.

⑧ 채무자가 불이행 의사를 명백히 표시하면 이행기 도래 전에도 최고 없이 해제할 수 있다.

⑨ 매도인의 이행불능을 이유로 매수인이 계약을 해제하려면 매매대금의 변제제공을 할 의무가 없다.

06 **매매의 일방예약에 관한 설명으로 틀린 것은?** (다툼이 있으면 판례에 따름)
[정답: 3개]

① 당사자 사이에 행사기간을 정하지 않은 매매의 예약완결권은 그 예약이 성립한 때로부터 10년 내에 행사하여야 한다.
② 예약완결권을 행사하면 당사자의 승낙이 있어야 매매의 효력이 발생한다.
③ 매매예약완결권의 제척기간이 도과하였는지 여부는 당사자의 주장이 없다면 법원은 고려하지 않는다.
④ 예약완결권은 특별한 사정이 없는 한 타인에게 양도할 수 있다.
⑤ 예약완결권은 당사자 사이에 행사기간을 약정한 때에는 그 기간 내에 행사해야 한다.
⑥ 예약완결권의 행사기간 도과 전에 예약완결권자가 예약목적물인 부동산을 인도받은 경우, 그 기간이 도과되더라도 예약완결권은 소멸되지 않는다.
⑦ 예약완결권 행사의 의사표시를 담은 소장 부본의 송달로써 예약완결권을 재판상 행사하는 경우, 그 행사가 유효하기 위해서는 그 소장 부본이 제척기간 내에 상대방에게 송달되어야 한다.

정답 ②, ③, ⑥

해설 ② 예약완결권은 형성권이므로 예약완결권을 행사하면 당사자의 승낙이 없어도 매매의 효력이 발생한다.
③ 형성권의 행사기간인 제척기간은 법원의 직권조사사항이므로, 매매예약완결권의 제척기간이 도과하였는지 여부는 당사자의 주장이 없더라도 법원은 당연히 조사하여 고려하여야 한다.
⑥ 매매예약 완결권은 일종의 형성권으로서 당사자 사이에 그 행사기간을 약정한 때에는 그 기간 내에, 그러한 약정이 없는 때에는 그 예약이 성립한 때로부터 10년 내에 이를 행사하여야 하고, 그 기간을 지난 때에는 상대방이 예약 목적물인 부동산을 인도받은 경우라도 예약완결권은 제척기간의 경과로 인하여 소멸한다.

07 **甲은 자신의 토지를 乙에게 매도하면서 계약금 명목으로 1천만 원을 받았다. 다음 내용 중 틀린 것은?** (다툼이 있으면 판례에 의함) [정답: 8개]

① 乙이 이행기 전에 중도금을 지급한 경우, 甲은 특별한 사정이 없는 한 계약금의 배액을 상환하여 계약을 해제할 수 없다.
② 甲과 乙 사이에 해약금에 기한 해제권을 배제하기로 하는 약정을 하였다면 더 이상 그 해제권을 행사할 수 없다.
③ 乙은 중도금의 지급 후에는 특약이 없는 한 계약금을 포기하고 계약을 해제할 수 없다.
④ 乙의 해약금에 기한 해제권 행사로 인하여 발생한 손해에 대하여 甲은 그 배상을 청구할 수 있다.
⑤ 甲이 해약금에 기해 계약을 해제하는 경우에는 원상회복의 문제가 생길 수 있다.
⑥ 甲과 乙 사이에 교부된 계약금은 해약금으로서의 성질을 가지나, 그 계약금을 위약금으로 하기로 하는 특약이 없는 한, 당연히 손해배상액의 예정으로서의 성질을 가진 것이라고 볼 수 없다.

⑦ 만약 乙이 甲에게 계약금의 일부만 지급한 경우, 해약금의 기준이 되는 금원은 약정 계약금이 아니라 실제 교부받은 계약금이다.

⑧ 만약 乙이 계약금 1천만 원 중 600만 원을 甲에게 지급한 경우, 甲은 1200만 원을 乙에게 제공하고 매매계약을 해제할 수 있다.

⑨ 甲이 乙에 대하여 매매계약의 이행을 최고하고 매매잔대금의 지급을 구하는 소송을 제기한 것만으로는 이행에 착수하였다고 볼 수 없으므로 계약금을 포기하고 해제할 수 있다.

⑩ 만약 토지가 토지거래허가구역 내에 있고 매매계약에 대하여 허가를 받은 경우, 甲은 계약금 배액을 상환하고 해제할 수 없다.

⑪ 甲이 매매계약의 이행에 전혀 착수한 바가 없다면 乙이 중도금을 지급하여 이행에 착수한 후라도 乙은 제565조에 의하여 계약금을 포기하고 매매계약을 해제할 수 있다.

⑫ 甲이 제565조에 의하여 계약을 해제하기 위해서는 乙에게 계약금의 배액을 이행제공하여야 하고, 乙이 이를 수령하지 않으면 공탁하여야 한다.

⑬ 만약 乙의 중도금지급이 지체되어 甲이 계약을 해제하는 경우, 특별한 사정이 없는 한 계약금 1천만 원은 손해배상금으로 간주되어 甲에게 귀속된다.

⑭ 乙이 지급한 계약금은 해약금으로 추정되지만, 특약이 없는 한 위약금으로 추정되는 것은 아니다.

정답 ④, ⑤, ⑦, ⑧, ⑩, ⑪, ⑫, ⑬

해설 ④ 乙의 해약금에 기한 해제권 행사로 인하여 발생한 손해에 대하여 甲은 그 배상을 청구할 수 없다.

⑤ 甲이 해약금에 기해 계약을 해제하는 경우에는 원상회복의 문제가 생기지 않는다.

⑦ 만약 乙이 甲에게 계약금의 일부만 지급한 경우, 해약금의 기준이 되는 금원은 실제 교부받은 계약금이 아니라 약정 계약금이다.

⑧ 만약 乙이 계약금 1천만 원 중 600만 원을 甲에게 지급한 경우, 甲은 1200만 원을 乙에게 제공하고 매매계약을 해제할 수 없다.

⑩ 만약 토지가 토지거래허가구역 내에 있고 매매계약에 대하여 허가를 받은 경우, 이는 이행의 착수에 해당하지 않으므로 甲은 계약금 배액을 상환하고 해제할 수 있다.

⑪ 甲이 매매계약의 이행에 전혀 착수한 바가 없더라도 乙이 중도금을 지급하여 이행에 착수한 후라면 乙은 제565조에 의하여 계약금을 포기하고 매매계약을 해제할 수 없다.

⑫ 甲이 제565조에 의하여 계약을 해제하기 위해서는 乙에게 계약금의 배액을 이행제공하여야 하고, 乙이 이를 수령하지 않으면 공탁할 필요 없다.

⑬ 만약 乙의 중도금지급이 지체되어 甲이 계약을 해제하는 경우, 특별한 사정이 없는 한 계약금 1천만 원은 손해배상금으로 간주되어 甲에게 귀속되지 않는다.

08 **매도인의 담보책임에 관한 설명으로 틀린 것은?** (다툼이 있으면 판례에 따름)

[정답 : 4개]

① 토지에 대한 법령상 제한으로 건물신축이 불가능하면 이는 권리의 하자에 해당한다.
② 저당권이 설정된 부동산의 매수인이 저당권의 행사로 그 소유권을 취득할 수 없는 경우, 악의의 매수인은 특별한 사정이 없는 한 계약을 해제하고 손해배상을 청구할 수 있다.
③ 타인의 권리를 매도한 자가 그 전부를 취득하여 매수인에게 이전할 수 없는 경우, 악의의 매수인은 계약을 해제할 수 있다.
④ 매매목적 부동산에 전세권이 설정된 경우, 악의의 매수인도 계약을 해제할 수 있다.
⑤ 권리의 일부가 타인에게 속한 경우, 선의의 매수인의 손해배상청구권은 계약일로부터 1년 내에 행사되어야 한다.
⑥ 경매절차가 무효인 경우에도 권리의 하자로 인한 담보책임이 적용된다.

정답 ①, ④, ⑤, ⑥

해설 ① 토지에 대한 법령상 제한 또는 장애로 인하여 건물신축이 불가능하면 이는 매매목적물의 하자에 해당한다.
④ 매매목적 부동산에 전세권이 설정된 경우, 악의의 매수인은 계약을 해제할 수 없다.
⑤ 권리의 일부가 타인에게 속한 경우, 선의의 매수인의 손해배상청구권은 안 날로부터 1년 내에 행사되어야 한다.
⑥ 경매절차가 무효인 경우에는 권리의 하자로 인한 담보책임이 적용되지 않는다.

09 **부동산의 환매에 관한 설명으로 틀린 것은?** (다툼이 있으면 판례에 따름) [정답 : 3개]

① 환매특약의 등기가 된 부동산의 매수인은 전득자인 제3자에 대하여 환매특약의 등기사실만으로 제3자의 소유권이전등기청구를 거절할 수 있다.
② 환매특약은 매매계약과 동시에 이루어져야 한다.
③ 환매기간을 정한 경우에는 그 기간을 다시 연장하지 못한다.
④ 환매특약등기는 매수인의 권리취득의 등기에 부기하는 방식으로 한다.
⑤ 환매권은 양도할 수 없다.
⑥ 환매기간을 정한 경우, 환매권의 행사로 발생한 소유권이전등기청구권은 특별한 사정이 없는 한 그 환매기간 내에 행사하지 않으면 소멸한다.
⑦ 환매기간을 정하지 않은 경우, 그 기간은 5년으로 한다.

정답 ①, ⑤, ⑥

해설 ① 환매특약의 등기가 된 부동산의 매수인은 전득자인 제3자에 대하여 환매특약의 등기사실만으로 제3자의 소유권이전등기청구를 거절할 수 없다.
⑤ 환매권은 양도할 수 있다.
⑥ 환매권의 행사로 발생한 소유권이전등기청구권은 환매기간 제한과는 별도로 환매권을 행사한 때로부터 10년의 소멸시효 기간이 진행하는 것이지, 환매기간 내에 이를 행사하여야 하는 것은 아니다.

10 **甲 소유의 토지를 乙이 건물을 축조할 목적으로 임차하여 건물을 축조하였다. 다음 설명 중 틀린 것은?** (다툼이 있으면 판례에 의함) [정답 : 3개]

① 乙이 토지임대차를 등기하지 않더라도 그 지상건물을 등기한 때에는 제3자에 대하여 토지임대차의 효력이 생긴다.

② 乙이 그 지상건물을 등기하기 전에 丙이 그 토지에 관하여 소유권을 취득한 경우에도 乙이 그 지상건물을 등기하면 丙에 대하여 임대차의 효력이 생긴다.

③ 乙의 건물이 무허가건물이라도 특별한 사정이 없는 한 乙은 지상물매수청구권을 행사할 수 있다.

④ 임대차기간의 정함이 없는 경우 甲이 해지통고를 하면 乙은 지상물매수청구권을 행사할 수 없다.

⑤ 토지임차인의 차임연체 등 채무불이행을 이유로 그 임대차계약이 해지되는 경우에도 토지임차인으로서는 토지임대인에 대하여 그 지상건물의 매수를 청구할 수 있다.

⑥ 임차인 소유의 건물이 구분소유의 객체가 되지 아니하고 또한 임대인 소유의 토지 외에 임차인 또는 제3자 소유의 토지 위에 걸쳐서 건립되어 있다면 임차인의 건물매수청구는 허용되지 아니한다.

⑦ 대항력을 갖춘 乙의 임차권이 기간만료로 소멸한 후 甲이 당해 토지를 丙에게 양도한 경우, 乙은 丙을 상대로 지상물매수청구권을 행사할 수 있다.

정답 ②, ④, ⑤

해설 ② 乙이 그 지상건물을 등기하기 전에 丙이 그 토지에 관하여 소유권을 취득한 경우에는 乙이 그 지상건물을 등기하더라도 丙에 대하여 임대차의 효력이 생기지 않는다.
④ 임대차기간의 정함이 없는 경우 甲이 해지통고를 하면 乙은 갱신청구권의 행사 유무에 불구하고 지상물매수청구권을 행사할 수 있다.
⑤ 토지임차인의 차임연체 등 채무불이행을 이유로 그 임대차계약이 해지되는 경우에는 토지임차인으로서는 토지임대인에 대하여 그 지상건물의 매수를 청구할 수 없다.

11 **임대차에 관한 설명으로 틀린 것은?** (다툼이 있으면 판례에 따름) [정답 : 4개]

① 유익비상환청구권은 임대차 종료 시에 행사할 수 있다.

② 부속된 물건이 임차물의 구성부분으로 일체가 된 경우 특별한 약정이 없는 한, 부속물매수청구의 대상이 된다.

③ 임대차 기간 중에 부속물매수청구권을 배제하는 당사자의 약정은 임차인에게 불리하므로 무효이다.

④ 일시사용을 위한 것임이 명백한 임대차의 임차인은 부속물의 매수를 청구할 수 없다.

⑤ 유익비상환청구권은 임대인이 목적물을 반환받은 날로부터 6월 내에 행사하여야 한다.

⑥ 임대차계약이 임차인의 채무불이행으로 인하여 해지된 경우에는 임차인은 부속물매수청구권을 행사할 수 없다.

⑦ 건물의 사용에 객관적 편익을 가져오는 것이 아니더라도 임차인의 특수목적에 사용하기 위해 부속된 것은 부속물매수청구권의 대상이 된다.
⑧ 임차인의 비용상환청구권에 관하여 임차인에게 불리한 약정을 하면 무효이다.
⑨ 임대차 종료시 임차인이 동시이행항변권에 기하여 목적물을 사용·수익하는 경우, 임대인은 임차인에게 불법점유를 이유로 손해배상책임을 물을 수 있다.

정답 ②, ⑦, ⑧, ⑨

해설 ② 부속된 물건이 임차물의 구성부분으로 일체가 된 경우 특별한 약정이 없는 한, 부속물매수청구의 대상이 되지 않는다.
⑦ 건물의 사용에 객관적 편익을 가져오는 것이 아니고 오로지 임차인의 특수목적에 사용하기 위해 부속된 것은 부속물매수청구권의 대상이 되지 않는다.
⑧ 비용상환청구권에 관한 규정은 임의규정이므로, 임차인의 비용상환청구권에 관하여 임차인에게 불리한 약정을 하더라도 유효하다.
⑨ 임대차 종료시 임차인이 동시이행항변권에 기하여 목적물을 사용·수익하는 경우, 임대인은 임차인에게 불법점유를 이유로 손해배상책임을 물을 수 없지만 차임상당의 부당이득의 반환을 청구할 수 있다.

12 건물임대인 甲의 동의를 얻어 임차인 乙이 丙과 전대차계약을 체결하고 그 건물을 인도해 주었다. 틀린 것은? (다툼이 있으면 판례에 따름) [정답: 3개]

① 乙의 차임연체액이 2기의 차임액에 달하여 甲이 임대차계약을 해지하는 경우, 甲은 丙에게 그 사유를 통지하지 않으면 甲은 해지로써 丙에게 대항할 수 없다.
② 임대차계약이 해지통고로 종료하는 경우, 甲은 丙에 대해 그 사유의 통지 없이도 해지로써 대항할 수 있다.
③ 전대차 종료 시에 丙은 건물 사용의 편익을 위해 乙의 동의를 얻어 부속한 물건의 매수를 甲에게 청구할 수 있다.
④ 임대차와 전대차 기간이 모두 만료된 경우, 丙은 건물을 甲에게 직접 명도하면 乙에 대한 건물명도의무를 면한다.
⑤ 甲과 乙의 합의로 임대차계약이 종료되어도 丙의 권리는 소멸하지 않는다.

정답 ①, ②, ③

해설 ① 乙의 차임연체액이 2기의 차임액에 달하여 甲이 임대차계약을 해지하는 경우, 甲은 丙에게 그 사유를 통지하지 않더라도 甲은 해지로써 丙에게 대항할 수 있다.
② 임대차계약이 해지통고로 종료하는 경우, 甲은 丙에 대해 그 사유의 통지 없이는 해지로써 대항할 수 없다.
③ 전대차 종료 시에 丙은 건물 사용의 편익을 위해 甲의 동의를 얻어 부속한 물건의 매수를 甲에게 청구할 수 있다.

13 **乙은 건물을 소유할 목적으로 甲소유의 X토지를 임차한 후 甲의 동의를 받지 않고 X토지를 丙에게 전대하였다. 다음 중 옳은 것은?** (다툼이 있으면 판례에 의함)

[정답 : 2개]

① 乙과 丙 사이의 전대차계약은 유효하다.

② 乙은 丙에게 X토지를 인도하여 丙이 사용・수익할 수 있도록 할 의무가 없다.

③ 甲은 乙과의 임대차계약을 해지하지 않고 丙에게 불법점유를 이유로 부당이득반환을 청구할 수 있다.

④ 甲은 乙과의 임대차계약을 해지하지 않고 丙에게 불법점유를 이유로 손해배상을 청구할 수 있다.

⑤ 만약 乙이 甲의 동의를 얻지 않고 부득이한 사정으로 배우자 丁에게 X토지를 전대한 경우, 乙의 행위가 甲에 대한 배신적 행위라고 볼 수 없다면 甲은 임대차계약을 해지할 수 없다.

정답 ①, ⑤

해설 ② 乙과 丙 사이의 전대차계약은 유효이므로, 乙은 丙에게 X토지를 인도하여 丙이 사용・수익할 수 있도록 할 의무가 있다.

③ 甲은 乙과의 임대차계약을 해지하지 않고 丙에게 불법점유를 이유로 부당이득반환을 청구할 수 없다.

④ 甲은 乙과의 임대차계약을 해지하지 않고 丙에게 불법점유를 이유로 손해배상을 청구할 수 없다.

PART

04 민사특별법

01 주택임대차보호법에 관한 설명으로 틀린 것은? (다툼이 있으면 판례에 따름)

[정답: 8개]

① 임대차계약이 묵시적으로 갱신되면 그 임대차의 존속기간은 2년으로 본다.

② 주택의 전부를 일시적으로 사용하기 위한 임대차인 것이 명백한 경우에도 「주택임대차보호법」이 적용된다.

③ 임차인이 2기의 차임액에 달하도록 차임을 연체한 경우, 묵시적 갱신이 인정되지 아니한다.

④ 임대차 성립시에 임차주택과 그 대지가 임대인의 소유인 경우, 대항력과 확정일자를 갖춘 임차인은 대지만 경매되더라도 그 매각대금으로부터 우선변제를 받을 수 있다.

⑤ 임대차기간을 1년으로 정한 경우, 임대인은 그 기간이 유효함을 주장하거나 2년을 주장할 수 있다.

⑥ 다가구용 단독주택의 임대차에서는 전입신고를 할 때 지번만 기재하고 동·호수의 표시가 없어도 대항력을 취득할 수 있다.

⑦ 저당권이 설정된 주택을 임차하여 대항력을 갖춘 주택임차인은, 후순위저당권이 실행되더라도 매수인이 된 자에게 보증금의 전부를 받을 때까지 임대차관계의 존속을 주장할 수 있다.

⑧ 임차권보다 선순위의 저당권이 존재하는 주택이 경매로 매각된 경우, 경매의 매수인은 임대인의 지위를 승계한다.

⑨ 등기명령의 집행에 따라 주택 전부에 대해 타인 명의의 임차권등기가 끝난 뒤 소액보증금을 내고 그 주택을 임차한 자는 최우선변제권을 행사할 수 없다.

⑩ 주택임차인의 우선변제권은 대지의 환가대금에는 미치지 않는다.

⑪ 대항력을 갖춘 임차인의 보증금반환채권이 가압류된 상태에서 그 주택이 양도된 경우, 양수인은 채권가압류의 제3채무자 지위를 승계한다.

⑫ 대항력을 갖춘 임차인의 보증금반환채권이 가압류된 상태에서 그 주택이 양도된 경우, 가압류채권자는 양수인에 대하여만 가압류의 효력을 주장할 수 있다.

⑬ 임대차계약이 묵시적으로 갱신된 경우, 임대인은 언제든지 임차인에게 계약해지를 통지할 수 있다.

⑭ 임차인이 임차권등기명령의 집행에 따른 임차권등기를 마친 경우, 임차인은 임차권등기의 비용을 임대인에게 청구할 수 있다.

⑮ 대항력 있는 임대차기간이 만료하기 전에 임대인이 제3자에게 주택을 매도하고 소유권이전등기를 마친 경우, 임차인은 계약 당사자가 아닌 제3자에게 임차권을 주장할 수 없다.

⑯ 임차인이 2기의 차임액에 해당하는 금액에 이르도록 차임을 연체한 사실이 있는 경우에는 임대인은 임차인의 계약갱신요구를 거절할 수 있다.

⑰ 임차인은 계약갱신요구권을 1회에 한하여 행사할 수 있으며, 이 경우 갱신되는 임대차의 존속기간은 2년으로 본다.

⑱ 임대인(임대인의 직계존속·직계비속을 제외한다)이 목적주택에 실제 거주하려는 경우에는 임대인은 임차인의 계약갱신요구를 거절할 수 있다.

정답 ②, ⑤, ⑦, ⑧, ⑩, ⑬, ⑮, ⑱

해설 ② 주택의 전부를 일시적으로 사용하기 위한 임대차인 것이 명백한 경우에는 「주택임대차보호법」이 적용되지 않는다.

⑤ 임대차기간을 1년으로 정한 경우, 임차인은 그 기간이 유효함을 주장하거나 2년을 주장할 수 있다.

⑦ 저당권이 설정된 주택을 임차하여 대항력을 갖춘 주택임차인은, 후순위저당권이 실행되면 그 대항력을 상실하므로 매수인이 된 자에게 보증금의 전부를 받을 때까지 임대차관계의 존속을 주장할 수 없다.

⑧ 대항력 있는 임차권보다 선순위의 저당권이 존재하는 주택이 경매로 매각된 경우, 임차권의 대항력은 상실하므로 경매의 매수인은 임대인의 지위를 승계하지 않는다.

⑩ 주택임차인의 우선변제권은 대지의 환가대금에도 미친다.

⑬ 임대차계약이 묵시적으로 갱신된 경우, 임차인은 언제든지 임대인에게 계약해지를 통지할 수 있다.

⑮ 대항력 있는 임대차기간이 만료하기 전에 임대인이 제3자에게 주택을 매도하고 소유권이전등기를 마친 경우, 임차인은 계약 당사자가 아닌 제3자에게도 임차권을 주장할 수 있다.

⑱ 임대인(임대인의 직계존속·직계비속을 포함한다)이 목적주택에 실제 거주하려는 경우에는 임대인은 임차인의 계약갱신요구를 거절할 수 있다.

02 **상가건물임대차보호법에 관한 설명으로 옳은 것은?** (다툼이 있으면 판례에 따름)

[정답: 7개]

① 대항력 있는 임차인이 적법하게 상가건물을 전대하여 전차인이 이를 직접점유하면서 그 명의로 「부가가치세법」 등에 의한 사업자등록을 하였다면, 임차인의 대항력이 유지된다.

② 사업자등록의 대상이 되지 않는 건물에 대해서는 이 법이 적용되지 않는다.

③ 기간을 정하지 아니하거나 기간을 1년 미만으로 정한 임대차는 그 기간을 1년으로 본다.

④ 차임연체액이 3기의 차임액에 달하는 경우, 임대인은 임대차계약을 해지할 수 있다.

⑤ 권리금회수의 방해로 인한 임차인의 임대인에 대한 손해배상청구권은 방해행위가 있는 날로부터 5년 이내에 행사하지 않으면 시효의 완성으로 소멸한다.

⑥ 임차인의 계약갱신요구권은 최초의 임대차기간을 포함한 전체 임대차기간이 5년을 초과하지 아니하는 범위에서만 행사할 수 있다.

⑦ 서울특별시에서 보증금 10억원인 상가임대차에서 임대차종료 후 보증금이 반환되지 않은 경우, 임차인은 상가건물의 소재지 관할법원에 임차권등기명령을 신청할 수 없다.

⑧ 서울특별시에서 보증금 10억원인 상가임대차에서 임대차기간을 6개월로 정한 경우, 임대인은 그 기간이 유효함을 주장할 수 있다.

⑨ 서울특별시에서 보증금 10억원인 상가임대차에서 상가건물이 경매로 매각된 경우, 대항력과 확정일자를 갖춘 임차인은 보증금에 대해 일반채권자보다 우선하여 변제받을 수 있다.

⑩ 임차인의 보증금 중 일정액이 상가건물의 가액(임대인 소유의 대지가액을 포함)의 3분의 1을 초과하는 경우에는 상가건물의 가액의 3분의 1에 해당하는 금액에 한하여 우선변제권이 있다.

⑪ 임차인은 약정한 차임 또는 보증금이 임차주택에 대한 조세·공과금 기타 부담의 증감이나 경제사정의 변동으로 상당하지 않게 된 때에는 당사자는 장래에 대하여 그 증감을 청구할 수 있는데, 증액의 경우 약정차임 또는 보증금의 100분의 9를 초과하지 못한다.

⑫ 「전통시장 및 상점가 육성을 위한 특별법」 제2조 제1호에 따른 전통시장의 경우, 임차인의 권리금 회수기회 보호 등 규정이 적용되지 않는다.

⑬ 건물이 노후·훼손 또는 일부 멸실되는 등 안전사고의 우려가 있어서 임대인이 임대목적 건물의 전부 또는 일부를 철거하거나 재건축하기 위하여 목적 건물의 점유를 회복할 필요가 있는 경우, 임대인은 임차인의 계약갱신요구를 거절할 수 있다.

⑭ 임차인이 3기의 차임액에 해당하는 금액에 이르도록 차임을 연체한 사실이 있는 경우 임대인은 임차인의 계약갱신요구를 거절할 수 있다.

⑮ 임차인이 임차한 건물의 전부 또는 일부를 경과실로 파손한 경우, 임대인은 임차인의 계약갱신요구를 거절할 수 있다.

정답 ①, ②, ③, ④, ⑦, ⑧, ⑭

해설 ⑤ 권리금회수의 방해로 인한 임차인의 임대인에 대한 손해배상청구권은 임대차가 종료한 날로부터 3년 이내에 행사하지 않으면 시효의 완성으로 소멸한다.

⑥ 임차인의 계약갱신요구권은 최초의 임대차기간을 포함한 전체 임대차기간이 10년을 초과하지 아니하는 범위에서만 행사할 수 있다.

⑨ 서울특별시에서 보증금 10억원인 상가임대차에서 상가건물이 경매로 매각된 경우, 대항력과 확정일자를 갖춘 임차인은 보증금에 대해 일반채권자보다 우선하여 변제받을 수 없다.

⑩ 임차인의 보증금 중 일정액이 상가건물의 가액(임대인 소유의 대지가액을 포함)의 2분의 1을 초과하는 경우에는 상가건물의 가액의 2분의 1에 해당하는 금액에 한하여 우선변제권이 있다.

⑪ 임차인은 약정한 차임 또는 보증금이 임차주택에 대한 조세·공과금 기타 부담의 증감이나 경제사정의 변동으로 상당하지 않게 된 때에는 당사자는 장래에 대하여 그 증감을 청구할 수 있는데, 증액의 경우 약정차임 또는 보증금의 100분의 5를 초과하지 못한다.

⑫ 「전통시장 및 상점가 육성을 위한 특별법」 제2조 제1호에 따른 전통시장의 경우, 임차인의 권리금 회수기회 보호 등 규정이 적용된다.

⑬ 건물이 노후·훼손 또는 일부 멸실되는 등 안전사고의 우려가 있어서 임대인이 임대목적 건물의 전부 또는 대부분을 철거하거나 재건축하기 위하여 목적 건물의 점유를 회복할 필요가 있는 경우, 임대인은 임차인의 계약갱신요구를 거절할 수 있다.

⑮ 임차인이 임차한 건물의 전부 또는 일부를 경과실로 파손한 경우, 임대인은 임차인의 계약갱신요구를 거절할 수 없다.

03 **甲은 乙에게 빌려준 1억 원을 담보하기 위해 乙소유의 X토지(시가 2억 원)에 소유권이 전등기를 경료받았다. 그 후 丙이 X토지에 대해 저당권을 취득하였다. 다음 설명 중 옳은 것은?** (다툼이 있으면 판례에 따름) [정답 : 5개]

① 만약 甲이 공사대금채무를 담보하기 위하여 가등기를 한 경우에는「가등기담보등에 관한 법률」이 적용되지 않는다.

② 甲이 乙에게 담보권 실행통지를 하지 않으면 청산금을 지급하더라도 가등기에 기한 본등기를 청구할 수 없다.

③ 만약 丁이 X토지를 사용·수익하던 乙과 임대차계약을 맺고 그 토지를 인도받아 사용하고 있는 경우, 甲은 특별한 사정이 없는 한 담보권실행을 위하여 丁에게 X토지의 인도를 청구할 수 없다.

④ 乙이 피담보채무의 이행지체에 빠졌을 경우, 甲은 乙과 임대차계약을 맺고 그 토지를 인도받아 사용하고 있는 丁에게 소유권에 기하여 X토지의 인도를 청구할 수 있다.

⑤ 甲이 청산기간이 지나기 전이라도 가등기에 의한 본등기를 마치면 그 본등기는 유효이다.

⑥ 丙은 청산기간이 지나면 그의 피담보채권 변제기가 도래하기 전이라도 X토지의 경매를 청구할 수 있다.

⑦ 甲의 가등기담보권 실행을 위한 경매절차에서 X토지의 소유권을 丁이 취득한 경우, 甲의 가등기담보권은 소멸한다.

⑧ 甲이 乙에게 청산금의 평가액을 통지한 후에는 甲은 이에 관하여 다툴 수 없다.

⑨ 甲이 乙에게 주관적으로 평가한 청산금이 객관적인 가액에 미달하면 통지로서 효력이 없다.

⑩ 청산금이 없다면 甲은 乙에게 청산금이 없다는 뜻을 통지하여야 한다.

⑪ 만약 甲이 청산금을 지급하기 전에 임의로 X토지를 선의의 丁에게 매도하여 소유권이전등기를 마친 경우, 乙은 丁에게 소유권이전등기의 말소를 청구할 수 있다.

⑫ 만약 丁이 X토지를 사용·수익하던 乙과 임대차계약을 맺고 그 토지를 인도받아 사용하고 있는 경우, 甲은 乙로부터 X건물을 임차하여 사용하고 있는 丁에게 임료상당의 부당이득반환을 청구할 수 있다.

정답 ①, ②, ⑦, ⑧, ⑩

해설 ③, ④ 채권담보를 위하여 소유권이전등기를 경료한 양도담보권자는 채무자가 변제기를 도과하여 피담보채무의 이행지체에 빠졌을 때에는 담보권의 실행으로서 채무자에 대하여 그 목적 부동산의 인도를 구할 수 있고 제3자가 채무자로부터 적법하게 목적 부동산의 점유를 이전받아 있는 경우에는 그 목적 부동산의 인도청구를 할 수도 있다 할 것이나 직접 소유권에 기하여 그 인도를 구할 수는 없다.

⑤ 甲이 청산기간이 지나기 전에 가등기에 의한 본등기를 마치면 그 본등기는 무효이다.

⑥ 丙은 청산기간 내라면 그의 피담보채권 변제기가 도래하기 전이라도 X토지의 경매를 청구할 수 있다.

⑨ 甲이 乙에게 주관적으로 평가한 청산금이 객관적인 가액에 미달하더라도 통지로서 효력이 있다.

⑪ 만약 甲이 청산금을 지급하기 전에 임의로 X토지를 선의의 丁에게 매도하여 소유권이전등기를 마친 경우, 乙은 丁에게 소유권이전등기의 말소를 청구할 수 없다.
⑫ 일반적으로 부동산을 채권담보의 목적으로 양도한 경우 특별한 사정이 없는 한 목적부동산에 대한 사용수익권은 채무자인 양도담보설정자(乙)에게 있으므로, 양도담보권자는 사용수익할 수 있는 정당한 권한이 있는 채무자나 채무자로부터 그 사용수익할 수 있는 권한을 승계한 자(임차인 丁)에 대하여는 사용수익을 하지 못한 것을 이유로 임료 상당의 손해배상이나 부당이득반환청구를 할 수 없다.

04 **집합건물의 소유 및 관리에 관한 법령상 집합건물에 관한 설명으로 틀린 것은?** (다툼이 있으면 판례에 따름) [정답 : 5개]

① 집합건축물대장에 등록되지 않더라도 구분소유가 성립할 수 있다.
② 공용부분의 사용과 비용부담은 전유부분의 지분비율에 따른다.
③ 집합건물의 임차인은 관리인이 될 수 있다.
④ 재건축 결의는 구분소유자 및 의결권의 각 5분의 4 이상의 결의에 의한다.
⑤ 재건축 결의 후 재건축 참가 여부를 서면으로 촉구받은 재건축반대자가 법정기간 내에 회답하지 않으면 재건축에 참가하겠다는 회답을 한 것으로 본다.
⑥ 공용부분 관리비에 대한 연체료는 특별승계인에게 승계되는 공용부분 관리비에 포함되지 않는다.
⑦ 집합건물의 공용부분은 시효취득의 대상이 될 수 없다.
⑧ 구분소유자는 규약 또는 공정증서로써 달리 정하지 않는 한 그가 가지는 전유부분과 분리하여 대지사용권을 처분할 수 없다.
⑨ 아직 건물이 집합건축물대장에 등록되거나 구분건물로서 등기부에 등기되지 않았다면 그 건물은 구분소유가 성립할 수 없다.
⑩ 공용부분에 관한 물권의 득실변경은 등기하여야 효력이 생긴다.
⑪ 상가건물 구분소유자가 그 건물 1층의 복도와 로비를 무단으로 점유하여 자신의 영업장 내부공간인 것처럼 사용하고 있는 경우, 그 구분소유자에게 부당이득반환의무가 인정되지 않는다.

정답 ②, ⑤, ⑨, ⑩, ⑪

해설 ② 공용부분의 사용은 그 용도에 따라 사용할 수 있다.
⑤ 재건축 결의 후 재건축 참가 여부를 서면으로 촉구받은 재건축반대자가 법정기간 내에 회답하지 않으면 재건축에 참가하지 않겠다는 뜻을 회답을 한 것으로 본다.
⑨ 아직 건물이 집합건축물대장에 등록되거나 구분건물로서 등기부에 등기되지 않았더라도 건물은 구분소유가 성립할 수 있다.
⑩ 공용부분에 관한 물권의 득실변경은 등기 없이도 효력이 생긴다.
⑪ 상가건물 구분소유자가 그 건물 1층의 복도와 로비를 무단으로 점유하여 자신의 영업장 내부공간인 것처럼 사용하고 있는 경우, 그 구분소유자에게 부당이득반환의무가 인정된다.

05 **甲은 조세포탈 · 강제집행의 면탈 또는 법령상 제한의 회피를 목적으로 하지 않고, 배우자 乙과의 명의신탁약정에 따라 자신의 X토지를 乙명의로 소유권이전등기를 마쳐주었다. 다음 설명 중 틀린 것은?** (다툼이 있으면 판례에 따름) [정답: 3개]

① 乙은 甲에 대해 X토지의 소유권을 주장할 수 없다.

② 乙이 丙에게 X토지를 매도하여 소유권이전등기를 마친 경우, 특별한 사정이 없는 한 丙은 악의이더라도 X토지의 소유권을 취득한다.

③ 乙로부터 X토지를 매수한 丙이 乙의 甲에 대한 배신행위에 적극가담한 경우, 乙과 丙사이의 계약은 무효이다.

④ 丁이 X토지를 불법점유하는 경우, 甲은 직접 丁에 대해 소유물반환청구권을 행사할 수 있다.

⑤ 戊가 위조하여 X토지의 소유권이전등기를 마친 경우, 甲은 직접 戊 명의의 등기말소를 청구할 수 있다.

⑥ 만약 甲과 乙이 법령상 제한의 회피를 목적으로 명의신탁약정을 한 경우, 甲은 乙에게 명의신탁해지를 원인으로 소유권이전등기를 청구할 수 없다.

⑦ 만약 甲과 乙이 법령상 제한의 회피를 목적으로 명의신탁약정을 한 경우, 乙이 丙에게 X건물을 적법하게 양도하였다가 다시 소유권을 취득한 경우라면 甲은 乙에게 소유물반환을 청구할 수 있다.

정답 ④, ⑤, ⑦

해설 ④ 丁이 X토지를 불법점유하는 경우, 甲은 직접 丁에 대해 소유물반환청구권을 행사할 수 없고 乙을 대위하여 소유물반환청구권을 행사할 수 있다.

⑤ 戊가 위조하여 X토지의 소유권이전등기를 마친 경우, 甲은 직접 戊 명의의 등기말소를 청구할 수 없고 乙을 대위하여 등기말소를 청구할 수 있다.

⑦ 양자간 등기명의신탁에서 명의수탁자가 신탁부동산을 처분하여 제3취득자가 유효하게 소유권을 취득하고 이로써 명의신탁자가 신탁부동산에 대한 소유권을 상실하였다면, 명의신탁자의 소유권에 기한 물권적 청구권, 즉 말소등기청구권이나 진정명의회복을 원인으로 한 이전등기청구권도 더 이상 그 존재 자체가 인정되지 않는다. 그 후 명의수탁자가 우연히 신탁부동산의 소유권을 다시 취득하였다고 하더라도 명의신탁자가 신탁부동산의 소유권을 상실한 사실에는 변함이 없으므로, 여전히 물권적 청구권은 그 존재 자체가 인정되지 않는다.

06 **甲은 친구 乙과 명의신탁약정을 하고 丙소유의 X부동산을 매수하면서 丙에게 부탁하여 乙명의로 소유권이전등기를 하였다. 다음 설명 중 옳은 것은?** (다툼이 있으면 판례에 의함) [정답 : 4개]

① 甲이 X부동산의 소유자이다.
② 甲은 명의신탁 해지를 원인으로 乙에게 소유권이전등기를 청구할 수 있다.
③ 甲은 부당이득반환을 원인으로 乙에게 소유권이전등기를 청구할 수 있다.
④ 丙은 진정명의회복을 원인으로 乙에게 소유권이전등기를 청구할 수 있다.
⑤ 甲은 직접 乙 명의의 소유권이전등기의 말소를 청구할 수 없다.
⑥ 甲은 丙을 대위하여 乙 명의의 소유권이전등기의 말소를 청구할 수 없다.
⑦ 만약 甲과 乙이 사실혼 관계에 있다면 甲과 乙 사이의 명의신탁약정은 유효이다.
⑧ 甲은 丙에게 X부동산의 소유권이전을 청구할 수 있다.
⑨ 乙이 X부동산을 丁에게 매도하고 소유권이전등기를 해 준 경우, 丁은 악의이더라도 유효하게 소유권을 취득한다.

정답 ④, ⑤, ⑧, ⑨

해설 ① 丙이 X부동산의 소유자이다.
② 甲은 명의신탁 해지를 원인으로 乙에게 소유권이전등기를 청구할 수 없다.
③ 甲은 부당이득반환을 원인으로 乙에게 소유권이전등기를 청구할 수 없다.
⑥ 甲은 丙을 대위하여 乙 명의의 소유권이전등기의 말소를 청구할 수 있다.
⑦ 만약 甲과 乙이 사실혼 관계에 있다면 甲과 乙 사이의 명의신탁약정은 무효이다.

07 X부동산을 취득하려는 甲은 친구 乙과 명의신탁을 약정하였다. 乙은 그 약정에 따라 계약당사자로서 선의의 丙으로부터 X부동산을 매수하여 자신의 명의로 등기한 후 甲에게 인도하였다. 다음 중 옳은 것은? (다툼이 있으면 판례에 의함) [정답 : 2개]

① 甲과 乙의 명의신탁약정은 유효하다.

② 乙은 유효하게 X부동산의 소유권을 취득한다.

③ 甲은 乙을 상대로 부당이득반환으로 X부동산의 등기이전을 청구할 수 없다.

④ 甲은 乙에게 제공한 부동산매수자금 회수를 담보하기 위하여 X부동산에 대하여 유치권을 행사할 수 있다.

⑤ 丙은 특별한 사정이 없는 한 乙명의의 등기말소를 청구할 수 있다.

⑥ 乙이 X부동산을 丁에게 매도하고 소유권이전등기를 해 준 경우, 丁은 선의인 경우에 한하여 유효하게 소유권을 취득한다.

⑦ 만약 丙이 甲과 乙의 명의신탁약정을 알고 있어도, 丙으로부터 직접 X부동산을 매수한 乙은 유효하게 소유권을 취득한다.

정답 ②, ③

해설 ① 甲과 乙의 명의신탁약정은 무효이다.

④ 甲은 乙에게 제공한 부동산매수자금 회수를 담보하기 위하여 X부동산에 대하여 유치권을 행사할 수 없다.

⑤ 乙이 소유자이므로, 丙은 특별한 사정이 없는 한 乙명의의 등기말소를 청구할 수 없다.

⑥ 乙이 X부동산을 丁에게 매도하고 소유권이전등기를 해 준 경우, 丁은 선의・악의를 불문하고 유효하게 소유권을 취득한다.

⑦ 만약 丙이 甲과 乙의 명의신탁약정을 알고 있다면, 丙으로부터 직접 X부동산을 매수한 乙은 유효하게 소유권을 취득하지 못한다.

★ 항상 여러분의 합격을 기원합니다 !!

ME
MO

부록

01 복습문제
02 복습문제
03 복습문제

본문의 문제를 하나로 모아
다시 한 번 복습할 수 있도록 하였습니다.

01 복습문제

PART 01 민법총칙

01 **甲은 자기소유의 X토지에 대하여 乙과 매매계약을 체결하였으나 X토지의 지번 등에 착오를 일으켜 계약서에는 Y토지 잘못 기재하였다. 다음 설명 중 틀린 것은?** (다툼이 있으면 판례에 의함) [정답: 3개]

① X토지에 관하여 매매계약이 성립하지만, 甲은 착오를 이유로 X토지에 대한 계약을 취소할 수 있다.

② Y토지에 관하여 매매계약이 성립한다.

③ Y토지에 관하여 乙명의로 이전등기가 경료되었다면, 그 이전등기는 무효이다.

④ X토지에 관하여 乙은 소유권을 취득하였다.

02 **반사회적 법률행위에 관한 내용 중 틀린 것은?** (다툼이 있으면 판례에 의함) [정답: 6개]

① 반사회질서의 법률행위에 해당하는지 여부는 해당 법률행위가 효력이 발생하는 때를 기준으로 판단해야 한다.

② 소송에서 증언할 것을 조건으로 통상 용인되는 수준을 넘는 대가를 지급하기로 하는 약정은 반사회적 법률행위로서 무효이다.

③ 사회질서에 위반되는 행위로서 무효임에도 이미 이행한 경우에는 부당이득반환청구를 할 수 없으나 소유권에 기한 반환청구를 할 수 있다.

④ 공무원의 직무에 관하여 부정한 청탁의 대가로 금전을 지급하기로 한 약정은 반사회적 법률행위로서 무효이다.

⑤ 강제집행을 면할 목적으로 부동산에 허위의 근저당권설정등기를 경료하는 행위는 반사회질서에 해당하는 법률행위로 무효이다.

⑥ 민사사건에서의 성공보수약정은 반사회질서의 법률행위에 해당하지 않는다.

⑦ 형사사건에서의 성공보수약정은 선량한 풍속 기타 사회질서에 위배되는 것으로 평가할 수 있다.

⑧ 도박채무를 변제하기 위해 채무자로부터 부동산의 처분을 위임받은 채권자가 그 부동산을 제3자에게 매도한 경우, 위와 같은 사정을 알지 못하는 제3자가 도박 채권자를 통하여 위 부동산을 매수한 행위는 사회질서에 반하는 법률행위에 해당한다.

⑨ 표시되거나 상대방에게 알려진 법률행위의 동기가 사회질서에 반하는 경우 그 법률행위는 반사회적 법률행위로서 무효이다.
⑩ 보험계약자가 다수의 보험계약을 통하여 보험금을 부정취득할 목적으로 보험계약을 체결한 경우, 이와 같은 보험계약은 민법 제13조 소정의 선량한 풍속 기타 사회질서에 반하여 무효이다.
⑪ 대리인이 매도인의 배임행위에 적극 가담하여 이루어진 부동산의 이중매매는 본인인 매수인이 그러한 사정을 몰랐다면 반사회질서의 법률행위가 되지 않는다.
⑫ 양도소득세를 회피할 목적으로 실제로 거래한 매매대금보다 낮은 금액으로 매매계약을 체결한 행위는 반사회질서에 해당하는 법률행위로 무효이다.
⑬ 반사회적 행위에 의해 조성된 비자금을 소극적으로 은닉하기 위해 체결한 임치약정은 반사회질서의 법률행위에 해당하지 않는다.

03 **甲은 자신의 X건물을 乙에게 매도하는 계약을 체결한 후, 다시 X건물을 丙에게 매도·인도하고 소유권이전등기도 해주었다. 다음 설명 중 옳지 않은 것은?** (다툼이 있으면 판례에 의함) [정답: 3개]

① 특별한 사정이 없는 한 丙은 X건물의 소유권을 취득하지 못한다.
② 乙은 甲에게 최고 없이 계약을 해제하고 손해배상을 청구할 수 있다.
③ 丙이 甲의 乙에 대한 배임행위에 적극 가담한 경우, 乙은 丙을 상대로 직접 등기의 말소를 청구할 수 없다.
④ 甲과 丙 사이의 매매계약이 반사회적 법률행위로 무효인 경우라도, 乙은 丙에 대하여 직접 등기의 말소를 청구할 수 없다.
⑤ ④의 경우, 丙으로부터 그 부동산을 전득한 丁이 선의이며 과실 없다면 甲과 丙의 매매계약의 유효를 주장할 수 있다.
⑥ 만약 丙의 대리인 戊가 丙을 대리하여 X토지를 매수하면서 甲의 배임행위에 적극 가담하였다면, 그러한 사정을 모르는 丙은 그 소유권을 취득하지 못한다.
⑦ 丙이 甲과 乙 사이의 매매사실을 알았다면, 乙은 甲을 대위하여 丙 명의의 등기를 말소청구할 수 있다.

04 **불공정한 법률행위에 관한 설명 중 옳은 것은?** (다툼이 있으면 판례에 의함) [정답: 5개]

① 불공정한 법률행위에는 무효행위의 추인은 인정될 수 있으나 무효행위의 전환은 인정될 수 없다.

② 급부와 반대급부 사이에 현저한 불균형이 존재하는지는 특별한 사정이 없는 한 법률행위 당시를 기준으로 판단하여야 한다.

③ 무경험이란 거래일반에 관한 경험 및 지식의 결여를 의미하는 것이 아니라 어느 특정영역에서의 무경험을 의미한다.

④ 대리행위에 있어서 궁박은 본인을 기준으로 판단하지만, 경솔과 무경험은 대리인을 기준으로 판단한다.

⑤ 급부와 반대급부 사이의 현저한 불균형은 피해자의 궁박·경솔·무경험의 정도를 고려하여 당사자의 주관적 가치에 따라 판단한다.

⑥ 경매절차에서 매각대금이 시가보다 현저히 저렴하더라도 불공정한 법률행위를 이유로 그 무효를 주장할 수 없다.

⑦ 증여와 같은 아무런 대가 없는 법률행위도 불공정한 법률행위에 해당될 수 있다.

⑧ 일방이 궁박 상태에 있었더라도 상대방이 그와 같은 사정을 알면서 이를 이용하려는 의사가 없으면 그 계약은 불공정한 법률행위가 되지 않는다.

⑨ 법률행위가 현저하게 공정을 잃었다고 하여 그 법률행위가 궁박, 경솔 또는 무경험으로 이루어진 것으로 추정되지 않는다.

05 **진의 아닌 의사표시에 관한 설명으로 틀린 것은?** (다툼이 있으면 판례에 의함) [정답: 2개]

① 비진의표시는 상대방이 선의이며 과실이 없는 경우에 한하여 유효하다.

② 진의 아닌 의사표시는 상대방과 통정이 없다는 점에서 통정허위표시와 구별된다.

③ 비진의표시는 원칙적으로 무효이다.

④ 진의란 표의자가 진정으로 마음속에서 바라는 사항을 뜻하는 것이 아니다.

⑤ 표의자가 강박에 의하여 증여의 의사표시를 한 경우, 재산을 강제로 빼앗긴다는 것이 표의자의 본심에 잠재되어 있었다면 그 의사표시는 진의 아닌 의사표시라고 할 수 있다.

06 **甲은 채권자 A의 강제집행을 면하기 위하여 자신의 부동산에 관하여 乙과 통정한 허위의 매매계약에 따라 소유권이전등기를 乙에게 해주었다. 그 후 乙은 이러한 사정을 모르는 丙과 위 부동산에 대한 매매계약을 체결하고 그에게 소유권이전등기를 해주었다. 다음 설명 중 틀린 것은?** (다툼이 있으면 판례에 따름) [정답 : 5개]

① 甲과 乙의 매매계약은 무효이다.
② 丙이 부동산의 소유권을 취득한다.
③ 甲은 丙을 상대로 이전등기의 말소를 청구할 수 없다.
④ 乙은 丙에 대해 원인행위의 무효를 이유로 등기말소를 청구할 수 있다.
⑤ 丙이 자신의 소유권을 주장하려면 자신의 선의를 증명해야 한다.
⑥ 丙이 선의이더라도 과실이 있으면 소유권을 취득하지 못한다.
⑦ 丙으로부터 위 부동산을 매수하여 소유권이전등기를 경료한 丁이 악의인 경우, 丁은 소유권을 취득하지 못한다.
⑧ 만약 丙이 악의인 경우, 丙으로부터 위 부동산을 매수하여 소유권이전등기를 경료한 丁은 선의이더라도 소유권을 취득하지 못한다.

07 **甲은 乙에게 자신의 토지를 증여하기로 합의하였으나 甲과 乙은 마치 매도하는 것처럼 계약서를 꾸며서 이전등기를 하였다. 그 뒤 乙은 丙에게 그 토지를 매도하고 이전등기를 하였다. 다음 설명 중 틀린 것은?** (다툼이 있으면 판례에 의함) [정답 : 4개]

① 乙명의의 등기는 효력이 있다.
② 甲과 乙 사이의 매매와 증여계약은 모두 무효이다.
③ 甲은 악의의 丙을 상대로 그 명의의 등기말소를 청구할 수 있다.
④ 乙은 악의의 丙을 상대로 그 명의의 등기말소를 청구할 수 없다.
⑤ 丙은 선의인 경우에 한하여 소유권을 유효하게 취득한다.
⑥ 만약 丙이 甲과 乙 사이에 증여계약이 체결된 사실을 알지 못한데 과실이 있다면 丙은 소유권을 취득하지 못한다.

08 **통정허위표시에 관한 설명으로 틀린 것은?** (다툼이 있으면 판례에 따름) [정답: 5개]

① 당사자가 통정하여 증여를 매매로 가장한 경우, 증여와 매매 모두 무효이다.

② 통정허위표시의 무효로 대항할 수 없는 제3자에 해당하는지의 여부를 판단할 때, 파산관재인은 파산채권자 모두가 악의로 되지 않는 한 선의로 다루어진다.

③ 통정허위표시의 무효로 대항할 수 없는 제3자에 해당하는지를 판단할 때, 파산관재인은 파산채권자 일부가 선의라면 선의로 다루어진다.

④ 대리인이 본인 몰래 대리권의 범위 안에서 상대방과 통정허위표시를 한 경우, 본인은 선의의 제3자로서 그 유효를 주장할 수 있다.

⑤ 통정허위표시에 의한 채권을 가압류한 자는 통정허위표시를 기초로 새로운 법률상 이해관계를 맺은 제3자에 해당한다.

⑥ 가장채권을 가압류한 자는 통정허위표시를 기초로 새로운 법률상 이해관계를 맺은 제3자에 해당하지 않는다.

⑦ 통정허위표시에 의해 설정된 전세권에 대해 저당권을 설정받은 자는 통정허위표시를 기초로 새로운 법률상 이해관계를 맺은 제3자에 해당한다.

⑧ 가장전세권에 저당권을 취득한 자는 통정허위표시를 기초로 새로운 법률상 이해관계를 맺은 제3자에 해당하지 않는다.

⑨ 통정허위표시에 의해 체결된 제3자를 위한 계약에서 제3자는 통정허위표시를 기초로 새로운 법률상 이해관계를 맺은 제3자에 해당하지 않는다.

⑩ 가장소비대차에 따른 대여금채권의 선의의 양수인은 민법 제108조 제2항에 따라 보호받는 제3자가 아니다.

09 착오에 관한 설명으로 옳은 것은? (다툼이 있으면 판례에 따름) [정답: 4개]

① 상대방에 의해 유발된 동기의 착오는 동기가 표시되지 않았더라도 중요부분의 착오가 될 수 있다.

② 동기의 착오를 이유로 의사표시를 취소하기 위해서는 그 동기를 의사표시의 내용으로 삼기로 하는 합의가 있어야 한다.

③ 착오가 표의자의 중대한 과실로 인한 경우에는 상대방이 표의자의 착오를 알고 이용하더라도 표의자는 의사표시를 취소할 수 없다.

④ 표의자의 중대한 과실 유무는 착오에 의한 의사표시의 효력을 부인하는 자가 증명하여야 한다.

⑤ 경과실로 인해 착오에 빠진 표의자가 착오를 이유로 의사표시를 취소한 경우, 취소된 의사표시로 인해 손해를 입은 상대방은 불법행위를 이유로 손해배상을 청구할 수 없다.

⑥ 장래의 미필적 사실의 발생에 대한 기대나 예상이 빗나간 것에 불과한 것도 착오라고 할 수 있다.

⑦ 매도인의 하자담보책임이 성립하면 착오를 이유로 한 매수인의 취소권은 배제된다.

⑧ 매도인이 계약을 적법하게 해제한 후에도 매수인은 계약해제에 따른 불이익을 면하기 위하여 중요부분의 착오를 이유로 취소권을 행사하여 계약 전체를 무효로 할 수 있다.

⑨ 당사자가 착오를 이유로 의사표시를 취소하지 않기로 약정한 경우, 표의자는 의사표시를 취소할 수 없다.

10 사기, 강박에 의한 의사표시에 관한 설명으로 옳은 것은? (다툼이 있으면 판례에 의함)
[정답 : 6개]

① 교환계약의 당사자 일방이 상대방에게 그가 소유하는 목적물의 시가를 허위로 고지한 경우, 원칙적으로 사기를 이유로 취소할 수 있다.

② 강박에 의한 의사표시가 스스로 의사결정을 할 수 있는 여지가 전혀 없는 상태에서 의사표시의 외형만 있는 것에 불과한 경우에 그 의사표시는 효력이 없다.

③ 사기로 계약을 체결한 경우, 피해자는 불법행위책임을 묻기 위해서 그 의사표시를 취소하여야 한다.

④ 표의자가 제3자의 사기로 의사표시를 한 경우, 상대방이 그 사실을 과실 없이 알지 못한 때에도 그 의사표시를 취소할 수 있다.

⑤ 제3자의 사기에 의해 의사표시를 한 표의자는 상대방이 그 사실을 알았거나 알 수 있었을 경우에 그 의사표시를 취소할 수 있다.

⑥ 상대방이 불법적인 해악의 고지 없이 각서에 서명 · 날인할 것을 강력히 요구하는 것만으로는 강박이 되지 않는다.

⑦ 강박에 의해 증여의 의사표시를 하였다고 하여 증여의 내심의 효과의사가 결여된 것이라고 할 수 없다.

⑧ 대리인의 기망행위에 의해 계약이 체결된 경우, 계약의 상대방은 본인이 선의이더라도 계약을 취소할 수 있다.

⑨ 甲의 대리인 乙의 사기로 乙에게 매수의사를 표시한 丙은 甲이 그 사실을 알지 못한 경우에도, 사기를 이유로 법률행위를 취소할 수 있다.

11 **의사표시에 관한 설명으로 틀린 것은?** (다툼이 있으면 판례에 의함) [정답 : 6개]

① 우편물이 보통우편의 방법으로 발송되었다는 사실만으로는 그 우편물이 상당기간 내에 도달하였다고 추정할 수 없다.

② 우편물이 내용증명우편이나 등기취급의 방법으로 발송되고 반송되지 않은 경우에는 특별한 사정이 없는 한 그 무렵에 송달된 것으로 보아야 한다.

③ 과실로 상대방의 소재를 알지 못하는 표의자는 공시송달에 의하여 의사표시의 효력을 발생시킬 수 있다.

④ 표의자가 의사표시 발신 후 행위능력을 상실하면 그 의사표시를 취소할 수 있다.

⑤ 표의자는 의사표시가 도달하기 전에는 그 의사표시를 철회할 수 있다.

⑥ 상대방이 정당한 사유 없이 통지의 수령을 거절한 경우에는 상대방이 그 통지의 내용을 알 수 있는 객관적 상태에 놓여 있는 때에 의사표시의 효력이 생기는 것으로 보아야 한다.

⑦ 매매 목적물과 대금은 매매계약 체결시 반드시 구체적으로 확정되어야 한다.

⑧ 중간생략등기는 부동산등기특별조치법상 형사처벌하도록 되어 있으므로 중간생략등기합의에 관한 사법상 효력도 인정되지 않는다.

⑨ 농지법상 농지취득자격증명은 농지취득의 원인이 되는 법률행위의 효력발생요건이다.

⑩ 표의자가 매매의 청약을 발송한 후 사망하면 그 청약의 효력은 상실한다.

12 **甲은 자신의 X토지를 매도하기 위해 乙에게 포괄적인 대리권을 수여하였고, 乙은 甲을 위한 것임을 표시하고 X토지에 대하여 丙과 매매계약을 체결하였다. 다음 설명 중 틀린 것은?** (다툼이 있으면 판례에 의함) [정답 : 8개]

① 乙은 특별한 사정이 없으면 丙으로부터 계약금, 중도금, 잔금을 수령할 권한이 있다.
② 乙이 丙으로부터 대금 전부를 지급받고 甲에게 전달하지 않은 경우, 특별한 사정이 없는 한 丙의 대금지급의무는 소멸하지 않는다.
③ 乙은 특별한 사정이 없는 한 丙에 대하여 약정된 매매대금지급기일을 연기하여 줄 권한은 없다.
④ 丙이 乙의 기망행위로 계약을 체결한 경우, 甲이 그 사실을 과실 없이 몰랐다면 丙은 계약을 취소할 수 없다.
⑤ 乙은 甲의 허락이 있으면 甲을 대리하여 자신이 X토지를 매수하는 계약을 체결할 수 있다.
⑥ 만약 乙이 매매계약을 체결하면서 甲을 위한 것임을 표시하지 않은 경우, 특별한 사정이 없으면 그 의사표시는 乙을 위한 것으로 본다.
⑦ 乙이 대리권을 남용한 경우, 丙이 그 사실을 알았거나 알 수 있었을 경우, 대리행위는 甲에게 효력이 없다.
⑧ 만약 乙이 미성년자인 경우, 甲은 乙이 제한능력자임을 이유로 매매계약을 취소할 수 있다.
⑨ 만약 甲의 대리인이 乙, A, B라면 이들은 甲의 이익을 위하여 원칙적으로 공동으로 甲을 대리한다.
⑩ 만약 乙이 한정후견개시의 심판을 받은 경우, 乙의 대리권은 소멸하지 않는다.
⑪ 丙이 매매계약을 적법하게 해제한 경우, 丙은 乙에게 손해배상을 청구할 수 있다.
⑫ 丙의 채무불이행이 있는 경우, 乙은 특별한 사정이 없는 한 계약을 해제할 수 있다.
⑬ 丙이 매매계약을 적법하게 해제한 경우, 그 해제로 인한 원상회복의무는 乙과 丙이 부담한다.

13 **대리권 없는 乙이 甲소유의 X부동산을 甲의 이름으로 丙과 매매계약을 체결하였다. 다음 설명으로 틀린 것은?** (표현대리는 고려하지 않음, 다툼이 있으면 판례에 의함)

[정답 : 8개]

① 계약 당시에 대리권 없음을 안 丙은 계약을 철회할 수 없다.

② 丙이 계약 당시 乙의 대리권 없음을 알았다면 丙은 상당한 기간을 정하여 甲에게 추인 여부의 확답을 최고할 수 없다.

③ 추인은 단독행위이므로, 甲이 무권대리행위의 일부만 추인하거나 변경을 가하여 추인한 경우에는 丙의 동의가 없어도 효력이 있다.

④ 甲이 무권대리행위를 추인하면 다른 의사표시가 없는 때에는 추인한 때부터 그 효력이 생긴다.

⑤ 甲이 乙의 무권대리행위를 추인하지 아니하면 甲에 대하여 효력이 없다.

⑥ 丙은 상당한 기간을 정하여 甲에게 그 추인여부의 확답을 최고할 수 있고, 甲이 그 기간 내에 확답을 발하지 아니한 때에는 추인한 것으로 본다.

⑦ 乙의 대리권 없음을 알지 못한 丙은, 甲이 乙에 대하여 매매계약을 추인한 후라면 그 사실을 몰랐더라도 계약을 철회할 수 없다.

⑧ 丙이 당해 토지를 다시 丁에게 매도하고 소유권이전등기를 경료한 경우, 甲은 丁에 대하여도 무권대리행위를 추인할 수 있다.

⑨ 무권대리행위가 乙의 과실 없이 제3자의 기망 등 위법행위로 야기된 경우라면, 특별한 사정이 없는 한 乙은 丙에 대하여 책임을 지지 않는다.

⑩ 乙이 甲을 단독상속한 경우, 乙은 소유권이전등기를 경료한 丙에게 대리행위의 무효를 이유로 등기말소를 청구할 수 없다.

⑪ 乙이 甲을 단독상속한 경우, 乙이 무권대리를 이유로 丙에게 그 부동산의 점유로 인한 부당이득반환을 청구하는 것은 신의칙에 반하지 않는다.

⑫ 위 매매계약이 체결된 후에 甲이 X토지를 丁에게 매도하고 소유권이전등기를 마쳤더라도, 甲이 乙의 대리행위를 추인하면 丁은 유효하게 그 소유권을 취득하지 못한다.

14 **권한을 넘은 표현대리에 관한 설명으로 옳지 않은 것은?** (다툼이 있으면 판례에 의함) [정답: 4개]

① 권한을 넘은 표현대리인지를 판단할 때 정당한 이유의 유무는 대리행위 당시를 기준으로 한다.
② 법정대리권을 기본대리권으로 하는 표현대리가 성립할 수 없다.
③ 부부간의 일상가사대리권을 기본대리권으로 하여 권한을 넘은 표현대리가 성립할 수 있다.
④ 복대리인 선임권이 없는 대리인에 의하여 선임된 복대리인의 권한은 기본대리권이 될 수 없다.
⑤ 대리행위가 강행법규에 위반하여 무효인 경우에도 표현대리의 법리가 적용될 수 있다.
⑥ 등기신청대리권을 기본대리권으로 하여 사법상의 법률행위를 한 경우에도 권한을 넘은 표현대리가 성립할 수 있다.
⑦ 대리권소멸 후의 표현대리가 인정되고 그 표현대리의 권한을 넘는 대리행위가 있는 경우, 권한을 넘은 표현대리가 성립할 수 없다.

15 **대리에 관한 설명으로 옳은 것은?** (다툼이 있으면 판례에 따름) [정답: 4개]

① 권한을 정하지 아니한 대리인은 보존행위만을 할 수 있다.
② 복대리인은 대리인의 대리인이다.
③ 복대리인은 그 권한 내에서 대리인의 이름으로 법률행위를 한다.
④ 권한을 넘은 표현대리의 기본대리권에는 대리인에 의하여 선임된 복대리인의 권한도 포함된다.
⑤ 대리인이 대리권 소멸 후 선임한 복대리인과 상대방 사이의 법률행위에도 민법 제129조의 표현대리가 성립할 수 있다.
⑥ 권한을 넘은 표현대리의 기본대리권은 대리행위와 같은 종류의 행위에 관한 것이어야 한다.
⑦ 상대방의 유권대리 주장에는 표현대리의 주장도 포함된다.
⑧ 임의대리의 경우, 원인된 법률관계가 종료하기 전에는 본인은 수권행위를 철회하여 대리권을 소멸시킬 수 없다.
⑨ 표현대리가 성립하는 경우, 상대방에게 과실이 있더라도 과실상계의 법리를 유추적용하여 본인의 책임을 경감할 수 없다.
⑩ 법정대리인은 부득이한 사유가 없더라도 복대리인을 선임할 수 있다.
⑪ 대리인이 복대리인을 선임한 후 사망한 경우, 특별한 사정이 없는 한 그 복대리권은 소멸하지 않는다.
⑫ 복대리인의 대리행위에 대하여는 표현대리에 관한 규정이 적용될 수 없다.

16 법률행위의 무효 또는 취소에 관한 설명으로 틀린 것은? (다툼이 있으면 판례에 의함)

[정답 : 7개]

① 취소된 법률행위는 처음부터 무효인 것으로 본다.
② 甲과 乙이 무효인 가등기를 유효한 등기로 전용하기로 약정하였다면 이 가등기는 소급하여 유효한 등기로 전환된다.
③ 취소할 수 있는 법률행위를 추인한 자는 그 법률행위를 다시 취소하지 못한다.
④ 강행법규 위반으로 무효인 법률행위도 추인할 수 있다.
⑤ 불법조건이 붙은 법률행위는 무효임을 알고 추인하면 그 효력이 생길 수 있다.
⑥ 무효인 법률행위를 추인하면 특별한 사정이 없는 한 법률행위를 한 때로부터 새로운 법률행위를 한 것으로 본다.
⑦ 법정대리인은 취소원인 종료 전이라면 추인할 수 없다.
⑧ 취소권은 법률행위를 한 날로부터 3년 내에 추인할 수 있는 날로부터 10년 내에 행사하여야 한다.
⑨ 취소할 수 있는 법률행위의 추인은 취소원인이 소멸한 후에 하여야 효력이 있으며, 추인 후에는 취소할 수 없다.
⑩ 무효인 법률행위의 추인은 그 무효의 원인이 소멸한 후에 하여야 그 효력이 인정된다.
⑪ 「부동산등기 특별조치법」상 중간생략등기를 금지하는 규정은 효력규정이 아니다.
⑫ 「공인중개사법」상 개업공인중개사가 중개의뢰인과 직접 거래를 하는 행위를 금지하는 규정은 효력규정이다.
⑬ 「공인중개사법」상 개업공인중개사가 법령에 규정된 중개보수 등을 초과하여 금품을 받는 행위를 금지하는 규정은 효력규정이다.

17 법정추인이 인정되는 경우가 아닌 것은? (단, 취소권자는 추인할 수 있는 상태이며, 행위자가 취소할 수 있는 법률행위에 관하여 이의보류 없이 한 행위임을 전제함)

[정답 : 2개]

① 취소권자가 상대방에게 채무를 이행한 경우
② 취소권자가 상대방에게 담보를 제공한 경우
③ 상대방이 취소권자에게 이행을 청구한 경우
④ 취소할 수 있는 행위로 취득한 권리를 취소권자가 타인에게 양도한 경우
⑤ 상대방이 취소할 수 있는 행위로 취득한 권리를 타인에게 양도한 경우

18 **추인에 관한 설명 중 옳은 것은?** (다툼이 있으면 판례에 의함) [정답 : 2개]

① 무권대리 행위를 본인이 추인하면 그때부터 그 효력이 생긴다.
② 무권리자의 처분행위를 본인이 추인하면 추인한 때부터 권리자에게 그 효력이 귀속된다.
③ 법정대리인은 제한능력자가 한 법률행위를 취소의 원인이 소멸되기 전이라도 추인할 수 있다.
④ 무효행위를 추인하면 법률행위시부터 새로운 법률행위로 본다.
⑤ 제한능력자는 자신이 한 법률행위를 법정대리인의 동의 없이 취소할 수 있으나 추인할 수 없다.

19 **조건과 기한에 관한 설명으로 옳지 않은 것은?** (다툼이 있으면 판례에 따름) [정답 : 7개]

① 조건의 성취가 미정한 권리라도 일반규정에 의하여 처분하거나 상속할 수 있다.
② 기한의 도래가 미정한 권리의무는 일반규정에 의하여 처분하거나 담보로 할 수 없다.
③ 정지조건부 법률행위에 있어 조건이 성취되면 법률행위시로 소급하여 그 효력이 발생한다.
④ 당사자가 조건성취의 효력을 그 성취 전에 소급하게 할 의사를 표시한 경우에도 그 효력은 조건이 성취된 때부터 발생한다.
⑤ 조건을 붙이고자 하는 의사가 있더라도 그것이 표시되지 않으면 법률행위의 부관으로서의 조건이 되는 것은 아니다.
⑥ 조건을 붙이는 것이 허용되지 아니하는 법률행위에 조건을 붙인 경우 그 조건만을 분리하여 무효로 할 수 있다.
⑦ 조건부 법률행위에 있어 조건의 내용 자체가 불법적인 것이어서 무효일 경우 그 조건만을 분리하여 무효로 할 수 있다.
⑧ 조건이 법률행위 당시 이미 성취할 수 없는 것인 경우에는 그 조건이 정지조건이면 조건 없는 법률행위로 한다.
⑨ 불능조건이 해제조건이면 조건 없는 법률행위가 된다.
⑩ 조건이 법률행위 당시 이미 성취한 것인 경우, 그 조건이 해제조건이면 그 법률행위는 무효로 한다.
⑪ 상대방이 동의하면 해제의 의사표시에 조건을 붙일 수 있다.
⑫ 기한이익 상실특약은 특별한 사정이 없으면 정지조건부 기한이익 상실특약으로 추정된다.

PART 02 물권법

01 물권에 관한 설명으로 틀린 것은? (다툼이 있으면 판례에 의함) [정답: 9개]

① 미등기 무허가건물의 양수인은 소유권이전등기를 경료 받지 않아도 소유권에 준하는 관습법상의 물권을 취득한다.
② 미등기건물의 매수인은 건물의 매매대금을 전부 지급한 경우에는 건물의 불법점유자에 대해 직접 소유물반환청구를 할 수 있다.
③ 소유권에 기한 물권적 청구권은 그 소유권과 분리하여 별도의 소멸시효의 대상이 된다.
④ 소유자는 자신의 물건을 권원 없이 점유하는 자에 대해 점유자가 과실이 없다면 그 반환을 청구할 수 없다.
⑤ 물권적 청구권은 물권과 분리하여 양도할 수 없다.
⑥ 소유권에 기한 방해제거청구권은 현재 계속되고 있는 방해의 원인과 함께 방해결과의 제거를 내용으로 한다.
⑦ 소유자는 물권적 청구권에 의하여 방해제거비용 또는 방해예방비용을 청구할 수 있다.
⑧ 소유권을 양도한 전소유자가 물권적 청구권만을 분리, 유보하여 불법점유자에 대해 그 물권적 청구권에 의한 방해배제를 할 수 있다.
⑨ 소유권에 기한 방해배제청구권에 있어서 방해에는 과거에 이미 종결된 손해가 포함된다.
⑩ 근린공원을 자유롭게 이용한 사정만으로 공원이용권이라는 배타적 권리를 취득하였다고 볼 수는 없다.
⑪ 온천에 관한 권리를 관습법상의 물권이라고 볼 수는 없다.
⑫ 토지의 소유권을 양도하여 소유권을 상실한 전(前)소유자도 그 토지 일부의 불법점유자에 대하여 소유권에 기한 방해배제를 청구할 수 있다.

02 甲 소유의 토지 위에 乙이 무단으로 건물을 건축하였다. 다음 중 틀린 것은? (다툼이 있으면 판례에 따름) [정답: 3개]

① 甲이 乙을 상대로 건물철거소송을 제기한 후 丙에게 토지소유권을 이전한 경우, 甲은 더 이상 乙에게 철거청구를 할 수 없다.
② 乙이 건물을 점유하고 있는 경우, 甲은 乙에게 건물철거의 청구와 퇴거청구를 할 수 있다.
③ 乙이 丙에게 그 건물을 임대한 경우, 甲은 丙에 대하여 건물철거를 청구할 수 없다.
④ ③의 경우, 甲은 임차권의 대항력을 갖춘 丙에게 그 건물로부터의 퇴출을 청구할 수 없다.
⑤ 甲의 토지 위에 乙이 무단으로 건물을 건축하고 등기 없이 丙에게 매도하여 丙이 점유하고 있는 경우, 甲은 丙에게 건물철거를 청구할 수 없다.

03 **등기에 관한 설명으로 옳은 것은?** (다툼이 있으면 판례에 따름) [정답: 5개]

① 민사집행법상 경매의 매수인은 등기를 하여야 소유권을 취득할 수 있다.

② 집합건물의 구분소유권을 취득하는 자의 공용부분에 대한 지분 취득에는 등기를 요하지 않는다.

③ 피담보채권이 소멸하더라도 저당권의 말소등기가 있어야 저당권이 소멸한다.

④ 법률행위를 원인으로 하여 소유권이전등기를 명하는 판결에 따른 소유권의 취득에는 등기를 요하지 않는다.

⑤ 공유물분할의 소에서 공유부동산의 특정한 일부씩을 각각의 공유자에게 귀속시키는 것으로 현물분할하는 내용의 조정이 성립하였다면, 그 조정이 성립한 때 물권변동의 효력이 발생한다.

⑥ 등기가 원인 없이 말소된 경우, 그 회복등기가 마쳐지기 전이라도 말소된 등기의 등기명의인은 적법한 권리자로 추정된다.

⑦ 기존 건물 멸실 후 건물이 신축된 경우, 종전 건물에 대한 등기는 신축건물에 대한 등기로 유용하지 못한다.

⑧ 법정지상권자는 그 지상권을 등기하여야 지상권을 취득할 당시의 토지소유자로부터 토지를 양수한 제3자에게 대항할 수 있다.

⑨ 건물을 위한 법정지상권이 성립한 경우, 그 건물에 대한 저당권이 실행되면 경락인은 등기하여야 법정지상권을 취득한다.

⑩ 법정지상권자가 지상건물을 제3자에게 양도한 경우, 제3자는 그 건물과 함께 법정지상권을 당연히 취득한다.

04 **등기에 관한 설명으로 옳지 않은 것은?** (다툼이 있으면 판례에 따름) [정답: 8개]

① 소유권이전등기가 된 경우, 등기명의인은 전 소유자(권리변동의 당사자)에 대하여 적법한 등기원인에 기한 소유권을 취득한 것으로 추정된다.

② 등기명의인이 등기원인행위의 태양이나 과정을 다소 다르게 주장한다고 하여 추정력이 깨어지는 것은 아니다.

③ 소유권이전등기의 원인으로 주장된 계약서가 진정하지 않은 것으로 증명된 경우에는 그 등기의 추정력은 깨진다.

④ 소유권이전청구권 보전을 위한 가등기가 있으면, 소유권이전등기를 청구할 어떠한 법률관계가 있다고 추정된다.

⑤ 건물 소유권보존등기 명의자가 전(前)소유자로부터 그 건물을 양수하였다고 주장하는 경우, 전(前)소유자가 양도사실을 부인하더라도 그 보존등기의 추정력은 깨어지지 않는다.

⑥ 등기를 요하지 않은 물권취득의 원인인 판결이란 형성판결을 의미한다.

⑦ 소유권이전등기청구권의 보전을 위한 가등기에 기하여 본등기가 행해지면 물권변동의 효력은 가등기가 행해진 때 발생한다.

⑧ 가등기에 기한 본등기 절차에 의하지 않고 별도의 본등기를 경료받은 경우, 제3자 명의로 중간처분의 등기가 있어도 가등기에 기한 본등기 절차의 이행을 구할 수 없다.

⑨ 가등기된 소유권이전청구권은 가등기에 대한 부기등기의 방법으로 타인에게 양도될 수 있다.

⑩ 소유자는 허무인(虛無人) 명의로 등기한 행위자를 상대로 그 등기의 말소를 구할 수 없다.

⑪ 점유취득시효의 완성으로 점유자가 소유자에 대해 갖는 소유권이전등기청구권은 통상의 채권양도 법리에 따라 양도될 수 있다.

⑫ 취득시효완성으로 인한 소유권이전등기청구권은 시효완성 당시의 등기명의인이 동의해야만 양도할 수 있다.

⑬ 점유취득시효 완성으로 인한 이전등기청구권의 양도는 특별한 사정이 없는 한 양도인의 채무자에 대한 통지만으로는 대항력이 생기지 않는다.

⑭ 매매로 인한 이전등기청구권의 양도는 특별한 사정이 없는 한 양도인의 채무자에 대한 통지만으로 대항력이 생긴다.

05 **甲 소유의 X부동산을 乙이 대금을 완납하고 매수하여 점유하고 있으나 아직 소유권이전등기는 하지 않고 있다. 다음 중 틀린 것은?** (다툼이 있으면 판례에 따름)

[정답 : 1개]

① 乙의 소유권이전등기청구권은 채권적 청구권이지만 소멸시효에 걸리지 않는다.

② 乙이 丙에게 매도하여 그 점유를 승계한 경우에는 乙의 소유권이전등기청구권은 소멸시효에 걸린다.

06 **乙은 甲소유의 건물을 매수하여 다시 이를 丙에게 매도하였으며, 甲·乙·丙은 甲에게서 丙으로 소유권이전등기를 해 주기로 합의하였다. 다음 설명 중 옳지 않은 것은?** (다툼이 있으면 판례에 따름) [정답: 2개]

① 甲, 乙, 丙 전원이 중간생략등기에 합의했더라도, 乙의 甲에 대한 소유권이전등기청구권은 소멸하는 것이 아니다.

② 만약 甲, 乙, 丙 전원의 합의가 없다면 丙은 직접 甲을 상대로 이전등기를 청구할 수 없다.

③ 만약 중간생략등기의 합의가 없다면, 丙은 甲의 동의나 승낙 없이 乙의 소유권이전등기청구권을 양도받아 甲에게 소유권이전등기를 청구할 수 있다.

④ 만약 乙이 甲에 대한 소유권이전등기청구권을 丙에게 양도하고 이를 甲에게 통지하였더라도 그 양도에 관해 甲의 동의나 승낙이 없다면 丙은 甲을 상대로 직접 소유권이전등기를 청구할 수 없다.

⑤ 甲에서 직접 丙 앞으로 이전등기가 되었다면 甲, 乙, 丙 전원의 합의가 없더라도 丙은 유효하게 소유권을 취득한다.

⑥ 만약 甲, 乙, 丙 전원이 중간생략등기에 합의 후 甲과 乙 사이에 매매대금을 인상하는 약정을 체결한 경우, 甲은 인상분의 미지급을 이유로 丙의 소유권이전등기청구를 거절할 수 없다.

07 **점유에 관한 설명으로 틀린 것은?** (다툼이 있으면 판례에 따름) [정답: 7개]

① 점유자의 점유가 자주점유인지 타주점유인지의 여부는 점유자 내심의 의사에 의하여 결정된다.

② 전후 양 시점의 점유자가 다르더라도 점유의 승계가 증명된다면 점유계속은 추정된다.

③ 건물소유자가 현실적으로 건물이나 그 부지를 점거하지 않더라도 특별한 사정이 없는 한 건물의 부지에 대한 점유가 인정된다.

④ 진정 소유자가 자신의 소유권을 주장하여 점유자를 상대로 소유권이전등기의 말소등기청구소송을 제기하여 점유자의 패소로 확정된 경우, 그 소송의 제기시부터는 점유자의 점유가 타주점유로 전환된다.

⑤ 토지점유자가 등기명의자를 상대로 매매를 원인으로 소유권이전등기를 청구하였다가 패소 확정된 경우, 점유자의 점유는 타주점유로 전환된다.

⑥ 점유자가 자주점유의 권원을 주장하였으나 인정되지 않는 것만으로도 자주점유의 추정이 번복되어 타주점유로 전환된다.

⑦ 점유자는 소유의 의사로 선의, 평온 및 과실 없이 점유한 것으로 추정된다.

⑧ 乙이 甲을 기망하여 甲으로부터 점유물을 인도받은 경우, 甲은 乙에게 점유물반환청구권을 행사할 수 있다.
⑨ 주택임대차보호법상의 대항요건인 인도(引渡)는 임차인이 주택의 간접점유를 취득하는 경우에도 인정될 수 있다.
⑩ 점유매개관계의 직접점유자는 타주점유자이다.
⑪ 甲이 乙과의 명의신탁약정에 따라 자신의 부동산 소유권을 乙명의로 등기한 경우, 乙의 점유는 타주점유이다.
⑫ 간접점유자에게는 점유보호청구권이 인정되지 않는다.
⑬ 점유자의 권리추정 규정은 특별한 사정이 없는 한 부동산 물권에는 적용되지 않는다.

08 **점유자와 회복자의 관계에 관한 설명으로 틀린 것은?** (다툼이 있으면 판례에 따름)

[정답 : 5개]

① 선의의 점유자는 과실을 취득하더라도 통상의 필요비의 상환을 청구할 수 있다.
② 점유자가 유익비를 지출한 경우, 회복자의 선택에 좇아 그 지출금액이나 증가액의 상환을 청구할 수 있다.
③ 무효인 매매계약의 매수인이 점유목적물에 필요비 등을 지출한 후 매도인이 그 목적물을 제3자에게 양도한 경우, 점유자인 매수인은 양수인에게 비용상환을 청구할 수 없다.
④ 악의의 점유자가 책임 있는 사유로 점유물을 훼손한 경우, 이익이 현존하는 한도에서 배상해야 한다.
⑤ 악의의 점유자는 통상의 필요비를 청구할 수 있다.
⑥ 점유자가 책임 있는 사유로 그 물건을 훼손한 경우, 점유자가 소유의 의사가 없는 선의인 경우나 점유자가 악의인 경우 그 배상범위는 동일하다.
⑦ 타인의 물건을 선의로 점유한 점유자는 비록 법률상 원인 없이 사용하였더라도 이로 인한 이득을 반환할 의무가 없다.
⑧ 필요비상환청구권에 대하여 회복자는 법원에 상환기간의 허여를 청구할 수 있다.
⑨ 악의의 점유자는 과실(過失)없이 과실(果實)을 수취하지 못한 때에도 그 과실(果實)의 대가를 회복자에게 보상하여야 한다.
⑩ 악의의 점유자가 점유물의 과실을 수취하여 소비한 경우, 특별한 사정이 없는 한 그 점유자는 그 과실의 대가를 보상하여야 한다.

09 **부동산의 점유취득시효에 관한 설명으로 틀린 것은?** (다툼이 있으면 판례에 따름)

[정답 : 4개]

① 시효취득자가 제3자에게 목적물을 처분하여 점유를 상실하면, 그의 소유권이전등기청구권은 즉시 소멸한다.

② 취득시효완성 후 이전등기 전에 제3자 앞으로 소유권이전등기가 경료되면 시효취득자는 등기명의자에게 시효취득을 주장할 수 없음이 원칙이다.

③ 부동산명의수탁자는 신탁부동산을 점유시효취득 할 수 없다.

④ 시효완성 당시의 소유권보존등기 또는 이전등기가 무효라면 원칙적으로 그 등기명의인은 시효완성을 원인으로 한 소유권이전등기청구의 상대방이 될 수 없다.

⑤ 집합건물의 공용부분은 별도로 취득시효의 대상이 되지 않는다.

⑥ 아직 등기하지 않은 시효완성자는 그 완성 전에 이미 설정되어 있던 가등기에 기하여 시효완성 후에 소유권 이전의 본등기를 마친 자에 대하여 시효완성을 주장할 수 있다.

⑦ 부동산에 대한 압류 또는 가압류는 점유취득시효를 중단시킨다.

⑧ 중복등기로 인해 무효인 소유권보존등기에 기한 등기부 취득시효는 부정된다.

⑨ 취득시효완성으로 인한 소유권이전등기청구권은 원소유자의 동의가 없어도 제3자에게 양도할 수 있다.

⑩ 시효완성 후 점유자 명의로 소유권이전등기가 경료되기 전에 부동산 소유명의자는 점유자에 대해 점유로 인한 부당이득반환청구를 할 수 있다.

10 **X토지를 甲이 2/3지분, 乙이 1/6지분, 丙이 1/6지분으로 등기하여 공유하면서 그 관리 방법에 관해 별도로 협의하지 않았다. 다음 설명 중 틀린 것은?** (다툼이 있으면 판례에 따름) [정답 : 6개]

① 甲이 乙, 丙의 동의 없이 X토지 전부를 丁에게 임대한 경우, 乙은 丁을 상대로 그 토지부분의 반환을 청구할 수 있다.

② ①의 경우, 乙은 丁 또는 甲을 상대로 그 점유로 인한 부당이득의 반환을 청구할 수 있다.

③ X토지에 관하여 丁 명의로 원인무효의 소유권이전등기가 경료되어 있는 경우, 乙은 丁을 상대로 그 등기 전부의 말소를 청구할 수 있다.

④ 戊가 X토지 위에 무단으로 건물을 신축한 경우, 乙은 특별한 사유가 없는 한 단독으로 戊에게 손해전부의 배상을 청구할 수 있다.

⑤ 甲이 乙, 丙의 동의 없이 X토지 전부를 丁에게 매도하여 이전등기를 해 준 경우, 매매계약과 丁명의의 등기는 甲의 지분 범위 내에서 유효하다.

⑥ 乙이 다른 공유자와 협의 없이 X토지를 독점적으로 점유하는 경우, 소수 지분권자인 丙은 단독으로 乙에게 공유물의 보존행위로서 공유물의 인도를 청구할 수 있다.

⑦ 乙이 甲의 동의 없이 X토지를 독점적으로 점유하는 경우, 丙은 乙에게 방해배제청구권을 행사할 수 없다.

⑧ 甲이 공유지분을 포기한 경우, 등기를 하여야 포기에 따른 물권변동의 효력이 발생한다.

11 **공동소유에 관한 다음 설명 중 옳지 않은 것은?** (다툼이 있는 경우 판례에 의함) [정답 : 3개]

① 비법인 사단이 타인 간의 금전채무를 보증하는 행위는 총유물의 관리・처분행위라고 볼 수 있다.

② 총유물의 관리는 정관 기타 규약에 달리 정한 바가 없으면 사원총회의 결의에 의한다.

③ 합유자는 합유물의 분할을 청구하지 못한다.

④ 합유자 중 일부가 사망한 경우, 특별한 사정이 없는 한 상속인은 그 지분을 포괄승계하지 못한다.

⑤ 합유물의 보존행위는 합유자 각자가 할 수 있다.

⑥ 합유지분의 포기는 등기하여야 효력이 생긴다.

⑦ 비법인사단의 대표는 단독으로 총유물의 보존행위를 할 수 있다.

⑧ 합유자는 전원의 동의 없이 합유물에 대한 지분을 처분할 수 있다.

⑨ 공유부동산에 대해 공유자 중 1인의 단독명의로 원인무효의 소유권이전등기가 행해졌다면 다른 공유자는 등기명의인인 공유자를 상대로 등기 전부의 말소를 청구할 수 없다.

12 **지상권에 관한 설명으로 틀린 것은?** (다툼이 있으면 판례에 의함) [정답 : 5개]

① 지상권자는 토지소유자의 의사에 반하여 지상권을 타인에게 양도할 수 없다.

② 지상의 공간은 상하의 범위를 정하여 공작물을 소유하기 위한 지상권의 목적으로 할 수 있다.

③ 지상권설정의 목적이 된 건물이 전부 멸실하여도 지상권은 소멸하지 않는다.

④ 지상권이 설정된 토지를 양수한 자는 지상권자에게 그 토지의 인도를 청구할 수 없다.

⑤ 지상권자는 지상물의 소유권을 유보한 채 지상권만을 양도할 수 있다.

⑥ 지상권자가 지상권설정자에게 약정한 지료의 1년 6개월분을 연체한 후 당해 토지를 양수한 자에게 지료의 1년분을 연체한 경우, 양수인은 지상권자에게 지상권의 소멸을 청구할 수 있다.

⑦ 분묘기지권을 시효로 취득한 경우, 토지소유자가 지료를 청구하면 분묘기지권자는 지료를 지급할 필요 없다.

⑧ 지료의 지급은 지상권의 성립요건이 아니다.

⑨ 지상권을 목적으로 하는 저당권을 설정한 경우, 지료연체를 원인으로 하는 지상권 소멸청구는 저당권자에게 통지한 후 즉시 효력이 생긴다.

⑩ 저당권설정자가 담보가치의 하락을 막기 위해 저당권자에게 무상의 지상권을 설정해 준 경우, 피담보채권이 소멸하면 그 지상권도 소멸한다.

⑪ ⑩의 경우, 제3자가 목적 토지 위에 건물을 신축한 경우 지상권자는 제3자에게 목적 토지의 사용·수익을 이유로 지상권 자체의 침해를 이유로 손해배상이나 부당이득의 반환을 청구할 수 있다.

⑫ ⑩의 경우, 제3자가 목적 토지 위에 건물을 신축한 경우 지상권자는 방해배제청구로서 그 건물의 철거와 대지의 인도를 청구할 수 있다.

13 **법정지상권에 관한 설명 중 틀린 것은?** (다툼이 있으면 판례에 의함) [정답: 3개]

① 강제경매에 있어 관습상 법정지상권이 인정되기 위해서는 매각대금 완납 시를 기준으로 해서 토지와 그 지상 건물이 동일인의 소유에 속하여야 한다.

② 경매의 목적이 된 부동산에 대하여 가압류가 있고 그것이 본압류로 이행되어 경매절차가 진행된 경우에는 애초 가압류가 효력을 발생하는 때를 기준으로 토지와 그 지상건물이 동일인에 속하였는지 여부를 판단한다.

③ 강제경매의 목적이 된 토지 또는 그 지상건물의 소유권이 강제경매로 인하여 그 절차상의 매수인에게 이전된 경우에는 매각대금의 완납시가 아니라 압류의 효력이 발생하는 때를 기준으로 토지와 그 지상건물이 동일인에 속하였는지 여부를 판단한다.

④ 강제경매를 위한 압류나 그 압류에 선행한 가압류가 있기 이전에 저당권이 설정되어 있다가 강제경매로 저당권이 소멸한 경우, 토지와 그 지상건물이 동일인의 소유에 속하였는지 여부는 그 저당권 설정 이후의 특정 시점을 기준으로 판단한다.

⑤ 동일인 소유의 토지와 건물에 관하여 공동저당권이 설정된 후 그 건물이 철거되고 건물이 새로 축조된 다음, 토지에 관한 저당권의 실행으로 토지와 건물의 소유자가 달라진 경우에는 특별한 사정이 없는 한 법정지상권이 성립하지 않는다.

⑥ 동일인 소유의 토지와 건물이 매매로 인하여 서로 소유자가 다르게 되었고, 그 후 당사자가 그 건물을 철거하기로 합의한 경우에는 관습법상 법정지상권이 성립하지 않는다.

⑦ 甲소유의 나대지에 乙이 저당권을 취득한 후 甲이 그 나대지에 건물을 신축한 경우, 저당권실행으로 토지와 건물의 소유자가 다르게 되어도 법정지상권은 성립하지 않는다.

⑧ 대지와 건물의 소유자가 건물만을 양도하면서 양수인과 대지에 관하여 임대차 계약을 체결한 경우, 특별한 사정이 없는 한 그 양수인은 관습상 법정지상권을 취득한다.

14 **지역권에 관한 설명으로 옳지 않은 것은?** (다툼이 있으면 판례에 따름) [정답: 8개]

① 지역권은 요역지와 분리하여 양도하지 못한다.

② 토지의 일부를 위한 지역권은 인정된다.

③ 1필의 토지 일부를 승역지로 하여 지역권을 설정할 수 있다.

④ 다른 특별한 사정이 없다면 통행지역권을 시효취득한 자는 승역지 소유자가 입은 손해를 보상하지 않아도 된다.

⑤ 요역지와 분리하여 지역권만을 양도할 수 있다.

⑥ 지역권은 요역지와 분리하여 저당권의 목적이 될 수 있다.

⑦ 지역권의 이전을 위해서 지역권의 이전등기가 필요하다.

⑧ 소유권에 기한 소유물반환청구권에 관한 규정은 지역권에 준용된다.

⑨ 요역지의 소유권이 양도되면 지역권은 원칙적으로 이전되지 않는다.

⑩ 공유자의 1인이 지역권을 취득한 때에는 다른 공유자도 이를 취득한다.

⑪ 통행지역권을 주장하는 사람은 통행으로 편익을 얻는 요역지가 있음을 주장·증명하여야 한다.

⑫ 자기 소유의 토지에 도로를 개설하여 타인에게 영구적으로 사용하도록 약정하고 대금을 수령하는 것은 지역권설정에 관한 합의라고 볼 수 없다.

15 전세권에 관한 설명으로 틀린 것은? (다툼이 있으면 판례에 의함) [정답: 5개]

① 전세권이 성립한 후 전세목적물의 소유권이 이전되면, 전세금반환채무도 신소유자에게 이전된다.

② 건물에 대한 전세권이 법정갱신된 경우, 전세권자는 그 등기 없이는 건물의 양수인에게 전세권을 주장할 수 없다.

③ 전세금의 지급은 전세권의 성립요소이다.

④ 구분소유권의 객체가 될 수 없는 건물의 일부에 대한 전세권자는 건물 전체의 경매를 신청할 수 없다.

⑤ 전세목적물의 인도는 전세권의 성립요건이 아니다.

⑥ 전세권이 법정갱신된 경우, 그 존속기간은 전(前)전세권의 약정기간과 동일하다.

⑦ 甲의 전세권 존속기간이 만료한 경우, 전세권의 용익물권적 권능은 소멸한다.

⑧ 전세금의 지급은 반드시 현실적으로 수수되어야 하고, 기존의 채권으로 갈음할 수 없다.

⑨ 채권담보의 목적으로 전세권을 설정한 경우, 그 설정과 동시에 목적물을 인도하지 않았으나 장래 전세권자의 사용·수익을 완전히 배제하는 것이 아니라면, 그 전세권은 유효하다.

⑩ 타인의 토지에 있는 건물에 전세권을 설정한 경우, 전세권의 효력은 그 건물의 소유를 목적으로 한 지상권에 미친다.

⑪ 전세권설정자는 특별한 사정이 없는 한 목적물의 현상을 유지하고 그 통상의 관리에 속한 수선을 해야 한다.

⑫ 전세권자는 특별한 사정이 없는 한 전세목적물의 현상유지를 위해 지출한 통상필요비의 상환을 청구할 수 없다.

⑬ 협의한 전세권 존속기간이 시작되기 전에 전세권설정등기가 마쳐진 경우, 그 등기는 특별한 사정이 없는 한 무효로 추정된다.

16 **민법상 유치권에 관한 설명으로 틀린 것은?** (다툼이 있으면 판례에 의함) [정답 : 8개]

① 임대차 종료시 임대인이 임차인에게 권리금을 반환하기로 약정한 경우, 권리금반환청구권을 피담보채권으로 하여 임차인은 건물에 대하여 유치권을 행사할 수 있다.

② 유치권은 법정담보물권이므로 이를 미리 포기하는 약정은 무효이다.

③ 유치권은 채무자 이외의 제3자 소유물에도 성립할 수 있다.

④ 채무자가 유치물을 직접 점유하고 있는 경우, 채권자는 자신의 간접점유를 이유로 유치권을 행사할 수 없다.

⑤ 유치권자는 경매절차에서의 매수인에 대하여 목적물의 인도의 거절을 할 수 있으며 피담보채권의 변제를 청구할 수 있다.

⑥ 수급인이 경매개시결정의 기입등기가 마쳐지기 전에 채무자에게서 건물의 점유를 이전받았다 하더라도 경매개시결정의 기입등기가 마쳐져 압류의 효력이 발생한 후에 공사를 완공하여 공사대금채권을 취득함으로써 그때 비로소 유치권이 성립한 경우에는, 수급인은 유치권을 내세워 경매절차의 매수인에게 대항할 수 없다.

⑦ 경매로 인한 압류의 효력이 발생하기 전에 이미 그 부동산에 관하여 유치권을 취득한 사람은 그 취득에 앞서 저당권설정등기나 가압류등기 또는 체납처분압류등기가 먼저 되어 있는 경우에는 경매절차의 매수인에게 자기의 유치권으로 대항할 수 없다.

⑧ 임대차종료 후 법원이 임차인의 유익비상환청구권에 유예기간을 인정한 경우, 임차인은 그 기간 내에 유익비상환청구권을 담보하기 위해 임차목적물을 유치할 수 없다.

⑨ 임대차 종료시 원상회복약정이 있는 경우 임차인의 유익비상환청구권은 유치권을 행사하기 위한 피담보채권에 해당하지 않는다.

⑩ 건축자재를 매도한 자는 그 자재로 건축된 건물에 대해 자신의 대금채권을 담보하기 위하여 유치권을 행사할 수 있다.

⑪ 전세권자가 전세목적물을 보존하기 위하여 필요비를 지출한 경우, 필요비상환청구권을 피담보채권으로 하여 유치권을 행사할 수 있다.

⑫ 유치권자가 점유를 침탈당한 경우에도 유치권에 기한 반환청구권이 인정되지 않는다.

⑬ 유치권자와 유치물의 소유자 사이에 유치권을 포기하기로 특약한 경우, 제3자는 특약의 효력을 주장할 수 없다.

⑭ 유치권자는 채권의 변제를 받기 위하여 유치물을 경매할 수 있다.

⑮ 임차인의 임대인에 대한 보증금반환청구권은 유치권이 인정되지 않는다.

⑯ 건물의 신축공사를 도급받은 수급인이 사회통념상 독립한 건물이라고 볼 수 없는 정착물을 토지에 설치한 상태에서 공사가 중단된 경우에 위 정착물에 대하여 유치권을 행사할 수 있다.

⑰ 건물신축공사를 도급받은 수급인이 사회통념상 독립한 건물이 되지 못한 정착물을 토지에 설치한 상태에서 공사가 중단된 경우, 토지에 대하여 유치권을 행사할 수 없다.

17 저당권에 관한 설명으로 틀린 것은? (다툼이 있으면 판례에 따름) [정답 : 7개]

① 저당권으로 담보한 채권이 시효완성으로 소멸하면 저당권도 소멸한다.
② 저당권은 그 담보한 채권과 분리하여 타인에게 양도하거나 다른 채권의 담보로 할 수 있다.
③ 저당권설정자에게 대위할 물건이 인도된 후에도 저당권자가 그 물건을 압류한 경우 물상대위권을 행사할 수 있다.
④ 저당권이 설정된 토지가 「공익사업을 위한 토지 등의 취득 및 보상에 관한 법률」에 따라 협의취득된 경우, 저당권자는 그 보상금에 대하여 물상대위권을 행사할 수 없다.
⑤ 대위할 물건이 제3자에 의하여 압류된 경우에도 물상대위가 인정된다.
⑥ 저당목적물이 매매된 경우, 저당권자는 저당권설정자가 받을 매매대금에 대하여 물상대위권을 행사할 수 있다.
⑦ 저당부동산에 대한 압류가 있으면 압류 이전의 저당권 설정자의 저당부동산에 관한 차임채권에도 저당권의 효력이 미친다.
⑧ 저당부동산에 대한 후순위저당권자는 저당부동산의 피담보채권을 변제하고 그 저당권의 소멸을 청구할 수 있는 제3취득자에 해당하지 않는다.
⑨ 저당권의 효력이 미치는 종물은 저당권 설정 전부터 존재하였던 것이어야 한다.
⑩ 타인 소유의 토지 위에 있는 건물에 대한 저당권의 효력은 원칙적으로 그 대지이용권인 지상권 또는 토지임차권에도 미친다.
⑪ 구분건물의 전유부분에 설정된 저당권의 효력은 특별한 사정이 없는 한 전유부분의 소유자가 나중에 취득한 대지사용권에 미친다.
⑫ 저당권에는 목적물반환청구권이 인정되지 않는다.
⑬ 토지저당권이 설정된 후 저당권설정자가 건물을 축조하였으나 경매 당시 제3자가 소유하고 있는 경우에는 일괄경매청구권이 인정되지 않는다.
⑭ 저당물의 제3취득자가 그 부동산에 유익비를 지출한 경우, 저당물의 경매대가에서 우선상환을 받을 수 없다.
⑮ 저당물의 소유권을 취득한 제3자는 그 저당물의 경매에서 경매인이 될 수 없다.

18 **근저당권에 관한 설명으로 틀린 것은?** (다툼이 있으면 판례에 의함) [정답 : 3개]

① 근저당권자가 경매를 신청한 경우, 그 근저당권의 피담보채권은 매수인이 매각대금을 완납한 때 확정된다.

② 근저당권의 후순위 담보권자가 경매를 신청한 경우, 근저당권의 피담보채권은 경매를 신청한 때 확정된다.

③ 채무자의 채무액이 채권최고액을 초과하는 경우, 물상보증인은 채무자의 채무 전액을 변제하지 않으면 근저당권설정등기의 말소를 청구할 수 없다.

④ 채권최고액에는 피담보채무의 이자가 산입된다.

⑤ 피담보채무 확정 전에는 채무자를 변경할 수 있다.

⑥ 근저당권의 피담보채권이 확정된 경우, 확정 이후에 새로운 거래관계에서 발생하는 채권은 그 근저당권에 의하여 담보되지 않는다.

PART 03 계약법

01 **계약에 관한 설명으로 틀린 것은?** (다툼이 있으면 판례에 따름) [정답 : 10개]

① 격지자 간의 계약에서 청약은 그 통지가 상대방에게 도달한 때에 효력이 발생한다.

② 승낙자가 청약에 대하여 조건을 붙이거나 변경을 가하여 승낙한 때, 청약자가 다시 승낙하여도 계약은 성립하지 않는다.

③ 청약자가 그 통지를 발송한 후 도달 전에 사망한 경우, 청약은 효력을 상실한다.

④ 불특정 다수인에 대한 승낙은 유효하다.

⑤ 승낙기간을 정한 계약의 청약은 청약자가 그 기간 내에 승낙의 통지를 받지 못한 때에는 원칙적으로 그 효력을 잃는다.

⑥ 불특정 다수인에 대하여 한 청약은 무효이다.

⑦ 격지자간의 계약은 승낙의 통지가 도달한 때에 성립한다.

⑧ 당사자 사이에 동일한 내용의 청약이 서로 교차된 경우, 양 청약이 상대방에게 도달한 때에 계약은 성립한다.

⑨ 계약의 합의해제에 관한 청약에 대하여 상대방이 조건을 붙여 승낙한 때에는 그 청약은 효력을 잃는다.
⑩ 청약자가 '일정한 기간 내에 회답이 없으면 승낙한 것으로 본다'고 표시한 경우, 특별한 사정이 없으면 그 기간이 지나면 계약은 성립한다.
⑪ 청약자의 의사표시나 관습에 의하여 승낙의 통지가 필요하지 않은 경우, 계약은 승낙의 의사표시로 인정되는 사실이 있는 때에 성립한다.
⑫ 당사자 쌍방의 귀책사유 없는 이행불능으로 매매계약이 종료된 경우, 매도인은 이미 지급받은 계약금을 반환하지 않아도 된다.
⑬ 甲과 乙 사이에 甲의 토지에 대한 매매계약이 체결된 후에 甲의 토지가 강제수용된 경우, 乙은 이행불능을 이유로 매매계약을 해제할 수 있다.
⑭ 채무자의 책임 있는 사유로 후발적 불능이 발생한 경우, 위험부담의 법리가 적용된다.
⑮ 당사자 일방이 대상청구권을 행사하기 위하여 상대방에 대하여 반대급부를 이행할 의무는 없다.

02 **甲은 자기소유의 주택을 乙에게 매도하는 계약을 체결하였는데, 그 주택의 점유와 등기가 乙에게 이전되기 전에 멸실되었다. 다음 설명 중 틀린 것은?** (다툼이 있으면 판례에 의함) [정답 : 2개]

① 양 당사자의 책임 없는 사유로 주택이 멸실된 경우, 甲은 乙에게 매매대금을 청구할 수 없다.
② 주택이 태풍으로 멸실된 경우, 甲이 乙에게 받은 계약금은 반환할 의무가 있다.
③ 乙의 채권자지체 중에 태풍으로 주택이 멸실된 경우, 甲은 乙에게 매매대금을 청구할 수 있다.
④ ③의 경우 乙의 채권자지체 중에 주택이 멸실되었으므로 甲은 자기의 채무를 면함으로써 얻은 이익을 乙에게 상환할 필요는 없다.
⑤ 乙의 과실로 주택이 멸실된 경우, 甲은 乙에게 매매대금을 청구할 수 있다.
⑥ 甲의 과실로 주택이 전소된 경우, 乙은 계약을 해제할 수 없다.

03 동시이행의 항변권에 관한 설명 중 틀린 것은? (다툼이 있으면 판례에 의함)

[정답 : 4개]

① 동시이행의 항변권을 배제하는 당사자 사이의 특약은 유효이다.

② 채무자의 피담보채권을 변제할 의무와 채권자의 담보가등기 말소의무는 동시이행 관계에 있다.

③ 피담보채권을 변제할 의무와 근저당권설정등기 말소의무는 동시이행관계가 아니다.

④ 매도인의 토지거래허가 신청절차에 협력할 의무와 매수인의 매매대금지급의무는 동시이행관계가 아니다.

⑤ 임차권등기명령에 의해 등기된 임차권등기말소의무와 보증금반환의무는 동시이행 관계에 있다.

⑥ 구분소유적 공유관계가 해소되는 경우, 공유지분권자 상호간의 지분이전등기의무는 동시이행관계에 있다.

⑦ 임대차 종료 후 보증금을 반환받지 못한 임차인이 동시이행의 항변권에 기하여 임차목적물을 점유하는 경우, 불법점유로 인한 손해배상책임을 지지 않는다.

⑧ 동시이행관계에 있는 어느 일방의 채권이 양도되더라도 그 동일성이 인정되는 한 동시이행관계는 존속한다.

⑨ 동시이행관계에 있는 쌍방의 채무 중 어느 한 채무가 이행불능이 되어 손해배상채무로 바뀌는 경우, 동시이행의 항변권은 소멸한다.

⑩ 동시이행의 항변권은 당사자의 주장이 없다면 법원이 직권으로 고려할 사항이 아니다.

⑪ 가등기담보에 있어 채권자의 청산금지급의무와 채무자의 목적부동산에 대한 소유권이전등기 및 인도의무는 동시이행관계가 아니다.

04 **甲은 자신의 토지를 乙에게 매도하기로 하고, 그 대금을 자신의 채권자 丙에게 지급하도록 乙과 약정하였다. 다음 설명 중 옳은 것은?** (다툼이 있으면 판례에 의함)

[정답: 7개]

① 丙의 수익의 의사표시는 제3자를 위한 계약의 성립요건이 아니다.
② 丙이 하는 수익의 의사표시의 상대방은 甲이다.
③ 丙이 매매대금의 지급을 청구하였으나 乙이 이를 지급하지 않으면 丙은 매매계약을 해제할 수 있다.
④ 乙이 丙에게 매매대금을 지급하였는데 계약이 해제된 경우, 특별한 사정이 없는 한 乙은 丙에게 부당이득반환을 청구할 수 없다.
⑤ 甲이 소유권을 이전하지 않더라도 乙은 특별한 사정이 없는 한 丙의 대금지급청구를 거절할 수 없다.
⑥ 丙이 수익의 의사표시를 한 후 甲과 乙이 대금지급과 관련한 丙의 권리를 변경시키는 합의를 하였다면 그 합의는 丙에 대하여 효력이 있다.
⑦ 丙에게 대금을 지급하기로 한 약정이 체결된 이후, 甲·丙 사이의 금전소비대차계약이 취소되었다면 乙은 丙에 대하여 대금의 지급을 거절할 수 있다.
⑧ 乙은 기본계약에서 발생한 항변으로 丙에게 대항할 수 없다.
⑨ 乙은 甲의 丙에 대한 항변으로 丙에게 대항할 수 있다.
⑩ 乙은 甲과 丙 사이의 법률관계에 기한 항변으로 丙에게 대항할 수 없다.
⑪ 乙이 상당한 기간을 정하여 丙에게 수익 여부를 최고하였으나 그 기간 내에 확답을 받지 못하였다면, 丙이 계약의 이익을 받기를 거절한 것으로 본다.
⑫ 丙이 수익의 의사를 표시한 후에는 甲과 乙은 특별한 사정이 없는 한 계약을 합의해제할 수 없다.
⑬ 甲이 乙의 채무불이행을 이유로 계약을 해제한 경우, 丙은 乙에게 손해배상을 청구할 수 있다.
⑭ 甲의 채무불이행을 이유로 丙은 요약자와 낙약자의 계약을 해제할 수 있다.
⑮ 乙의 채무불이행이 있으면, 甲은 丙의 동의 없이 계약을 해제할 수 있다.
⑯ 甲이 소유권을 이전하지 않으면 乙은 특별한 사정이 없는 한 丙의 대금지급청구를 거절할 수 없다.

05 **계약의 해지, 해제에 관한 설명 중 옳은 것은?** (다툼이 있으면 판례에 의함)

[정답 : 6개]

① 합의해제의 경우에도 법정해제의 경우와 마찬가지로 제3자의 권리를 해하지 못한다.

② 해제 후 원상회복을 위해 금전을 반환할 자는 해제한 날로부터 이자를 가산하여야 한다.

③ 계약이 합의해제된 경우, 다른 사정이 없는 한 채무불이행으로 인한 손해배상을 청구할 수 없다.

④ 당사자의 쌍방이 수인인 경우, 계약의 해제는 그 1인에 대하여 하더라도 효력이 있다.

⑤ 당사자 일방이 수인인 경우, 그 중 1인에 대하여 해지권이 소멸한 때에는 다른 당사자에 대하여는 소멸하지 않는다.

⑥ 특별한 약정이 없는 한, 합의해제로 인하여 반환할 금전에는 그 받은 날로부터의 이자를 가산하여야 한다.

⑦ 일방 당사자의 계약위반을 이유로 상대방이 계약을 해제하였다면, 특별한 사정이 없는 한, 계약을 위반한 당사자는 계약해제의 효과를 주장할 수 없다.

⑧ 채무자가 불이행 의사를 명백히 표시하더라도 이행기 도래 전에는 최고 없이 해제할 수 없다.

⑨ 매도인의 이행불능을 이유로 매수인이 계약을 해제하려면 매매대금의 변제제공을 하여야 한다.

⑩ 계약이 해제되기 이전에 계약상의 채권을 양수하여 이를 피보전권리로 하여 처분금지가처분결정을 받은 경우, 그 채권자는 계약해제의 소급효로부터 보호될 수 있는 제3자에 해당하지 아니한다.

⑪ 해제된 매매계약에 의하여 채무자의 책임재산이 된 부동산을 가압류 집행한 가압류채권자도 계약해제의 소급효로부터 보호될 수 있는 제3자에 해당된다.

⑫ 매매대금채권이 양도된 후 매매계약이 해제된 경우, 그 양수인은 해제로 권리를 침해당하지 않는 제3자에 해당하지 않는다.

⑬ 매도인이 잔금기일 경과 후 해제를 주장하며 수령한 대금을 공탁하고 매수인이 이의 없이 수령한 경우, 특별한 사정이 없는 한 합의해제된 것으로 본다.

06 **매매의 일방예약에 관한 설명으로 틀린 것은?** (다툼이 있으면 판례에 따름)

[정답: 3개]

① 당사자 사이에 행사기간을 정하기 않은 매매의 예약완결권은 그 예약이 성립한 때로부터 10년 내에 행사하여야 한다.

② 예약완결권을 행사하면 당사자의 승낙이 있어야 매매의 효력이 발생한다.

③ 매매예약완결권의 제척기간이 도과하였는지 여부는 당사자의 주장이 없다면 법원은 고려하지 않는다.

④ 예약완결권은 특별한 사정이 없는 한 타인에게 양도할 수 있다.

⑤ 예약완결권은 당사자 사이에 행사기간을 약정한 때에는 그 기간 내에 행사해야 한다.

⑥ 예약완결권의 행사기간 도과 전에 예약완결권자가 예약목적물인 부동산을 인도받은 경우, 그 기간이 도과되더라도 예약완결권은 소멸되지 않는다.

⑦ 예약완결권 행사의 의사표시를 담은 소장 부본의 송달로써 예약완결권을 재판상 행사하는 경우, 그 행사가 유효하기 위해서는 그 소장 부본이 제척기간 내에 상대방에게 송달되어야 한다.

07 **甲은 자신의 토지를 乙에게 매도하면서 계약금 명목으로 1천만 원을 받았다. 다음 내용 중 틀린 것은?** (다툼이 있으면 판례에 의함) [정답: 8개]

① 乙이 이행기 전에 중도금을 지급한 경우, 甲은 특별한 사정이 없는 한 계약금의 배액을 상환하여 계약을 해제할 수 없다.

② 甲과 乙 사이에 해약금에 기한 해제권을 배제하기로 하는 약정을 하였다면 더 이상 그 해제권을 행사할 수 없다.

③ 乙은 중도금의 지급 후에는 특약이 없는 한 계약금을 포기하고 계약을 해제할 수 없다.

④ 乙의 해약금에 기한 해제권 행사로 인하여 발생한 손해에 대하여 甲은 그 배상을 청구할 수 있다.

⑤ 甲이 해약금에 기해 계약을 해제하는 경우에는 원상회복의 문제가 생길 수 있다.

⑥ 甲과 乙 사이에 교부된 계약금은 해약금으로서의 성질을 가지나, 그 계약금을 위약금으로 하기로 하는 특약이 없는 한, 당연히 손해배상액의 예정으로서의 성질을 가진 것이라고 볼 수 없다.

⑦ 만약 乙이 甲에게 계약금의 일부만 지급한 경우, 해약금의 기준이 되는 금원은 약정 계약금이 아니라 실제 교부받은 계약금이다.

⑧ 만약 乙이 계약금 1천만 원 중 600만 원을 甲에게 지급한 경우, 甲은 1200만 원을 乙에게 제공하고 매매계약을 해제할 수 있다.

⑨ 甲이 乙에 대하여 매매계약의 이행을 최고하고 매매잔대금의 지급을 구하는 소송을 제기한 것만으로는 이행에 착수하였다고 볼 수 없으므로 계약금을 포기하고 해제할 수 있다.

⑩ 만약 토지가 토지거래허가구역 내에 있고 매매계약에 대하여 허가를 받은 경우, 甲은 계약금 배액을 상환하고 해제할 수 없다.
⑪ 甲이 매매계약의 이행에 전혀 착수한 바가 없다면 乙이 중도금을 지급하여 이행에 착수한 후라도 乙은 제565조에 의하여 계약금을 포기하고 매매계약을 해제할 수 있다.
⑫ 甲이 제565조에 의하여 계약을 해제하기 위해서는 乙에게 계약금의 배액을 이행제공하여야 하고, 乙이 이를 수령하지 않으면 공탁하여야 한다.
⑬ 만약 乙의 중도금지급이 지체되어 甲이 계약을 해제하는 경우, 특별한 사정이 없는 한 계약금 1천만 원은 손해배상금으로 간주되어 甲에게 귀속된다.
⑭ 乙이 지급한 계약금은 해약금으로 추정되지만, 특약이 없는 한 위약금으로 추정되는 것은 아니다.

08 **매도인의 담보책임에 관한 설명으로 틀린 것은?** (다툼이 있으면 판례에 따름) [정답 : 4개]

① 토지에 대한 법령상 제한으로 건물신축이 불가능하면 이는 권리의 하자에 해당한다.
② 저당권이 설정된 부동산의 매수인이 저당권의 행사로 그 소유권을 취득할 수 없는 경우, 악의의 매수인은 특별한 사정이 없는 한 계약을 해제하고 손해배상을 청구할 수 있다.
③ 타인의 권리를 매도한 자가 그 전부를 취득하여 매수인에게 이전할 수 없는 경우, 악의의 매수인은 계약을 해제할 수 있다.
④ 매매목적 부동산에 전세권이 설정된 경우, 악의의 매수인도 계약을 해제할 수 있다.
⑤ 권리의 일부가 타인에게 속한 경우, 선의의 매수인의 손해배상청구권은 계약일로부터 1년 내에 행사되어야 한다.
⑥ 경매절차가 무효인 경우에도 권리의 하자로 인한 담보책임이 적용된다.

09 **부동산의 환매에 관한 설명으로 틀린 것은?** (다툼이 있으면 판례에 따름) [정답 : 3개]

① 환매특약의 등기가 된 부동산의 매수인은 전득자인 제3자에 대하여 환매특약의 등기사실만으로 제3자의 소유권이전등기청구를 거절할 수 있다.
② 환매특약은 매매계약과 동시에 이루어져야 한다.
③ 환매기간을 정한 경우에는 그 기간을 다시 연장하지 못한다.
④ 환매특약등기는 매수인의 권리취득의 등기에 부기하는 방식으로 한다.
⑤ 환매권은 양도할 수 없다.
⑥ 환매기간을 정한 경우, 환매권의 행사로 발생한 소유권이전등기청구권은 특별한 사정이 없는 한 그 환매기간 내에 행사하지 않으면 소멸한다.
⑦ 환매기간을 정하지 않은 경우, 그 기간은 5년으로 한다.

10 **甲 소유의 토지를 乙이 건물을 축조할 목적으로 임차하여 건물을 축조하였다. 다음 설명 중 틀린 것은?** (다툼이 있으면 판례에 의함) [정답: 3개]

① 乙이 토지임대차를 등기하지 않더라도 그 지상건물을 등기한 때에는 제3자에 대하여 토지임대차의 효력이 생긴다.

② 乙이 그 지상건물을 등기하기 전에 丙이 그 토지에 관하여 소유권을 취득한 경우에도 乙이 그 지상건물을 등기하면 丙에 대하여 임대차의 효력이 생긴다.

③ 乙의 건물이 무허가건물이라도 특별한 사정이 없는 한 乙은 지상물매수청구권을 행사할 수 있다.

④ 임대차기간의 정함이 없는 경우 甲이 해지통고를 하면 乙은 지상물매수청구권을 행사할 수 없다.

⑤ 토지임차인의 차임연체 등 채무불이행을 이유로 그 임대차계약이 해지되는 경우에도 토지임차인으로서는 토지임대인에 대하여 그 지상건물의 매수를 청구할 수 있다.

⑥ 임차인 소유의 건물이 구분소유의 객체가 되지 아니하고 또한 임대인 소유의 토지 외에 임차인 또는 제3자 소유의 토지 위에 걸쳐서 건립되어 있다면 임차인의 건물매수청구는 허용되지 아니한다.

⑦ 대항력을 갖춘 乙의 임차권이 기간만료로 소멸한 후 甲이 당해 토지를 丙에게 양도한 경우, 乙은 丙을 상대로 지상물매수청구권을 행사할 수 있다.

11 **임대차에 관한 설명으로 틀린 것은?** (다툼이 있으면 판례에 따름) [정답: 4개]

① 유익비상환청구권은 임대차 종료 시에 행사할 수 있다.

② 부속된 물건이 임차물의 구성부분으로 일체가 된 경우 특별한 약정이 없는 한, 부속물매수청구의 대상이 된다.

③ 임대차 기간 중에 부속물매수청구권을 배제하는 당사자의 약정은 임차인에게 불리하므로 무효이다.

④ 일시사용을 위한 것임이 명백한 임대차의 임차인은 부속물의 매수를 청구할 수 없다.

⑤ 유익비상환청구권은 임대인이 목적물을 반환받은 날로부터 6월 내에 행사하여야 한다.

⑥ 임대차계약이 임차인의 채무불이행으로 인하여 해지된 경우에는 임차인은 부속물매수청구권을 행사할 수 없다.

⑦ 건물의 사용에 객관적 편익을 가져오는 것이 아니더라도 임차인의 특수목적에 사용하기 위해 부속된 것은 부속물매수청구권의 대상이 된다.

⑧ 임차인의 비용상환청구권에 관하여 임차인에게 불리한 약정을 하면 무효이다.

⑨ 임대차 종료시 임차인이 동시이행항변권에 기하여 목적물을 사용·수익하는 경우, 임대인은 임차인에게 불법점유를 이유로 손해배상책임을 물을 수 있다.

12 **건물임대인 甲의 동의를 얻어 임차인 乙이 丙과 전대차계약을 체결하고 그 건물을 인도해 주었다. 틀린 것은?** (다툼이 있으면 판례에 따름) [정답: 3개]

① 乙의 차임연체액이 2기의 차임액에 달하여 甲이 임대차계약을 해지하는 경우, 甲은 丙에게 그 사유를 통지하지 않으면 甲은 해지로써 丙에게 대항할 수 없다.

② 임대차계약이 해지통고로 종료하는 경우, 甲은 丙에 대해 그 사유의 통지 없이도 해지로써 대항할 수 있다.

③ 전대차 종료 시에 丙은 건물 사용의 편익을 위해 乙의 동의를 얻어 부속한 물건의 매수를 甲에게 청구할 수 있다.

④ 임대차와 전대차 기간이 모두 만료된 경우, 丙은 건물을 甲에게 직접 명도하면 乙에 대한 건물명도의무를 면한다.

⑤ 甲과 乙의 합의로 임대차계약이 종료되어도 丙의 권리는 소멸하지 않는다.

13 **乙은 건물을 소유할 목적으로 甲소유의 X토지를 임차한 후 甲의 동의를 받지 않고 X토지를 丙에게 전대하였다. 다음 중 옳은 것은?** (다툼이 있으면 판례에 의함) [정답: 2개]

① 乙과 丙 사이의 전대차계약은 유효하다.

② 乙은 丙에게 X토지를 인도하여 丙이 사용·수익할 수 있도록 할 의무가 없다.

③ 甲은 乙과의 임대차계약을 해지하지 않고 丙에게 불법점유를 이유로 부당이득반환을 청구할 수 있다.

④ 甲은 乙과의 임대차계약을 해지하지 않고 丙에게 불법점유를 이유로 손해배상을 청구할 수 있다.

⑤ 만약 乙이 甲의 동의를 얻지 않고 부득이한 사정으로 배우자 丁에게 X토지를 전대한 경우, 乙의 행위가 甲에 대한 배신적 행위라고 볼 수 없다면 甲은 임대차계약을 해지할 수 없다.

PART 04 민사특별법

01 **주택임대차보호법에 관한 설명으로 틀린 것은?** (다툼이 있으면 판례에 따름)

[정답: 8개]

① 임대차계약이 묵시적으로 갱신되면 그 임대차의 존속기간은 2년으로 본다.

② 주택의 전부를 일시적으로 사용하기 위한 임대차인 것이 명백한 경우에도 「주택임대차보호법」이 적용된다.

③ 임차인이 2기의 차임액에 달하도록 차임을 연체한 경우, 묵시적 갱신이 인정되지 아니한다.

④ 임대차 성립시에 임차주택과 그 대지가 임대인의 소유인 경우, 대항력과 확정일자를 갖춘 임차인은 대지만 경매되더라도 그 매각대금으로부터 우선변제를 받을 수 있다.

⑤ 임대차기간을 1년으로 정한 경우, 임대인은 그 기간이 유효함을 주장하거나 2년을 주장할 수 있다.

⑥ 다가구용 단독주택의 임대차에서는 전입신고를 할 때 지번만 기재하고 동·호수의 표시가 없어도 대항력을 취득할 수 있다.

⑦ 저당권이 설정된 주택을 임차하여 대항력을 갖춘 주택임차인은, 후순위저당권이 실행되더라도 매수인이 된 자에게 보증금의 전부를 받을 때까지 임대차관계의 존속을 주장할 수 있다.

⑧ 임차권보다 선순위의 저당권이 존재하는 주택이 경매로 매각된 경우, 경매의 매수인은 임대인의 지위를 승계한다.

⑨ 등기명령의 집행에 따라 주택 전부에 대해 타인 명의의 임차권등기가 끝난 뒤 소액보증금을 내고 그 주택을 임차한 자는 최우선변제권을 행사할 수 없다.

⑩ 주택임차인의 우선변제권은 대지의 환가대금에는 미치지 않는다.

⑪ 대항력을 갖춘 임차인의 보증금반환채권이 가압류된 상태에서 그 주택이 양도된 경우, 양수인은 채권가압류의 제3채무자 지위를 승계한다.

⑫ 대항력을 갖춘 임차인의 보증금반환채권이 가압류된 상태에서 그 주택이 양도된 경우, 가압류채권자는 양수인에 대하여만 가압류의 효력을 주장할 수 있다.

⑬ 임대차계약이 묵시적으로 갱신된 경우, 임대인은 언제든지 임차인에게 계약해지를 통지할 수 있다.

⑭ 임차인이 임차권등기명령의 집행에 따른 임차권등기를 마친 경우, 임차인은 임차권등기의 비용을 임대인에게 청구할 수 있다.

⑮ 대항력 있는 임대차기간이 만료하기 전에 임대인이 제3자에게 주택을 매도하고 소유권이전등기를 마친 경우, 임차인은 계약 당사자가 아닌 제3자에게 임차권을 주장할 수 없다.

⑯ 임차인이 2기의 차임액에 해당하는 금액에 이르도록 차임을 연체한 사실이 있는 경우에는 임대인은 임차인의 계약갱신요구를 거절할 수 있다.

⑰ 임차인은 계약갱신요구권을 1회에 한하여 행사할 수 있으며, 이 경우 갱신되는 임대차의 존속기간은 2년으로 본다.

⑱ 임대인(임대인의 직계존속·직계비속을 제외한다)이 목적주택에 실제 거주하려는 경우에는 임대인은 임차인의 계약갱신요구를 거절할 수 있다.

02 **상가건물임대차보호법에 관한 설명으로 옳은 것은?** (다툼이 있으면 판례에 따름)

[정답 : 7개]

① 대항력 있는 임차인이 적법하게 상가건물을 전대하여 전차인이 이를 직접점유하면서 그 명의로 「부가가치세법」 등에 의한 사업자등록을 하였다면, 임차인의 대항력이 유지된다.

② 사업자등록의 대상이 되지 않는 건물에 대해서는 이 법이 적용되지 않는다.

③ 기간을 정하지 아니하거나 기간을 1년 미만으로 정한 임대차는 그 기간을 1년으로 본다.

④ 차임연체액이 3기의 차임액에 달하는 경우, 임대인은 임대차계약을 해지할 수 있다.

⑤ 권리금회수의 방해로 인한 임차인의 임대인에 대한 손해배상청구권은 방해행위가 있는 날로부터 5년 이내에 행사하지 않으면 시효의 완성으로 소멸한다.

⑥ 임차인의 계약갱신요구권은 최초의 임대차기간을 포함한 전체 임대차기간이 5년을 초과하지 아니하는 범위에서만 행사할 수 있다.

⑦ 서울특별시에서 보증금 10억원인 상가임대차에서 임대차종료 후 보증금이 반환되지 않은 경우, 임차인은 상가건물의 소재지 관할법원에 임차권등기명령을 신청할 수 없다.

⑧ 서울특별시에서 보증금 10억원인 상가임대차에서 임대차기간을 6개월로 정한 경우, 임대인은 그 기간이 유효함을 주장할 수 있다.

⑨ 서울특별시에서 보증금 10억원인 상가임대차에서 상가건물이 경매로 매각된 경우, 대항력과 확정일자를 갖춘 임차인은 보증금에 대해 일반채권자보다 우선하여 변제받을 수 있다.

⑩ 임차인의 보증금 중 일정액이 상가건물의 가액(임대인 소유의 대지가액을 포함)의 3분의 1을 초과하는 경우에는 상가건물의 가액의 3분의 1에 해당하는 금액에 한하여 우선변제권이 있다.

⑪ 임차인은 약정한 차임 또는 보증금이 임차주택에 대한 조세·공과금 기타 부담의 증감이나 경제사정의 변동으로 상당하지 않게 된 때에는 당사자는 장래에 대하여 그 증감을 청구할 수 있는데, 증액의 경우 약정차임 또는 보증금의 100분의 9를 초과하지 못한다.

⑫ 「전통시장 및 상점가 육성을 위한 특별법」 제2조 제1호에 따른 전통시장의 경우, 임차인의 권리금 회수기회 보호 등 규정이 적용되지 않는다.

⑬ 건물이 노후 · 훼손 또는 일부 멸실되는 등 안전사고의 우려가 있어서 임대인이 임대목적 건물의 전부 또는 일부를 철거하거나 재건축하기 위하여 목적 건물의 점유를 회복할 필요가 있는 경우, 임대인은 임차인의 계약갱신요구를 거절할 수 있다.
⑭ 임차인이 3기의 차임액에 해당하는 금액에 이르도록 차임을 연체한 사실이 있는 경우 임대인은 임차인의 계약갱신요구를 거절할 수 있다.
⑮ 임차인이 임차한 건물의 전부 또는 일부를 경과실로 파손한 경우, 임대인은 임차인의 계약갱신요구를 거절할 수 있다.

03 **甲은 乙에게 빌려준 1억 원을 담보하기 위해 乙소유의 X토지(시가 2억 원)에 소유권이전등기를 경료받았다. 그 후 丙이 X토지에 대해 저당권을 취득하였다. 다음 설명 중 옳은 것은?** (다툼이 있으면 판례에 따름) [정답 : 5개]

① 만약 甲이 공사대금채무를 담보하기 위하여 가등기를 한 경우에는「가등기담보등에 관한 법률」이 적용되지 않는다.
② 甲이 乙에게 담보권 실행통지를 하지 않으면 청산금을 지급하더라도 가등기에 기한 본등기를 청구할 수 없다.
③ 만약 丁이 X토지를 사용 · 수익하던 乙과 임대차계약을 맺고 그 토지를 인도받아 사용하고 있는 경우, 甲은 특별한 사정이 없는 한 담보권실행을 위하여 丁에게 X토지의 인도를 청구할 수 없다.
④ 乙이 피담보채무의 이행지체에 빠졌을 경우, 甲은 乙과 임대차계약을 맺고 그 토지를 인도받아 사용하고 있는 丁에게 소유권에 기하여 X토지의 인도를 청구할 수 있다.
⑤ 甲이 청산기간이 지나기 전이라도 가등기에 의한 본등기를 마치면 그 본등기는 유효이다.
⑥ 丙은 청산기간이 지나면 그의 피담보채권 변제기가 도래하기 전이라도 X토지의 경매를 청구할 수 있다.
⑦ 甲의 가등기담보권 실행을 위한 경매절차에서 X토지의 소유권을 丁이 취득한 경우, 甲의 가등기담보권은 소멸한다.
⑧ 甲이 乙에게 청산금의 평가액을 통지한 후에는 甲은 이에 관하여 다툴 수 없다.
⑨ 甲이 乙에게 주관적으로 평가한 청산금이 객관적인 가액에 미달하면 통지로서 효력이 없다.
⑩ 청산금이 없다면 甲은 乙에게 청산금이 없다는 뜻을 통지하여야 한다.
⑪ 만약 甲이 청산금을 지급하기 전에 임의로 X토지를 선의의 丁에게 매도하여 소유권이전등기를 마친 경우, 乙은 丁에게 소유권이전등기의 말소를 청구할 수 있다.
⑫ 만약 丁이 X토지를 사용 · 수익하던 乙과 임대차계약을 맺고 그 토지를 인도받아 사용하고 있는 경우, 甲은 乙로부터 X건물을 임차하여 사용하고 있는 丁에게 임료상당의 부당이득반환을 청구할 수 있다.

04 **집합건물의 소유 및 관리에 관한 법령상 집합건물에 관한 설명으로 틀린 것은?** (다툼이 있으면 판례에 따름) [정답 : 5개]

① 집합건축물대장에 등록되지 않더라도 구분소유가 성립할 수 있다.

② 공용부분의 사용과 비용부담은 전유부분의 지분비율에 따른다.

③ 집합건물의 임차인은 관리인이 될 수 있다.

④ 재건축 결의는 구분소유자 및 의결권의 각 5분의 4 이상의 결의에 의한다.

⑤ 재건축 결의 후 재건축 참가 여부를 서면으로 촉구받은 재건축반대자가 법정기간 내에 회답하지 않으면 재건축에 참가하겠다는 회답을 한 것으로 본다.

⑥ 공용부분 관리비에 대한 연체료는 특별승계인에게 승계되는 공용부분 관리비에 포함되지 않는다.

⑦ 집합건물의 공용부분은 시효취득의 대상이 될 수 없다.

⑧ 구분소유자는 규약 또는 공정증서로써 달리 정하지 않는 한 그가 가지는 전유부분과 분리하여 대지사용권을 처분할 수 없다.

⑨ 아직 건물이 집합건축물대장에 등록되거나 구분건물로서 등기부에 등기되지 않았다면 그 건물은 구분소유가 성립할 수 없다.

⑩ 공용부분에 관한 물권의 득실변경은 등기하여야 효력이 생긴다.

⑪ 상가건물 구분소유자가 그 건물 1층의 복도와 로비를 무단으로 점유하여 자신의 영업장 내부공간인 것처럼 사용하고 있는 경우, 그 구분소유자에게 부당이득반환의무가 인정되지 않는다.

05 **甲은 조세포탈 · 강제집행의 면탈 또는 법령상 제한의 회피를 목적으로 하지 않고, 배우자 乙과의 명의신탁약정에 따라 자신의 X토지를 乙명의로 소유권이전등기를 마쳐주었다. 다음 설명 중 틀린 것은?** (다툼이 있으면 판례에 따름) [정답 : 3개]

① 乙은 甲에 대해 X토지의 소유권을 주장할 수 없다.

② 乙이 丙에게 X토지를 매도하여 소유권이전등기를 마친 경우, 특별한 사정이 없는 한 丙은 악의이더라도 X토지의 소유권을 취득한다.

③ 乙로부터 X토지를 매수한 丙이 乙의 甲에 대한 배신행위에 적극가담한 경우, 乙과 丙사이의 계약은 무효이다.

④ 丁이 X토지를 불법점유하는 경우, 甲은 직접 丁에 대해 소유물반환청구권을 행사할 수 있다.

⑤ 戊가 위조하여 X토지의 소유권이전등기를 마친 경우, 甲은 직접 戊 명의의 등기말소를 청구할 수 있다.

⑥ 만약 甲과 乙이 법령상 제한의 회피를 목적으로 명의신탁약정을 한 경우, 甲은 乙에게 명의신탁해지를 원인으로 소유권이전등기를 청구할 수 없다.

⑦ 만약 甲과 乙이 법령상 제한의 회피를 목적으로 명의신탁약정을 한 경우, 乙이 丙에게 X건물을 적법하게 양도하였다가 다시 소유권을 취득한 경우라면 甲은 乙에게 소유물반환을 청구할 수 있다.

06 **甲은 친구 乙과 명의신탁약정을 하고 丙소유의 X부동산을 매수하면서 丙에게 부탁하여 乙명의로 소유권이전등기를 하였다. 다음 설명 중 옳은 것은?** (다툼이 있으면 판례에 의함) [정답: 4개]

① 甲이 X부동산의 소유자이다.
② 甲은 명의신탁 해지를 원인으로 乙에게 소유권이전등기를 청구할 수 있다.
③ 甲은 부당이득반환을 원인으로 乙에게 소유권이전등기를 청구할 수 있다.
④ 丙은 진정명의회복을 원인으로 乙에게 소유권이전등기를 청구할 수 있다.
⑤ 甲은 직접 乙 명의의 소유권이전등기의 말소를 청구할 수 없다.
⑥ 甲은 丙을 대위하여 乙 명의의 소유권이전등기의 말소를 청구할 수 없다.
⑦ 만약 甲과 乙이 사실혼 관계에 있다면 甲과 乙 사이의 명의신탁약정은 유효이다.
⑧ 甲은 丙에게 X부동산의 소유권이전을 청구할 수 있다.
⑨ 乙이 X부동산을 丁에게 매도하고 소유권이전등기를 해 준 경우, 丁은 악의이더라도 유효하게 소유권을 취득한다.

07 **X부동산을 취득하려는 甲은 친구 乙과 명의신탁을 약정하였다. 乙은 그 약정에 따라 계약당사자로서 선의의 丙으로부터 X부동산을 매수하여 자신의 명의로 등기한 후 甲에게 인도하였다. 다음 중 옳은 것은?** (다툼이 있으면 판례에 의함) [정답: 2개]

① 甲과 乙의 명의신탁약정은 유효하다.
② 乙은 유효하게 X부동산의 소유권을 취득한다.
③ 甲은 乙을 상대로 부당이득반환으로 X부동산의 등기이전을 청구할 수 없다.
④ 甲은 乙에게 제공한 부동산매수자금 회수를 담보하기 위하여 X부동산에 대하여 유치권을 행사할 수 있다.
⑤ 丙은 특별한 사정이 없는 한 乙명의의 등기말소를 청구할 수 있다.
⑥ 乙이 X부동산을 丁에게 매도하고 소유권이전등기를 해 준 경우, 丁은 선의인 경우에 한하여 유효하게 소유권을 취득한다.
⑦ 만약 丙이 甲과 乙의 명의신탁약정을 알고 있어도, 丙으로부터 직접 X부동산을 매수한 乙은 유효하게 소유권을 취득한다.

★ 항상 여러분의 합격을 기원합니다 !!

02 복습문제

PART 01 민법총칙

01 **甲은 자기소유의 X토지에 대하여 乙과 매매계약을 체결하였으나 X토지의 지번 등에 착오를 일으켜 계약서에는 Y토지 잘못 기재하였다. 다음 설명 중 틀린 것은?** (다툼이 있으면 판례에 의함) [정답: 3개]

① X토지에 관하여 매매계약이 성립하지만, 甲은 착오를 이유로 X토지에 대한 계약을 취소할 수 있다.

② Y토지에 관하여 매매계약이 성립한다.

③ Y토지에 관하여 乙명의로 이전등기가 경료되었다면, 그 이전등기는 무효이다.

④ X토지에 관하여 乙은 소유권을 취득하였다.

02 **반사회적 법률행위에 관한 내용 중 틀린 것은?** (다툼이 있으면 판례에 의함) [정답: 6개]

① 반사회질서의 법률행위에 해당하는지 여부는 해당 법률행위가 효력이 발생하는 때를 기준으로 판단해야 한다.

② 소송에서 증언할 것을 조건으로 통상 용인되는 수준을 넘는 대가를 지급하기로 하는 약정은 반사회적 법률행위로서 무효이다.

③ 사회질서에 위반되는 행위로서 무효임에도 이미 이행한 경우에는 부당이득반환청구를 할 수 없으나 소유권에 기한 반환청구를 할 수 있다.

④ 공무원의 직무에 관하여 부정한 청탁의 대가로 금전을 지급하기로 한 약정은 반사회적 법률행위로서 무효이다.

⑤ 강제집행을 면할 목적으로 부동산에 허위의 근저당권설정등기를 경료하는 행위는 반사회질서에 해당하는 법률행위로 무효이다.

⑥ 민사사건에서의 성공보수약정은 반사회질서의 법률행위에 해당하지 않는다.

⑦ 형사사건에서의 성공보수약정은 선량한 풍속 기타 사회질서에 위배되는 것으로 평가할 수 있다.

⑧ 도박채무를 변제하기 위해 채무자로부터 부동산의 처분을 위임받은 채권자가 그 부동산을 제3자에게 매도한 경우, 위와 같은 사정을 알지 못하는 제3자가 도박 채권자를 통하여 위 부동산을 매수한 행위는 사회질서에 반하는 법률행위에 해당한다.

⑨ 표시되거나 상대방에게 알려진 법률행위의 동기가 사회질서에 반하는 경우 그 법률행위는 반사회적 법률행위로서 무효이다.
⑩ 보험계약자가 다수의 보험계약을 통하여 보험금을 부정취득할 목적으로 보험계약을 체결한 경우, 이와 같은 보험계약은 민법 제13조 소정의 선량한 풍속 기타 사회질서에 반하여 무효이다.
⑪ 대리인이 매도인의 배임행위에 적극 가담하여 이루어진 부동산의 이중매매는 본인인 매수인이 그러한 사정을 몰랐다면 반사회질서의 법률행위가 되지 않는다.
⑫ 양도소득세를 회피할 목적으로 실제로 거래한 매매대금보다 낮은 금액으로 매매계약을 체결한 행위는 반사회질서에 해당하는 법률행위로 무효이다.
⑬ 반사회적 행위에 의해 조성된 비자금을 소극적으로 은닉하기 위해 체결한 임치약정은 반사회질서의 법률행위에 해당하지 않는다.

03 **甲은 자신의 X건물을 乙에게 매도하는 계약을 체결한 후, 다시 X건물을 丙에게 매도·인도하고 소유권이전등기도 해주었다. 다음 설명 중 옳지 않은 것은?** (다툼이 있으면 판례에 의함) [정답 : 3개]

① 특별한 사정이 없는 한 丙은 X건물의 소유권을 취득하지 못한다.
② 乙은 甲에게 최고 없이 계약을 해제하고 손해배상을 청구할 수 있다.
③ 丙이 甲의 乙에 대한 배임행위에 적극 가담한 경우, 乙은 丙을 상대로 직접 등기의 말소를 청구할 수 없다.
④ 甲과 丙 사이의 매매계약이 반사회적 법률행위로 무효인 경우라도, 乙은 丙에 대하여 직접 등기의 말소를 청구할 수 없다.
⑤ ④의 경우, 丙으로부터 그 부동산을 전득한 丁이 선의이며 과실 없다면 甲과 丙의 매매계약의 유효를 주장할 수 있다.
⑥ 만약 丙의 대리인 戊가 丙을 대리하여 X토지를 매수하면서 甲의 배임행위에 적극 가담하였다면, 그러한 사정을 모르는 丙은 그 소유권을 취득하지 못한다.
⑦ 丙이 甲과 乙 사이의 매매사실을 알았다면, 乙은 甲을 대위하여 丙 명의의 등기를 말소청구할 수 있다.

04 **불공정한 법률행위에 관한 설명 중 옳은 것은?** (다툼이 있으면 판례에 의함) [정답: 5개]

① 불공정한 법률행위에는 무효행위의 추인은 인정될 수 있으나 무효행위의 전환은 인정될 수 없다.

② 급부와 반대급부 사이에 현저한 불균형이 존재하는지는 특별한 사정이 없는 한 법률행위 당시를 기준으로 판단하여야 한다.

③ 무경험이란 거래일반에 관한 경험 및 지식의 결여를 의미하는 것이 아니라 어느 특정영역에서의 무경험을 의미한다.

④ 대리행위에 있어서 궁박은 본인을 기준으로 판단하지만, 경솔과 무경험은 대리인을 기준으로 판단한다.

⑤ 급부와 반대급부 사이의 현저한 불균형은 피해자의 궁박·경솔·무경험의 정도를 고려하여 당사자의 주관적 가치에 따라 판단한다.

⑥ 경매절차에서 매각대금이 시가보다 현저히 저렴하더라도 불공정한 법률행위를 이유로 그 무효를 주장할 수 없다.

⑦ 증여와 같은 아무런 대가 없는 법률행위도 불공정한 법률행위에 해당될 수 있다.

⑧ 일방이 궁박 상태에 있었더라도 상대방이 그와 같은 사정을 알면서 이를 이용하려는 의사가 없으면 그 계약은 불공정한 법률행위가 되지 않는다.

⑨ 법률행위가 현저하게 공정을 잃었다고 하여 그 법률행위가 궁박, 경솔 또는 무경험으로 이루어진 것으로 추정되지 않는다.

05 **진의 아닌 의사표시에 관한 설명으로 틀린 것은?** (다툼이 있으면 판례에 의함) [정답: 2개]

① 비진의표시는 상대방이 선의이며 과실이 없는 경우에 한하여 유효하다.

② 진의 아닌 의사표시는 상대방과 통정이 없다는 점에서 통정허위표시와 구별된다.

③ 비진의표시는 원칙적으로 무효이다.

④ 진의란 표의자가 진정으로 마음속에서 바라는 사항을 뜻하는 것이 아니다.

⑤ 표의자가 강박에 의하여 증여의 의사표시를 한 경우, 재산을 강제로 빼앗긴다는 것이 표의자의 본심에 잠재되어 있었다면 그 의사표시는 진의 아닌 의사표시라고 할 수 있다.

06 **甲은 채권자 A의 강제집행을 면하기 위하여 자신의 부동산에 관하여 乙과 통정한 허위의 매매계약에 따라 소유권이전등기를 乙에게 해주었다. 그 후 乙은 이러한 사정을 모르는 丙과 위 부동산에 대한 매매계약을 체결하고 그에게 소유권이전등기를 해주었다. 다음 설명 중 틀린 것은?** (다툼이 있으면 판례에 따름) [정답 : 5개]

① 甲과 乙의 매매계약은 무효이다.
② 丙이 부동산의 소유권을 취득한다.
③ 甲은 丙을 상대로 이전등기의 말소를 청구할 수 없다.
④ 乙은 丙에 대해 원인행위의 무효를 이유로 등기말소를 청구할 수 있다.
⑤ 丙이 자신의 소유권을 주장하려면 자신의 선의를 증명해야 한다.
⑥ 丙이 선의이더라도 과실이 있으면 소유권을 취득하지 못한다.
⑦ 丙으로부터 위 부동산을 매수하여 소유권이전등기를 경료한 丁이 악의인 경우, 丁은 소유권을 취득하지 못한다.
⑧ 만약 丙이 악의인 경우, 丙으로부터 위 부동산을 매수하여 소유권이전등기를 경료한 丁은 선의이더라도 소유권을 취득하지 못한다.

07 **甲은 乙에게 자신의 토지를 증여하기로 합의하였으나 甲과 乙은 마치 매도하는 것처럼 계약서를 꾸며서 이전등기를 하였다. 그 뒤 乙은 丙에게 그 토지를 매도하고 이전등기를 하였다. 다음 설명 중 틀린 것은?** (다툼이 있으면 판례에 의함) [정답 : 4개]

① 乙명의의 등기는 효력이 있다.
② 甲과 乙 사이의 매매와 증여계약은 모두 무효이다.
③ 甲은 악의의 丙을 상대로 그 명의의 등기말소를 청구할 수 있다.
④ 乙은 악의의 丙을 상대로 그 명의의 등기말소를 청구할 수 없다.
⑤ 丙은 선의인 경우에 한하여 소유권을 유효하게 취득한다.
⑥ 만약 丙이 甲과 乙 사이에 증여계약이 체결된 사실을 알지 못한데 과실이 있다면 丙은 소유권을 취득하지 못한다.

08 통정허위표시에 관한 설명으로 틀린 것은? (다툼이 있으면 판례에 따름) [정답 : 5개]

① 당사자가 통정하여 증여를 매매로 가장한 경우, 증여와 매매 모두 무효이다.

② 통정허위표시의 무효로 대항할 수 없는 제3자에 해당하는지의 여부를 판단할 때, 파산관재인은 파산채권자 모두가 악의로 되지 않는 한 선의로 다루어진다.

③ 통정허위표시의 무효로 대항할 수 없는 제3자에 해당하는지를 판단할 때, 파산관재인은 파산채권자 일부가 선의라면 선의로 다루어진다.

④ 대리인이 본인 몰래 대리권의 범위 안에서 상대방과 통정허위표시를 한 경우, 본인은 선의의 제3자로서 그 유효를 주장할 수 있다.

⑤ 통정허위표시에 의한 채권을 가압류한 자는 통정허위표시를 기초로 새로운 법률상 이해관계를 맺은 제3자에 해당한다.

⑥ 가장채권을 가압류한 자는 통정허위표시를 기초로 새로운 법률상 이해관계를 맺은 제3자에 해당하지 않는다.

⑦ 통정허위표시에 의해 설정된 전세권에 대해 저당권을 설정받은 자는 통정허위표시를 기초로 새로운 법률상 이해관계를 맺은 제3자에 해당한다.

⑧ 가장전세권에 저당권을 취득한 자는 통정허위표시를 기초로 새로운 법률상 이해관계를 맺은 제3자에 해당하지 않는다.

⑨ 통정허위표시에 의해 체결된 제3자를 위한 계약에서 제3자는 통정허위표시를 기초로 새로운 법률상 이해관계를 맺은 제3자에 해당하지 않는다.

⑩ 가장소비대차에 따른 대여금채권의 선의의 양수인은 민법 제108조 제2항에 따라 보호받는 제3자가 아니다.

09 **착오에 관한 설명으로 옳은 것은?** (다툼이 있으면 판례에 따름) [정답 : 4개]

① 상대방에 의해 유발된 동기의 착오는 동기가 표시되지 않았더라도 중요부분의 착오가 될 수 있다.

② 동기의 착오를 이유로 의사표시를 취소하기 위해서는 그 동기를 의사표시의 내용으로 삼기로 하는 합의가 있어야 한다.

③ 착오가 표의자의 중대한 과실로 인한 경우에는 상대방이 표의자의 착오를 알고 이용하더라도 표의자는 의사표시를 취소할 수 없다.

④ 표의자의 중대한 과실 유무는 착오에 의한 의사표시의 효력을 부인하는 자가 증명하여야 한다.

⑤ 경과실로 인해 착오에 빠진 표의자가 착오를 이유로 의사표시를 취소한 경우, 취소된 의사표시로 인해 손해를 입은 상대방은 불법행위를 이유로 손해배상을 청구할 수 없다.

⑥ 장래의 미필적 사실의 발생에 대한 기대나 예상이 빗나간 것에 불과한 것도 착오라고 할 수 있다.

⑦ 매도인의 하자담보책임이 성립하면 착오를 이유로 한 매수인의 취소권은 배제된다.

⑧ 매도인이 계약을 적법하게 해제한 후에도 매수인은 계약해제에 따른 불이익을 면하기 위하여 중요부분의 착오를 이유로 취소권을 행사하여 계약 전체를 무효로 할 수 있다.

⑨ 당사자가 착오를 이유로 의사표시를 취소하지 않기로 약정한 경우, 표의자는 의사표시를 취소할 수 없다.

10 사기, 강박에 의한 의사표시에 관한 설명으로 옳은 것은? (다툼이 있으면 판례에 의함)

[정답 : 6개]

① 교환계약의 당사자 일방이 상대방에게 그가 소유하는 목적물의 시가를 허위로 고지한 경우, 원칙적으로 사기를 이유로 취소할 수 있다.

② 강박에 의한 의사표시가 스스로 의사결정을 할 수 있는 여지가 전혀 없는 상태에서 의사표시의 외형만 있는 것에 불과한 경우에 그 의사표시는 효력이 없다.

③ 사기로 계약을 체결한 경우, 피해자는 불법행위책임을 묻기 위해서 그 의사표시를 취소하여야 한다.

④ 표의자가 제3자의 사기로 의사표시를 한 경우, 상대방이 그 사실을 과실 없이 알지 못한 때에도 그 의사표시를 취소할 수 있다.

⑤ 제3자의 사기에 의해 의사표시를 한 표의자는 상대방이 그 사실을 알았거나 알 수 있었을 경우에 그 의사표시를 취소할 수 있다.

⑥ 상대방이 불법적인 해악의 고지 없이 각서에 서명 · 날인할 것을 강력히 요구하는 것만으로는 강박이 되지 않는다.

⑦ 강박에 의해 증여의 의사표시를 하였다고 하여 증여의 내심의 효과의사가 결여된 것이라고 할 수 없다.

⑧ 대리인의 기망행위에 의해 계약이 체결된 경우, 계약의 상대방은 본인이 선의이더라도 계약을 취소할 수 있다.

⑨ 甲의 대리인 乙의 사기로 乙에게 매수의사를 표시한 丙은 甲이 그 사실을 알지 못한 경우에도, 사기를 이유로 법률행위를 취소할 수 있다.

11 **의사표시에 관한 설명으로 틀린 것은?** (다툼이 있으면 판례에 의함) [정답 : 6개]

① 우편물이 보통우편의 방법으로 발송되었다는 사실만으로는 그 우편물이 상당기간 내에 도달하였다고 추정할 수 없다.

② 우편물이 내용증명우편이나 등기취급의 방법으로 발송되고 반송되지 않은 경우에는 특별한 사정이 없는 한 그 무렵에 송달된 것으로 보아야 한다.

③ 과실로 상대방의 소재를 알지 못하는 표의자는 공시송달에 의하여 의사표시의 효력을 발생시킬 수 있다.

④ 표의자가 의사표시 발신 후 행위능력을 상실하면 그 의사표시를 취소할 수 있다.

⑤ 표의자는 의사표시가 도달하기 전에는 그 의사표시를 철회할 수 있다.

⑥ 상대방이 정당한 사유 없이 통지의 수령을 거절한 경우에는 상대방이 그 통지의 내용을 알 수 있는 객관적 상태에 놓여 있는 때에 의사표시의 효력이 생기는 것으로 보아야 한다.

⑦ 매매 목적물과 대금은 매매계약 체결시 반드시 구체적으로 확정되어야 한다.

⑧ 중간생략등기는 부동산등기특별조치법상 형사처벌하도록 되어 있으므로 중간생략등기합의에 관한 사법상 효력도 인정되지 않는다.

⑨ 농지법상 농지취득자격증명은 농지취득의 원인이 되는 법률행위의 효력발생요건이다.

⑩ 표의자가 매매의 청약을 발송한 후 사망하면 그 청약의 효력은 상실한다.

12 **甲은 자신의 X토지를 매도하기 위해 乙에게 포괄적인 대리권을 수여하였고, 乙은 甲을 위한 것임을 표시하고 X토지에 대하여 丙과 매매계약을 체결하였다. 다음 설명 중 틀린 것은?** (다툼이 있으면 판례에 의함) [정답 : 8개]

① 乙은 특별한 사정이 없으면 丙으로부터 계약금, 중도금, 잔금을 수령할 권한이 있다.
② 乙이 丙으로부터 대금 전부를 지급받고 甲에게 전달하지 않은 경우, 특별한 사정이 없는 한 丙의 대금지급의무는 소멸하지 않는다.
③ 乙은 특별한 사정이 없는 한 丙에 대하여 약정된 매매대금지급기일을 연기하여 줄 권한은 없다.
④ 丙이 乙의 기망행위로 계약을 체결한 경우, 甲이 그 사실을 과실 없이 몰랐다면 丙은 계약을 취소할 수 없다.
⑤ 乙은 甲의 허락이 있으면 甲을 대리하여 자신이 X토지를 매수하는 계약을 체결할 수 있다.
⑥ 만약 乙이 매매계약을 체결하면서 甲을 위한 것임을 표시하지 않은 경우, 특별한 사정이 없으면 그 의사표시는 乙을 위한 것으로 본다.
⑦ 乙이 대리권을 남용한 경우, 丙이 그 사실을 알았거나 알 수 있었을 경우, 대리행위는 甲에게 효력이 없다.
⑧ 만약 乙이 미성년자인 경우, 甲은 乙이 제한능력자임을 이유로 매매계약을 취소할 수 있다.
⑨ 만약 甲의 대리인이 乙, A, B라면 이들은 甲의 이익을 위하여 원칙적으로 공동으로 甲을 대리한다.
⑩ 만약 乙이 한정후견개시의 심판을 받은 경우, 乙의 대리권은 소멸하지 않는다.
⑪ 丙이 매매계약을 적법하게 해제한 경우, 丙은 乙에게 손해배상을 청구할 수 있다.
⑫ 丙의 채무불이행이 있는 경우, 乙은 특별한 사정이 없는 한 계약을 해제할 수 있다.
⑬ 丙이 매매계약을 적법하게 해제한 경우, 그 해제로 인한 원상회복의무는 乙과 丙이 부담한다.

13 **대리권 없는 乙이 甲소유의 X부동산을 甲의 이름으로 丙과 매매계약을 체결하였다. 다음 설명으로 틀린 것은?** (표현대리는 고려하지 않음, 다툼이 있으면 판례에 의함)

[정답 : 8개]

① 계약 당시에 대리권 없음을 안 丙은 계약을 철회할 수 없다.

② 丙이 계약 당시 乙의 대리권 없음을 알았다면 丙은 상당한 기간을 정하여 甲에게 추인 여부의 확답을 최고할 수 없다.

③ 추인은 단독행위이므로, 甲이 무권대리행위의 일부만 추인하거나 변경을 가하여 추인한 경우에는 丙의 동의가 없어도 효력이 있다.

④ 甲이 무권대리행위를 추인하면 다른 의사표시가 없는 때에는 추인한 때부터 그 효력이 생긴다.

⑤ 甲이 乙의 무권대리행위를 추인하지 아니하면 甲에 대하여 효력이 없다.

⑥ 丙은 상당한 기간을 정하여 甲에게 그 추인여부의 확답을 최고할 수 있고, 甲이 그 기간 내에 확답을 발하지 아니한 때에는 추인한 것으로 본다.

⑦ 乙의 대리권 없음을 알지 못한 丙은, 甲이 乙에 대하여 매매계약을 추인한 후라면 그 사실을 몰랐더라도 계약을 철회할 수 없다.

⑧ 丙이 당해 토지를 다시 丁에게 매도하고 소유권이전등기를 경료한 경우, 甲은 丁에 대하여도 무권대리행위를 추인할 수 있다.

⑨ 무권대리행위가 乙의 과실 없이 제3자의 기망 등 위법행위로 야기된 경우라면, 특별한 사정이 없는 한 乙은 丙에 대하여 책임을 지지 않는다.

⑩ 乙이 甲을 단독상속한 경우, 乙은 소유권이전등기를 경료한 丙에게 대리행위의 무효를 이유로 등기말소를 청구할 수 없다.

⑪ 乙이 甲을 단독상속한 경우, 乙이 무권대리를 이유로 丙에게 그 부동산의 점유로 인한 부당이득반환을 청구하는 것은 신의칙에 반하지 않는다.

⑫ 위 매매계약이 체결된 후에 甲이 X토지를 丁에게 매도하고 소유권이전등기를 마쳤더라도, 甲이 乙의 대리행위를 추인하면 丁은 유효하게 그 소유권을 취득하지 못한다.

14 **권한을 넘은 표현대리에 관한 설명으로 옳지 않은 것은?** (다툼이 있으면 판례에 의함) [정답 : 4개]

① 권한을 넘은 표현대리인지를 판단할 때 정당한 이유의 유무는 대리행위 당시를 기준으로 한다.
② 법정대리권을 기본대리권으로 하는 표현대리가 성립할 수 없다.
③ 부부간의 일상가사대리권을 기본대리권으로 하여 권한을 넘은 표현대리가 성립할 수 있다.
④ 복대리인 선임권이 없는 대리인에 의하여 선임된 복대리인의 권한은 기본대리권이 될 수 없다.
⑤ 대리행위가 강행법규에 위반하여 무효인 경우에도 표현대리의 법리가 적용될 수 있다.
⑥ 등기신청대리권을 기본대리권으로 하여 사법상의 법률행위를 한 경우에도 권한을 넘은 표현대리가 성립할 수 있다.
⑦ 대리권소멸 후의 표현대리가 인정되고 그 표현대리의 권한을 넘는 대리행위가 있는 경우, 권한을 넘은 표현대리가 성립할 수 없다.

15 **대리에 관한 설명으로 옳은 것은?** (다툼이 있으면 판례에 따름) [정답 : 4개]

① 권한을 정하지 아니한 대리인은 보존행위만을 할 수 있다.
② 복대리인은 대리인의 대리인이다.
③ 복대리인은 그 권한 내에서 대리인의 이름으로 법률행위를 한다.
④ 권한을 넘은 표현대리의 기본대리권에는 대리인에 의하여 선임된 복대리인의 권한도 포함된다.
⑤ 대리인이 대리권 소멸 후 선임한 복대리인과 상대방 사이의 법률행위에도 민법 제129조의 표현대리가 성립할 수 있다.
⑥ 권한을 넘은 표현대리의 기본대리권은 대리행위와 같은 종류의 행위에 관한 것이어야 한다.
⑦ 상대방의 유권대리 주장에는 표현대리의 주장도 포함된다.
⑧ 임의대리의 경우, 원인된 법률관계가 종료하기 전에는 본인은 수권행위를 철회하여 대리권을 소멸시킬 수 없다.
⑨ 표현대리가 성립하는 경우, 상대방에게 과실이 있더라도 과실상계의 법리를 유추적용하여 본인의 책임을 경감할 수 없다.
⑩ 법정대리인은 부득이한 사유가 없더라도 복대리인을 선임할 수 있다.
⑪ 대리인이 복대리인을 선임한 후 사망한 경우, 특별한 사정이 없는 한 그 복대리권은 소멸하지 않는다.
⑫ 복대리인의 대리행위에 대하여는 표현대리에 관한 규정이 적용될 수 없다.

16 법률행위의 무효 또는 취소에 관한 설명으로 틀린 것은? (다툼이 있으면 판례에 의함)

[정답 : 7개]

① 취소된 법률행위는 처음부터 무효인 것으로 본다.
② 甲과 乙이 무효인 가등기를 유효한 등기로 전용하기로 약정하였다면 이 가등기는 소급하여 유효한 등기로 전환된다.
③ 취소할 수 있는 법률행위를 추인한 자는 그 법률행위를 다시 취소하지 못한다.
④ 강행법규 위반으로 무효인 법률행위도 추인할 수 있다.
⑤ 불법조건이 붙은 법률행위는 무효임을 알고 추인하면 그 효력이 생길 수 있다.
⑥ 무효인 법률행위를 추인하면 특별한 사정이 없는 한 법률행위를 한 때로부터 새로운 법률행위를 한 것으로 본다.
⑦ 법정대리인은 취소원인 종료 전이라면 추인할 수 없다.
⑧ 취소권은 법률행위를 한 날로부터 3년 내에 추인할 수 있는 날로부터 10년 내에 행사하여야 한다.
⑨ 취소할 수 있는 법률행위의 추인은 취소원인이 소멸한 후에 하여야 효력이 있으며, 추인 후에는 취소할 수 없다.
⑩ 무효인 법률행위의 추인은 그 무효의 원인이 소멸한 후에 하여야 그 효력이 인정된다.
⑪ 「부동산등기 특별조치법」상 중간생략등기를 금지하는 규정은 효력규정이 아니다.
⑫ 「공인중개사법」상 개업공인중개사가 중개의뢰인과 직접 거래를 하는 행위를 금지하는 규정은 효력규정이다.
⑬ 「공인중개사법」상 개업공인중개사가 법령에 규정된 중개보수 등을 초과하여 금품을 받는 행위를 금지하는 규정은 효력규정이다.

17 법정추인이 인정되는 경우가 아닌 것은? (단, 취소권자는 추인할 수 있는 상태이며, 행위자가 취소할 수 있는 법률행위에 관하여 이의보류 없이 한 행위임을 전제함)

[정답 : 2개]

① 취소권자가 상대방에게 채무를 이행한 경우
② 취소권자가 상대방에게 담보를 제공한 경우
③ 상대방이 취소권자에게 이행을 청구한 경우
④ 취소할 수 있는 행위로 취득한 권리를 취소권자가 타인에게 양도한 경우
⑤ 상대방이 취소할 수 있는 행위로 취득한 권리를 타인에게 양도한 경우

18 **추인에 관한 설명 중 옳은 것은?** (다툼이 있으면 판례에 의함) [정답 : 2개]

① 무권대리 행위를 본인이 추인하면 그때부터 그 효력이 생긴다.

② 무권리자의 처분행위를 본인이 추인하면 추인한 때부터 권리자에게 그 효력이 귀속된다.

③ 법정대리인은 제한능력자가 한 법률행위를 취소의 원인이 소멸되기 전이라도 추인할 수 있다.

④ 무효행위를 추인하면 법률행위시부터 새로운 법률행위로 본다.

⑤ 제한능력자는 자신이 한 법률행위를 법정대리인의 동의 없이 취소할 수 있으나 추인할 수 없다.

19 **조건과 기한에 관한 설명으로 옳지 않은 것은?** (다툼이 있으면 판례에 따름) [정답 : 7개]

① 조건의 성취가 미정한 권리라도 일반규정에 의하여 처분하거나 상속할 수 있다.

② 기한의 도래가 미정한 권리의무는 일반규정에 의하여 처분하거나 담보로 할 수 없다.

③ 정지조건부 법률행위에 있어 조건이 성취되면 법률행위시로 소급하여 그 효력이 발생한다.

④ 당사자가 조건성취의 효력을 그 성취 전에 소급하게 할 의사를 표시한 경우에도 그 효력은 조건이 성취된 때부터 발생한다.

⑤ 조건을 붙이고자 하는 의사가 있더라도 그것이 표시되지 않으면 법률행위의 부관으로서의 조건이 되는 것은 아니다.

⑥ 조건을 붙이는 것이 허용되지 아니하는 법률행위에 조건을 붙인 경우 그 조건만을 분리하여 무효로 할 수 있다.

⑦ 조건부 법률행위에 있어 조건의 내용 자체가 불법적인 것이어서 무효일 경우 그 조건만을 분리하여 무효로 할 수 있다.

⑧ 조건이 법률행위 당시 이미 성취할 수 없는 것인 경우에는 그 조건이 정지조건이면 조건 없는 법률행위로 한다.

⑨ 불능조건이 해제조건이면 조건 없는 법률행위가 된다.

⑩ 조건이 법률행위 당시 이미 성취한 것인 경우, 그 조건이 해제조건이면 그 법률행위는 무효로 한다.

⑪ 상대방이 동의하면 해제의 의사표시에 조건을 붙일 수 있다.

⑫ 기한이익 상실특약은 특별한 사정이 없으면 정지조건부 기한이익 상실특약으로 추정된다.

PART 02 물권법

01 **물권에 관한 설명으로 틀린 것은?** (다툼이 있으면 판례에 의함) [정답: 9개]

① 미등기 무허가건물의 양수인은 소유권이전등기를 경료 받지 않아도 소유권에 준하는 관습법상의 물권을 취득한다.

② 미등기건물의 매수인은 건물의 매매대금을 전부 지급한 경우에는 건물의 불법점유자에 대해 직접 소유물반환청구를 할 수 있다.

③ 소유권에 기한 물권적 청구권은 그 소유권과 분리하여 별도의 소멸시효의 대상이 된다.

④ 소유자는 자신의 물건을 권원 없이 점유하는 자에 대해 점유자가 과실이 없다면 그 반환을 청구할 수 없다.

⑤ 물권적 청구권은 물권과 분리하여 양도할 수 없다.

⑥ 소유권에 기한 방해제거청구권은 현재 계속되고 있는 방해의 원인과 함께 방해결과의 제거를 내용으로 한다.

⑦ 소유자는 물권적 청구권에 의하여 방해제거비용 또는 방해예방비용을 청구할 수 있다.

⑧ 소유권을 양도한 전소유자가 물권적 청구권만을 분리, 유보하여 불법점유자에 대해 그 물권적 청구권에 의한 방해배제를 할 수 있다.

⑨ 소유권에 기한 방해배제청구권에 있어서 방해에는 과거에 이미 종결된 손해가 포함된다.

⑩ 근린공원을 자유롭게 이용한 사정만으로 공원이용권이라는 배타적 권리를 취득하였다고 볼 수는 없다.

⑪ 온천에 관한 권리를 관습법상의 물권이라고 볼 수는 없다.

⑫ 토지의 소유권을 양도하여 소유권을 상실한 전(前)소유자도 그 토지 일부의 불법점유자에 대하여 소유권에 기한 방해배제를 청구할 수 있다.

02 **甲 소유의 토지 위에 乙이 무단으로 건물을 건축하였다. 다음 중 틀린 것은?** (다툼이 있으면 판례에 따름) [정답: 3개]

① 甲이 乙을 상대로 건물철거소송을 제기한 후 丙에게 토지소유권을 이전한 경우, 甲은 더 이상 乙에게 철거청구를 할 수 없다.

② 乙이 건물을 점유하고 있는 경우, 甲은 乙에게 건물철거의 청구와 퇴거청구를 할 수 있다.

③ 乙이 丙에게 그 건물을 임대한 경우, 甲은 丙에 대하여 건물철거를 청구할 수 없다.

④ ③의 경우, 甲은 임차권의 대항력을 갖춘 丙에게 그 건물로부터의 퇴출을 청구할 수 없다.

⑤ 甲의 토지 위에 乙이 무단으로 건물을 건축하고 등기 없이 丙에게 매도하여 丙이 점유하고 있는 경우, 甲은 丙에게 건물철거를 청구할 수 없다.

03 **등기에 관한 설명으로 옳은 것은?** (다툼이 있으면 판례에 따름) [정답 : 5개]

① 민사집행법상 경매의 매수인은 등기를 하여야 소유권을 취득할 수 있다.
② 집합건물의 구분소유권을 취득하는 자의 공용부분에 대한 지분 취득에는 등기를 요하지 않는다.
③ 피담보채권이 소멸하더라도 저당권의 말소등기가 있어야 저당권이 소멸한다.
④ 법률행위를 원인으로 하여 소유권이전등기를 명하는 판결에 따른 소유권의 취득에는 등기를 요하지 않는다.
⑤ 공유물분할의 소에서 공유부동산의 특정한 일부씩을 각각의 공유자에게 귀속시키는 것으로 현물분할하는 내용의 조정이 성립하였다면, 그 조정이 성립한 때 물권변동의 효력이 발생한다.
⑥ 등기가 원인 없이 말소된 경우, 그 회복등기가 마쳐지기 전이라도 말소된 등기의 등기명의인은 적법한 권리자로 추정된다.
⑦ 기존 건물 멸실 후 건물이 신축된 경우, 종전 건물에 대한 등기는 신축건물에 대한 등기로 유용하지 못한다.
⑧ 법정지상권자는 그 지상권을 등기하여야 지상권을 취득할 당시의 토지소유자로부터 토지를 양수한 제3자에게 대항할 수 있다.
⑨ 건물을 위한 법정지상권이 성립한 경우, 그 건물에 대한 저당권이 실행되면 경락인은 등기하여야 법정지상권을 취득한다.
⑩ 법정지상권자가 지상건물을 제3자에게 양도한 경우, 제3자는 그 건물과 함께 법정지상권을 당연히 취득한다.

04 **등기에 관한 설명으로 옳지 않은 것은?** (다툼이 있으면 판례에 따름) [정답 : 8개]

① 소유권이전등기가 된 경우, 등기명의인은 전 소유자(권리변동의 당사자)에 대하여 적법한 등기원인에 기한 소유권을 취득한 것으로 추정된다.
② 등기명의인이 등기원인행위의 태양이나 과정을 다소 다르게 주장한다고 하여 추정력이 깨어지는 것은 아니다.
③ 소유권이전등기의 원인으로 주장된 계약서가 진정하지 않은 것으로 증명된 경우에는 그 등기의 추정력은 깨진다.
④ 소유권이전청구권 보전을 위한 가등기가 있으면, 소유권이전등기를 청구할 어떠한 법률관계가 있다고 추정된다.

⑤ 건물 소유권보존등기 명의자가 전(前)소유자로부터 그 건물을 양수하였다고 주장하는 경우, 전(前)소유자가 양도사실을 부인하더라도 그 보존등기의 추정력은 깨어지지 않는다.
⑥ 등기를 요하지 않은 물권취득의 원인인 판결이란 형성판결을 의미한다.
⑦ 소유권이전등기청구권의 보전을 위한 가등기에 기하여 본등기가 행해지면 물권변동의 효력은 가등기가 행해진 때 발생한다.
⑧ 가등기에 기한 본등기 절차에 의하지 않고 별도의 본등기를 경료받은 경우, 제3자 명의로 중간처분의 등기가 있어도 가등기에 기한 본등기 절차의 이행을 구할 수 없다.
⑨ 가등기된 소유권이전청구권은 가등기에 대한 부기등기의 방법으로 타인에게 양도될 수 있다.
⑩ 소유자는 허무인(虛無人) 명의로 등기한 행위자를 상대로 그 등기의 말소를 구할 수 없다.
⑪ 점유취득시효의 완성으로 점유자가 소유자에 대해 갖는 소유권이전등기청구권은 통상의 채권양도 법리에 따라 양도될 수 있다.
⑫ 취득시효완성으로 인한 소유권이전등기청구권은 시효완성 당시의 등기명의인이 동의해야만 양도할 수 있다.
⑬ 점유취득시효 완성으로 인한 이전등기청구권의 양도는 특별한 사정이 없는 한 양도인의 채무자에 대한 통지만으로는 대항력이 생기지 않는다.
⑭ 매매로 인한 이전등기청구권의 양도는 특별한 사정이 없는 한 양도인의 채무자에 대한 통지만으로 대항력이 생긴다.

05 **甲 소유의 X부동산을 乙이 대금을 완납하고 매수하여 점유하고 있으나 아직 소유권이전등기는 하지 않고 있다. 다음 중 틀린 것은?** (다툼이 있으면 판례에 따름)

[정답 : 1개]

① 乙의 소유권이전등기청구권은 채권적 청구권이지만 소멸시효에 걸리지 않는다.
② 乙이 丙에게 매도하여 그 점유를 승계한 경우에는 乙의 소유권이전등기청구권은 소멸시효에 걸린다.

06 **乙은 甲소유의 건물을 매수하여 다시 이를 丙에게 매도하였으며, 甲 · 乙 · 丙은 甲에게서 丙으로 소유권이전등기를 해 주기로 합의하였다. 다음 설명 중 옳지 않은 것은?** (다툼이 있으면 판례에 따름) [정답 : 2개]

① 甲, 乙, 丙 전원이 중간생략등기에 합의했더라도, 乙의 甲에 대한 소유권이전등기청구권은 소멸하는 것이 아니다.

② 만약 甲, 乙, 丙 전원의 합의가 없다면 丙은 직접 甲을 상대로 이전등기를 청구할 수 없다.

③ 만약 중간생략등기의 합의가 없다면, 丙은 甲의 동의나 승낙 없이 乙의 소유권이전등기청구권을 양도받아 甲에게 소유권이전등기를 청구할 수 있다.

④ 만약 乙이 甲에 대한 소유권이전등기청구권을 丙에게 양도하고 이를 甲에게 통지하였더라도 그 양도에 관해 甲의 동의나 승낙이 없다면 丙은 甲을 상대로 직접 소유권이전등기를 청구할 수 없다.

⑤ 甲에서 직접 丙 앞으로 이전등기가 되었다면 甲, 乙, 丙 전원의 합의가 없더라도 丙은 유효하게 소유권을 취득한다.

⑥ 만약 甲, 乙, 丙 전원이 중간생략등기에 합의 후 甲과 乙 사이에 매매대금을 인상하는 약정을 체결한 경우, 甲은 인상분의 미지급을 이유로 丙의 소유권이전등기청구를 거절할 수 없다.

07 **점유에 관한 설명으로 틀린 것은?** (다툼이 있으면 판례에 따름) [정답 : 7개]

① 점유자의 점유가 자주점유인지 타주점유인지의 여부는 점유자 내심의 의사에 의하여 결정된다.

② 전후 양 시점의 점유자가 다르더라도 점유의 승계가 증명된다면 점유계속은 추정된다.

③ 건물소유자가 현실적으로 건물이나 그 부지를 점거하지 않더라도 특별한 사정이 없는 한 건물의 부지에 대한 점유가 인정된다.

④ 진정 소유자가 자신의 소유권을 주장하여 점유자를 상대로 소유권이전등기의 말소등기청구소송을 제기하여 점유자의 패소로 확정된 경우, 그 소송의 제기시부터는 점유자의 점유가 타주점유로 전환된다.

⑤ 토지점유자가 등기명의자를 상대로 매매를 원인으로 소유권이전등기를 청구하였다가 패소 확정된 경우, 점유자의 점유는 타주점유로 전환된다.

⑥ 점유자가 자주점유의 권원을 주장하였으나 인정되지 않는 것만으로도 자주점유의 추정이 번복되어 타주점유로 전환된다.

⑦ 점유자는 소유의 의사로 선의, 평온 및 과실 없이 점유한 것으로 추정된다.

⑧ 乙이 甲을 기망하여 甲으로부터 점유물을 인도받은 경우, 甲은 乙에게 점유물반환 청구권을 행사할 수 있다.
⑨ 주택임대차보호법상의 대항요건인 인도(引渡)는 임차인이 주택의 간접점유를 취득하는 경우에도 인정될 수 있다.
⑩ 점유매개관계의 직접점유자는 타주점유자이다.
⑪ 甲이 乙과의 명의신탁약정에 따라 자신의 부동산 소유권을 乙명의로 등기한 경우, 乙의 점유는 타주점유이다.
⑫ 간접점유자에게는 점유보호청구권이 인정되지 않는다.
⑬ 점유자의 권리추정 규정은 특별한 사정이 없는 한 부동산 물권에는 적용되지 않는다.

08 **점유자와 회복자의 관계에 관한 설명으로 틀린 것은?** (다툼이 있으면 판례에 따름)

[정답: 5개]

① 선의의 점유자는 과실을 취득하더라도 통상의 필요비의 상환을 청구할 수 있다.
② 점유자가 유익비를 지출한 경우, 회복자의 선택에 좇아 그 지출금액이나 증가액의 상환을 청구할 수 있다.
③ 무효인 매매계약의 매수인이 점유목적물에 필요비 등을 지출한 후 매도인이 그 목적물을 제3자에게 양도한 경우, 점유자인 매수인은 양수인에게 비용상환을 청구할 수 없다.
④ 악의의 점유자가 책임 있는 사유로 점유물을 훼손한 경우, 이익이 현존하는 한도에서 배상해야 한다.
⑤ 악의의 점유자는 통상의 필요비를 청구할 수 있다.
⑥ 점유자가 책임 있는 사유로 그 물건을 훼손한 경우, 점유자가 소유의 의사가 없는 선의인 경우나 점유자가 악의인 경우 그 배상범위는 동일하다.
⑦ 타인의 물건을 선의로 점유한 점유자는 비록 법률상 원인 없이 사용하였더라도 이로 인한 이득을 반환할 의무가 없다.
⑧ 필요비상환청구권에 대하여 회복자는 법원에 상환기간의 허여를 청구할 수 있다.
⑨ 악의의 점유자는 과실(過失)없이 과실(果實)을 수취하지 못한 때에도 그 과실(果實)의 대가를 회복자에게 보상하여야 한다.
⑩ 악의의 점유자가 점유물의 과실을 수취하여 소비한 경우, 특별한 사정이 없는 한 그 점유자는 그 과실의 대가를 보상하여야 한다.

09 **부동산의 점유취득시효에 관한 설명으로 틀린 것은?** (다툼이 있으면 판례에 따름) [정답: 4개]

① 시효취득자가 제3자에게 목적물을 처분하여 점유를 상실하면, 그의 소유권이전등기청구권은 즉시 소멸한다.

② 취득시효완성 후 이전등기 전에 제3자 앞으로 소유권이전등기가 경료되면 시효취득자는 등기명의자에게 시효취득을 주장할 수 없음이 원칙이다.

③ 부동산명의수탁자는 신탁부동산을 점유시효취득 할 수 없다.

④ 시효완성 당시의 소유권보존등기 또는 이전등기가 무효라면 원칙적으로 그 등기명의인은 시효완성을 원인으로 한 소유권이전등기청구의 상대방이 될 수 없다.

⑤ 집합건물의 공용부분은 별도로 취득시효의 대상이 되지 않는다.

⑥ 아직 등기하지 않은 시효완성자는 그 완성 전에 이미 설정되어 있던 가등기에 기하여 시효완성 후에 소유권 이전의 본등기를 마친 자에 대하여 시효완성을 주장할 수 있다.

⑦ 부동산에 대한 압류 또는 가압류는 점유취득시효를 중단시킨다.

⑧ 중복등기로 인해 무효인 소유권보존등기에 기한 등기부 취득시효는 부정된다.

⑨ 취득시효완성으로 인한 소유권이전등기청구권은 원소유자의 동의가 없어도 제3자에게 양도할 수 있다.

⑩ 시효완성 후 점유자 명의로 소유권이전등기가 경료되기 전에 부동산 소유명의자는 점유자에 대해 점유로 인한 부당이득반환청구를 할 수 있다.

10 **X토지를 甲이 2/3지분, 乙이 1/6지분, 丙이 1/6지분으로 등기하여 공유하면서 그 관리 방법에 관해 별도로 협의하지 않았다. 다음 설명 중 틀린 것은?** (다툼이 있으면 판례에 따름) [정답 : 6개]

① 甲이 乙, 丙의 동의 없이 X토지 전부를 丁에게 임대한 경우, 乙은 丁을 상대로 그 토지부분의 반환을 청구할 수 있다.

② ①의 경우, 乙은 丁 또는 甲을 상대로 그 점유로 인한 부당이득의 반환을 청구할 수 있다.

③ X토지에 관하여 丁 명의로 원인무효의 소유권이전등기가 경료되어 있는 경우, 乙은 丁을 상대로 그 등기 전부의 말소를 청구할 수 있다.

④ 戊가 X토지 위에 무단으로 건물을 신축한 경우, 乙은 특별한 사유가 없는 한 단독으로 戊에게 손해전부의 배상을 청구할 수 있다.

⑤ 甲이 乙, 丙의 동의 없이 X토지 전부를 丁에게 매도하여 이전등기를 해 준 경우, 매매계약과 丁명의의 등기는 甲의 지분 범위 내에서 유효하다.

⑥ 乙이 다른 공유자와 협의 없이 X토지를 독점적으로 점유하는 경우, 소수 지분권자인 丙은 단독으로 乙에게 공유물의 보존행위로서 공유물의 인도를 청구할 수 있다.

⑦ 乙이 甲의 동의 없이 X토지를 독점적으로 점유하는 경우, 丙은 乙에게 방해배제청구권을 행사할 수 없다.

⑧ 甲이 공유지분을 포기한 경우, 등기를 하여야 포기에 따른 물권변동의 효력이 발생한다.

11 **공동소유에 관한 다음 설명 중 옳지 않은 것은?** (다툼이 있는 경우 판례에 의함) [정답 : 3개]

① 비법인 사단이 타인 간의 금전채무를 보증하는 행위는 총유물의 관리·처분행위라고 볼 수 있다.

② 총유물의 관리는 정관 기타 규약에 달리 정한 바가 없으면 사원총회의 결의에 의한다.

③ 합유자는 합유물의 분할을 청구하지 못한다.

④ 합유자 중 일부가 사망한 경우, 특별한 사정이 없는 한 상속인은 그 지분을 포괄승계하지 못한다.

⑤ 합유물의 보존행위는 합유자 각자가 할 수 있다.

⑥ 합유지분의 포기는 등기하여야 효력이 생긴다.

⑦ 비법인사단의 대표는 단독으로 총유물의 보존행위를 할 수 있다.

⑧ 합유자는 전원의 동의 없이 합유물에 대한 지분을 처분할 수 있다.

⑨ 공유부동산에 대해 공유자 중 1인의 단독명의로 원인무효의 소유권이전등기가 행해졌다면 다른 공유자는 등기명의인인 공유자를 상대로 등기 전부의 말소를 청구할 수 없다.

12 **지상권에 관한 설명으로 틀린 것은?** (다툼이 있으면 판례에 의함) [정답 : 5개]

① 지상권자는 토지소유자의 의사에 반하여 지상권을 타인에게 양도할 수 없다.

② 지상의 공간은 상하의 범위를 정하여 공작물을 소유하기 위한 지상권의 목적으로 할 수 있다.

③ 지상권설정의 목적이 된 건물이 전부 멸실하여도 지상권은 소멸하지 않는다.

④ 지상권이 설정된 토지를 양수한 자는 지상권자에게 그 토지의 인도를 청구할 수 없다.

⑤ 지상권자는 지상물의 소유권을 유보한 채 지상권만을 양도할 수 있다.

⑥ 지상권자가 지상권설정자에게 약정한 지료의 1년 6개월분을 연체한 후 당해 토지를 양수한 자에게 지료의 1년분을 연체한 경우, 양수인은 지상권자에게 지상권의 소멸을 청구할 수 있다.

⑦ 분묘기지권을 시효로 취득한 경우, 토지소유자가 지료를 청구하면 분묘기지권자는 지료를 지급할 필요 없다.

⑧ 지료의 지급은 지상권의 성립요건이 아니다.

⑨ 지상권을 목적으로 하는 저당권을 설정한 경우, 지료연체를 원인으로 하는 지상권 소멸청구는 저당권자에게 통지한 후 즉시 효력이 생긴다.

⑩ 저당권설정자가 담보가치의 하락을 막기 위해 저당권자에게 무상의 지상권을 설정해 준 경우, 피담보채권이 소멸하면 그 지상권도 소멸한다.

⑪ ⑩의 경우, 제3자가 목적 토지 위에 건물을 신축한 경우 지상권자는 제3자에게 목적 토지의 사용·수익을 이유로 지상권 자체의 침해를 이유로 손해배상이나 부당이득의 반환을 청구할 수 있다.

⑫ ⑩의 경우, 제3자가 목적 토지 위에 건물을 신축한 경우 지상권자는 방해배제청구로서 그 건물의 철거와 대지의 인도를 청구할 수 있다.

13 **법정지상권에 관한 설명 중 틀린 것은?** (다툼이 있으면 판례에 의함) [정답: 3개]

① 강제경매에 있어 관습상 법정지상권이 인정되기 위해서는 매각대금 완납 시를 기준으로 해서 토지와 그 지상 건물이 동일인의 소유에 속하여야 한다.

② 경매의 목적이 된 부동산에 대하여 가압류가 있고 그것이 본압류로 이행되어 경매절차가 진행된 경우에는 애초 가압류가 효력을 발생하는 때를 기준으로 토지와 그 지상건물이 동일인에 속하였는지 여부를 판단한다.

③ 강제경매의 목적이 된 토지 또는 그 지상건물의 소유권이 강제경매로 인하여 그 절차상의 매수인에게 이전된 경우에는 매각대금의 완납시가 아니라 압류의 효력이 발생하는 때를 기준으로 토지와 그 지상건물이 동일인에 속하였는지 여부를 판단한다.

④ 강제경매를 위한 압류나 그 압류에 선행한 가압류가 있기 이전에 저당권이 설정되어 있다가 강제경매로 저당권이 소멸한 경우, 토지와 그 지상건물이 동일인의 소유에 속하였는지 여부는 그 저당권 설정 이후의 특정 시점을 기준으로 판단한다.

⑤ 동일인 소유의 토지와 건물에 관하여 공동저당권이 설정된 후 그 건물이 철거되고 건물이 새로 축조된 다음, 토지에 관한 저당권의 실행으로 토지와 건물의 소유자가 달라진 경우에는 특별한 사정이 없는 한 법정지상권이 성립하지 않는다.

⑥ 동일인 소유의 토지와 건물이 매매로 인하여 서로 소유자가 다르게 되었고, 그 후 당사자가 그 건물을 철거하기로 합의한 경우에는 관습법상 법정지상권이 성립하지 않는다.

⑦ 甲소유의 나대지에 乙이 저당권을 취득한 후 甲이 그 나대지에 건물을 신축한 경우, 저당권실행으로 토지와 건물의 소유자가 다르게 되어도 법정지상권은 성립하지 않는다.

⑧ 대지와 건물의 소유자가 건물만을 양도하면서 양수인과 대지에 관하여 임대차 계약을 체결한 경우, 특별한 사정이 없는 한 그 양수인은 관습상 법정지상권을 취득한다.

14 **지역권에 관한 설명으로 옳지 않은 것은?** (다툼이 있으면 판례에 따름) [정답: 8개]

① 지역권은 요역지와 분리하여 양도하지 못한다.
② 토지의 일부를 위한 지역권은 인정된다.
③ 1필의 토지 일부를 승역지로 하여 지역권을 설정할 수 있다.
④ 다른 특별한 사정이 없다면 통행지역권을 시효취득한 자는 승역지 소유자가 입은 손해를 보상하지 않아도 된다.
⑤ 요역지와 분리하여 지역권만을 양도할 수 있다.
⑥ 지역권은 요역지와 분리하여 저당권의 목적이 될 수 있다.
⑦ 지역권의 이전을 위해서 지역권의 이전등기가 필요하다.
⑧ 소유권에 기한 소유물반환청구권에 관한 규정은 지역권에 준용된다.
⑨ 요역지의 소유권이 양도되면 지역권은 원칙적으로 이전되지 않는다.
⑩ 공유자의 1인이 지역권을 취득한 때에는 다른 공유자도 이를 취득한다.
⑪ 통행지역권을 주장하는 사람은 통행으로 편익을 얻는 요역지가 있음을 주장·증명하여야 한다.
⑫ 자기 소유의 토지에 도로를 개설하여 타인에게 영구적으로 사용하도록 약정하고 대금을 수령하는 것은 지역권설정에 관한 합의라고 볼 수 없다.

15 전세권에 관한 설명으로 틀린 것은? (다툼이 있으면 판례에 의함) [정답: 5개]

① 전세권이 성립한 후 전세목적물의 소유권이 이전되면, 전세금반환채무도 신소유자에게 이전된다.

② 건물에 대한 전세권이 법정갱신된 경우, 전세권자는 그 등기 없이는 건물의 양수인에게 전세권을 주장할 수 없다.

③ 전세금의 지급은 전세권의 성립요소이다.

④ 구분소유권의 객체가 될 수 없는 건물의 일부에 대한 전세권자는 건물 전체의 경매를 신청할 수 없다.

⑤ 전세목적물의 인도는 전세권의 성립요건이 아니다.

⑥ 전세권이 법정갱신된 경우, 그 존속기간은 전(前)전세권의 약정기간과 동일하다.

⑦ 甲의 전세권 존속기간이 만료한 경우, 전세권의 용익물권적 권능은 소멸한다.

⑧ 전세금의 지급은 반드시 현실적으로 수수되어야 하고, 기존의 채권으로 갈음할 수 없다.

⑨ 채권담보의 목적으로 전세권을 설정한 경우, 그 설정과 동시에 목적물을 인도하지 않았으나 장래 전세권자의 사용·수익을 완전히 배제하는 것이 아니라면, 그 전세권은 유효하다.

⑩ 타인의 토지에 있는 건물에 전세권을 설정한 경우, 전세권의 효력은 그 건물의 소유를 목적으로 한 지상권에 미친다.

⑪ 전세권설정자는 특별한 사정이 없는 한 목적물의 현상을 유지하고 그 통상의 관리에 속한 수선을 해야 한다.

⑫ 전세권자는 특별한 사정이 없는 한 전세목적물의 현상유지를 위해 지출한 통상필요비의 상환을 청구할 수 없다.

⑬ 협의한 전세권 존속기간이 시작되기 전에 전세권설정등기가 마쳐진 경우, 그 등기는 특별한 사정이 없는 한 무효로 추정된다.

16 **민법상 유치권에 관한 설명으로 틀린 것은?** (다툼이 있으면 판례에 의함) [정답: 8개]

① 임대차 종료시 임대인이 임차인에게 권리금을 반환하기로 약정한 경우, 권리금반환청구권을 피담보채권으로 하여 임차인은 건물에 대하여 유치권을 행사할 수 있다.

② 유치권은 법정담보물권이므로 이를 미리 포기하는 약정은 무효이다.

③ 유치권은 채무자 이외의 제3자 소유물에도 성립할 수 있다.

④ 채무자가 유치물을 직접 점유하고 있는 경우, 채권자는 자신의 간접점유를 이유로 유치권을 행사할 수 없다.

⑤ 유치권자는 경매절차에서의 매수인에 대하여 목적물의 인도의 거절을 할 수 있으며 피담보채권의 변제를 청구할 수 있다.

⑥ 수급인이 경매개시결정의 기입등기가 마쳐지기 전에 채무자에게서 건물의 점유를 이전받았다 하더라도 경매개시결정의 기입등기가 마쳐져 압류의 효력이 발생한 후에 공사를 완공하여 공사대금채권을 취득함으로써 그때 비로소 유치권이 성립한 경우에는, 수급인은 유치권을 내세워 경매절차의 매수인에게 대항할 수 없다.

⑦ 경매로 인한 압류의 효력이 발생하기 전에 이미 그 부동산에 관하여 유치권을 취득한 사람은 그 취득에 앞서 저당권설정등기나 가압류등기 또는 체납처분압류등기가 먼저 되어 있는 경우에는 경매절차의 매수인에게 자기의 유치권으로 대항할 수 없다.

⑧ 임대차종료 후 법원이 임차인의 유익비상환청구권에 유예기간을 인정한 경우, 임차인은 그 기간 내에 유익비상환청구권을 담보하기 위해 임차목적물을 유치할 수 없다.

⑨ 임대차 종료시 원상회복약정이 있는 경우 임차인의 유익비상환청구권은 유치권을 행사하기 위한 피담보채권에 해당하지 않는다.

⑩ 건축자재를 매도한 자는 그 자재로 건축된 건물에 대해 자신의 대금채권을 담보하기 위하여 유치권을 행사할 수 있다.

⑪ 전세권자가 전세목적물을 보존하기 위하여 필요비를 지출한 경우, 필요비상환청구권을 피담보채권으로 하여 유치권을 행사할 수 있다.

⑫ 유치권자가 점유를 침탈당한 경우에도 유치권에 기한 반환청구권이 인정되지 않는다.

⑬ 유치권자와 유치물의 소유자 사이에 유치권을 포기하기로 특약한 경우, 제3자는 특약의 효력을 주장할 수 없다.

⑭ 유치권자는 채권의 변제를 받기 위하여 유치물을 경매할 수 있다.

⑮ 임차인의 임대인에 대한 보증금반환청구권은 유치권이 인정되지 않는다.

⑯ 건물의 신축공사를 도급받은 수급인이 사회통념상 독립한 건물이라고 볼 수 없는 정착물을 토지에 설치한 상태에서 공사가 중단된 경우에 위 정착물에 대하여 유치권을 행사할 수 있다.

⑰ 건물신축공사를 도급받은 수급인이 사회통념상 독립한 건물이 되지 못한 정착물을 토지에 설치한 상태에서 공사가 중단된 경우, 토지에 대하여 유치권을 행사할 수 없다.

17 **저당권에 관한 설명으로 틀린 것은?** (다툼이 있으면 판례에 따름) [정답: 7개]

① 저당권으로 담보한 채권이 시효완성으로 소멸하면 저당권도 소멸한다.

② 저당권은 그 담보한 채권과 분리하여 타인에게 양도하거나 다른 채권의 담보로 할 수 있다.

③ 저당권설정자에게 대위할 물건이 인도된 후에도 저당권자가 그 물건을 압류한 경우 물상대위권을 행사할 수 있다.

④ 저당권이 설정된 토지가 「공익사업을 위한 토지 등의 취득 및 보상에 관한 법률」에 따라 협의취득된 경우, 저당권자는 그 보상금에 대하여 물상대위권을 행사할 수 없다.

⑤ 대위할 물건이 제3자에 의하여 압류된 경우에도 물상대위가 인정된다.

⑥ 저당목적물이 매매된 경우, 저당권자는 저당권설정자가 받을 매매대금에 대하여 물상대위권을 행사할 수 있다.

⑦ 저당부동산에 대한 압류가 있으면 압류 이전의 저당권 설정자의 저당부동산에 관한 차임채권에도 저당권의 효력이 미친다.

⑧ 저당부동산에 대한 후순위저당권자는 저당부동산의 피담보채권을 변제하고 그 저당권의 소멸을 청구할 수 있는 제3취득자에 해당하지 않는다.

⑨ 저당권의 효력이 미치는 종물은 저당권 설정 전부터 존재하였던 것이어야 한다.

⑩ 타인 소유의 토지 위에 있는 건물에 대한 저당권의 효력은 원칙적으로 그 대지이용권인 지상권 또는 토지임차권에도 미친다.

⑪ 구분건물의 전유부분에 설정된 저당권의 효력은 특별한 사정이 없는 한 전유부분의 소유자가 나중에 취득한 대지사용권에 미친다.

⑫ 저당권에는 목적물반환청구권이 인정되지 않는다.

⑬ 토지저당권이 설정된 후 저당권설정자가 건물을 축조하였으나 경매 당시 제3자가 소유하고 있는 경우에는 일괄경매청구권이 인정되지 않는다.

⑭ 저당물의 제3취득자가 그 부동산에 유익비를 지출한 경우, 저당물의 경매대가에서 우선상환을 받을 수 없다.

⑮ 저당물의 소유권을 취득한 제3자는 그 저당물의 경매에서 경매인이 될 수 없다.

18 **근저당권에 관한 설명으로 틀린 것은?** (다툼이 있으면 판례에 의함) [정답 : 3개]

① 근저당권자가 경매를 신청한 경우, 그 근저당권의 피담보채권은 매수인이 매각대금을 완납한 때 확정된다.

② 근저당권의 후순위 담보권자가 경매를 신청한 경우, 근저당권의 피담보채권은 경매를 신청한 때 확정된다.

③ 채무자의 채무액이 채권최고액을 초과하는 경우, 물상보증인은 채무자의 채무 전액을 변제하지 않으면 근저당권설정등기의 말소를 청구할 수 없다.

④ 채권최고액에는 피담보채무의 이자가 산입된다.

⑤ 피담보채무 확정 전에는 채무자를 변경할 수 있다.

⑥ 근저당권의 피담보채권이 확정된 경우, 확정 이후에 새로운 거래관계에서 발생하는 채권은 그 근저당권에 의하여 담보되지 않는다.

PART 03 계약법

01 **계약에 관한 설명으로 틀린 것은?** (다툼이 있으면 판례에 따름) [정답 : 10개]

① 격지자 간의 계약에서 청약은 그 통지가 상대방에게 도달한 때에 효력이 발생한다.

② 승낙자가 청약에 대하여 조건을 붙이거나 변경을 가하여 승낙한 때, 청약자가 다시 승낙하여도 계약은 성립하지 않는다.

③ 청약자가 그 통지를 발송한 후 도달 전에 사망한 경우, 청약은 효력을 상실한다.

④ 불특정 다수인에 대한 승낙은 유효하다.

⑤ 승낙기간을 정한 계약의 청약은 청약자가 그 기간 내에 승낙의 통지를 받지 못한 때에는 원칙적으로 그 효력을 잃는다.

⑥ 불특정 다수인에 대하여 한 청약은 무효이다.

⑦ 격지자간의 계약은 승낙의 통지가 도달한 때에 성립한다.

⑧ 당사자 사이에 동일한 내용의 청약이 서로 교차된 경우, 양 청약이 상대방에게 도달한 때에 계약은 성립한다.

⑨ 계약의 합의해제에 관한 청약에 대하여 상대방이 조건을 붙여 승낙한 때에는 그 청약은 효력을 잃는다.
⑩ 청약자가 '일정한 기간 내에 회답이 없으면 승낙한 것으로 본다'고 표시한 경우, 특별한 사정이 없으면 그 기간이 지나면 계약은 성립한다.
⑪ 청약자의 의사표시나 관습에 의하여 승낙의 통지가 필요하지 않은 경우, 계약은 승낙의 의사표시로 인정되는 사실이 있는 때에 성립한다.
⑫ 당사자 쌍방의 귀책사유 없는 이행불능으로 매매계약이 종료된 경우, 매도인은 이미 지급받은 계약금을 반환하지 않아도 된다.
⑬ 甲과 乙 사이에 甲의 토지에 대한 매매계약이 체결된 후에 甲의 토지가 강제수용된 경우, 乙은 이행불능을 이유로 매매계약을 해제할 수 있다.
⑭ 채무자의 책임 있는 사유로 후발적 불능이 발생한 경우, 위험부담의 법리가 적용된다.
⑮ 당사자 일방이 대상청구권을 행사하기 위하여 상대방에 대하여 반대급부를 이행할 의무는 없다.

02 **甲은 자기소유의 주택을 乙에게 매도하는 계약을 체결하였는데, 그 주택의 점유와 등기가 乙에게 이전되기 전에 멸실되었다. 다음 설명 중 틀린 것은?** (다툼이 있으면 판례에 의함) [정답 : 2개]

① 양 당사자의 책임 없는 사유로 주택이 멸실된 경우, 甲은 乙에게 매매대금을 청구할 수 없다.
② 주택이 태풍으로 멸실된 경우, 甲이 乙에게 받은 계약금은 반환할 의무가 있다.
③ 乙의 채권자지체 중에 태풍으로 주택이 멸실된 경우, 甲은 乙에게 매매대금을 청구할 수 있다.
④ ③의 경우 乙의 채권자지체 중에 주택이 멸실되었으므로 甲은 자기의 채무를 면함으로써 얻은 이익을 乙에게 상환할 필요는 없다.
⑤ 乙의 과실로 주택이 멸실된 경우, 甲은 乙에게 매매대금을 청구할 수 있다.
⑥ 甲의 과실로 주택이 전소된 경우, 乙은 계약을 해제할 수 없다.

03 **동시이행의 항변권에 관한 설명 중 틀린 것은?** (다툼이 있으면 판례에 의함)

[정답 : 4개]

① 동시이행의 항변권을 배제하는 당사자 사이의 특약은 유효이다.

② 채무자의 피담보채권을 변제할 의무와 채권자의 담보가등기 말소의무는 동시이행관계에 있다.

③ 피담보채권을 변제할 의무와 근저당권설정등기 말소의무는 동시이행관계가 아니다.

④ 매도인의 토지거래허가 신청절차에 협력할 의무와 매수인의 매매대금지급의무는 동시이행관계가 아니다.

⑤ 임차권등기명령에 의해 등기된 임차권등기말소의무와 보증금반환의무는 동시이행관계에 있다.

⑥ 구분소유적 공유관계가 해소되는 경우, 공유지분권자 상호간의 지분이전등기의무는 동시이행관계에 있다.

⑦ 임대차 종료 후 보증금을 반환받지 못한 임차인이 동시이행의 항변권에 기하여 임차목적물을 점유하는 경우, 불법점유로 인한 손해배상책임을 지지 않는다.

⑧ 동시이행관계에 있는 어느 일방의 채권이 양도되더라도 그 동일성이 인정되는 한 동시이행관계는 존속한다.

⑨ 동시이행관계에 있는 쌍방의 채무 중 어느 한 채무가 이행불능이 되어 손해배상채무로 바뀌는 경우, 동시이행의 항변권은 소멸한다.

⑩ 동시이행의 항변권은 당사자의 주장이 없다면 법원이 직권으로 고려할 사항이 아니다.

⑪ 가등기담보에 있어 채권자의 청산금지급의무와 채무자의 목적부동산에 대한 소유권이전등기 및 인도의무는 동시이행관계가 아니다.

04 甲은 자신의 토지를 乙에게 매도하기로 하고, 그 대금을 자신의 채권자 丙에게 지급하도록 乙과 약정하였다. 다음 설명 중 옳은 것은? (다툼이 있으면 판례에 의함)

[정답 : 7개]

① 丙의 수익의 의사표시는 제3자를 위한 계약의 성립요건이 아니다.
② 丙이 하는 수익의 의사표시의 상대방은 甲이다.
③ 丙이 매매대금의 지급을 청구하였으나 乙이 이를 지급하지 않으면 丙은 매매계약을 해제할 수 있다.
④ 乙이 丙에게 매매대금을 지급하였는데 계약이 해제된 경우, 특별한 사정이 없는 한 乙은 丙에게 부당이득반환을 청구할 수 없다.
⑤ 甲이 소유권을 이전하지 않더라도 乙은 특별한 사정이 없는 한 丙의 대금지급청구를 거절할 수 없다.
⑥ 丙이 수익의 의사표시를 한 후 甲과 乙이 대금지급과 관련한 丙의 권리를 변경시키는 합의를 하였다면 그 합의는 丙에 대하여 효력이 있다.
⑦ 丙에게 대금을 지급하기로 한 약정이 체결된 이후, 甲·丙 사이의 금전소비대차계약이 취소되었다면 乙은 丙에 대하여 대금의 지급을 거절할 수 있다.
⑧ 乙은 기본계약에서 발생한 항변으로 丙에게 대항할 수 없다.
⑨ 乙은 甲의 丙에 대한 항변으로 丙에게 대항할 수 있다.
⑩ 乙은 甲과 丙 사이의 법률관계에 기한 항변으로 丙에게 대항할 수 없다.
⑪ 乙이 상당한 기간을 정하여 丙에게 수익 여부를 최고하였으나 그 기간 내에 확답을 받지 못하였다면, 丙이 계약의 이익을 받기를 거절한 것으로 본다.
⑫ 丙이 수익의 의사를 표시한 후에는 甲과 乙은 특별한 사정이 없는 한 계약을 합의해제할 수 없다.
⑬ 甲이 乙의 채무불이행을 이유로 계약을 해제한 경우, 丙은 乙에게 손해배상을 청구할 수 있다.
⑭ 甲의 채무불이행을 이유로 丙은 요약자와 낙약자의 계약을 해제할 수 있다.
⑮ 乙의 채무불이행이 있으면, 甲은 丙의 동의 없이 계약을 해제할 수 있다.
⑯ 甲이 소유권을 이전하지 않으면 乙은 특별한 사정이 없는 한 丙의 대금지급청구를 거절할 수 없다.

05 **계약의 해지, 해제에 관한 설명 중 옳은 것은?** (다툼이 있으면 판례에 의함)

[정답 : 6개]

① 합의해제의 경우에도 법정해제의 경우와 마찬가지로 제3자의 권리를 해하지 못한다.

② 해제 후 원상회복을 위해 금전을 반환할 자는 해제한 날로부터 이자를 가산하여야 한다.

③ 계약이 합의해제된 경우, 다른 사정이 없는 한 채무불이행으로 인한 손해배상을 청구할 수 없다.

④ 당사자의 쌍방이 수인인 경우, 계약의 해제는 그 1인에 대하여 하더라도 효력이 있다.

⑤ 당사자 일방이 수인인 경우, 그 중 1인에 대하여 해지권이 소멸한 때에는 다른 당사자에 대하여는 소멸하지 않는다.

⑥ 특별한 약정이 없는 한, 합의해제로 인하여 반환할 금전에는 그 받은 날로부터의 이자를 가산하여야 한다.

⑦ 일방 당사자의 계약위반을 이유로 상대방이 계약을 해제하였다면, 특별한 사정이 없는 한, 계약을 위반한 당사자는 계약해제의 효과를 주장할 수 없다.

⑧ 채무자가 불이행 의사를 명백히 표시하더라도 이행기 도래 전에는 최고 없이 해제할 수 없다.

⑨ 매도인의 이행불능을 이유로 매수인이 계약을 해제하려면 매매대금의 변제제공을 하여야 한다.

⑩ 계약이 해제되기 이전에 계약상의 채권을 양수하여 이를 피보전권리로 하여 처분금지가처분결정을 받은 경우, 그 채권자는 계약해제의 소급효로부터 보호될 수 있는 제3자에 해당하지 아니한다.

⑪ 해제된 매매계약에 의하여 채무자의 책임재산이 된 부동산을 가압류 집행한 가압류채권자도 계약해제의 소급효로부터 보호될 수 있는 제3자에 해당된다.

⑫ 매매대금채권이 양도된 후 매매계약이 해제된 경우, 그 양수인은 해제로 권리를 침해당하지 않는 제3자에 해당하지 않는다.

⑬ 매도인이 잔금기일 경과 후 해제를 주장하며 수령한 대금을 공탁하고 매수인이 이의 없이 수령한 경우, 특별한 사정이 없는 한 합의해제된 것으로 본다.

06 **매매의 일방예약에 관한 설명으로 틀린 것은?** (다툼이 있으면 판례에 따름)

[정답 : 3개]

① 당사자 사이에 행사기간을 정하기 않은 매매의 예약완결권은 그 예약이 성립한 때로부터 10년 내에 행사하여야 한다.

② 예약완결권을 행사하면 당사자의 승낙이 있어야 매매의 효력이 발생한다.

③ 매매예약완결권의 제척기간이 도과하였는지 여부는 당사자의 주장이 없다면 법원은 고려하지 않는다.

④ 예약완결권은 특별한 사정이 없는 한 타인에게 양도할 수 있다.

⑤ 예약완결권은 당사자 사이에 행사기간을 약정한 때에는 그 기간 내에 행사해야 한다.

⑥ 예약완결권의 행사기간 도과 전에 예약완결권자가 예약목적물인 부동산을 인도받은 경우, 그 기간이 도과되더라도 예약완결권은 소멸되지 않는다.

⑦ 예약완결권 행사의 의사표시를 담은 소장 부본의 송달로써 예약완결권을 재판상 행사하는 경우, 그 행사가 유효하기 위해서는 그 소장 부본이 제척기간 내에 상대방에게 송달되어야 한다.

07 **甲은 자신의 토지를 乙에게 매도하면서 계약금 명목으로 1천만 원을 받았다. 다음 내용 중 틀린 것은?** (다툼이 있으면 판례에 의함) [정답 : 8개]

① 乙이 이행기 전에 중도금을 지급한 경우, 甲은 특별한 사정이 없는 한 계약금의 배액을 상환하여 계약을 해제할 수 없다.

② 甲과 乙 사이에 해약금에 기한 해제권을 배제하기로 하는 약정을 하였다면 더 이상 그 해제권을 행사할 수 없다.

③ 乙은 중도금의 지급 후에는 특약이 없는 한 계약금을 포기하고 계약을 해제할 수 없다.

④ 乙의 해약금에 기한 해제권 행사로 인하여 발생한 손해에 대하여 甲은 그 배상을 청구할 수 있다.

⑤ 甲이 해약금에 기해 계약을 해제하는 경우에는 원상회복의 문제가 생길 수 있다.

⑥ 甲과 乙 사이에 교부된 계약금은 해약금으로서의 성질을 가지나, 그 계약금을 위약금으로 하기로 하는 특약이 없는 한, 당연히 손해배상액의 예정으로서의 성질을 가진 것이라고 볼 수 없다.

⑦ 만약 乙이 甲에게 계약금의 일부만 지급한 경우, 해약금의 기준이 되는 금원은 약정 계약금이 아니라 실제 교부받은 계약금이다.

⑧ 만약 乙이 계약금 1천만 원 중 600만 원을 甲에게 지급한 경우, 甲은 1200만 원을 乙에게 제공하고 매매계약을 해제할 수 있다.

⑨ 甲이 乙에 대하여 매매계약의 이행을 최고하고 매매잔대금의 지급을 구하는 소송을 제기한 것만으로는 이행에 착수하였다고 볼 수 없으므로 계약금을 포기하고 해제할 수 있다.

⑩ 만약 토지가 토지거래허가구역 내에 있고 매매계약에 대하여 허가를 받은 경우, 甲은 계약금 배액을 상환하고 해제할 수 없다.
⑪ 甲이 매매계약의 이행에 전혀 착수한 바가 없다면 乙이 중도금을 지급하여 이행에 착수한 후라도 乙은 제565조에 의하여 계약금을 포기하고 매매계약을 해제할 수 있다.
⑫ 甲이 제565조에 의하여 계약을 해제하기 위해서는 乙에게 계약금의 배액을 이행제공하여야 하고, 乙이 이를 수령하지 않으면 공탁하여야 한다.
⑬ 만약 乙의 중도금지급이 지체되어 甲이 계약을 해제하는 경우, 특별한 사정이 없는 한 계약금 1천만 원은 손해배상금으로 간주되어 甲에게 귀속된다.
⑭ 乙이 지급한 계약금은 해약금으로 추정되지만, 특약이 없는 한 위약금으로 추정되는 것은 아니다.

08 **매도인의 담보책임에 관한 설명으로 틀린 것은?** (다툼이 있으면 판례에 따름)
[정답 : 4개]

① 토지에 대한 법령상 제한으로 건물신축이 불가능하면 이는 권리의 하자에 해당한다.
② 저당권이 설정된 부동산의 매수인이 저당권의 행사로 그 소유권을 취득할 수 없는 경우, 악의의 매수인은 특별한 사정이 없는 한 계약을 해제하고 손해배상을 청구할 수 있다.
③ 타인의 권리를 매도한 자가 그 전부를 취득하여 매수인에게 이전할 수 없는 경우, 악의의 매수인은 계약을 해제할 수 있다.
④ 매매목적 부동산에 전세권이 설정된 경우, 악의의 매수인도 계약을 해제할 수 있다.
⑤ 권리의 일부가 타인에게 속한 경우, 선의의 매수인의 손해배상청구권은 계약일로부터 1년 내에 행사되어야 한다.
⑥ 경매절차가 무효인 경우에도 권리의 하자로 인한 담보책임이 적용된다.

09 **부동산의 환매에 관한 설명으로 틀린 것은?** (다툼이 있으면 판례에 따름) [정답 : 3개]

① 환매특약의 등기가 된 부동산의 매수인은 전득자인 제3자에 대하여 환매특약의 등기사실만으로 제3자의 소유권이전등기청구를 거절할 수 있다.
② 환매특약은 매매계약과 동시에 이루어져야 한다.
③ 환매기간을 정한 경우에는 그 기간을 다시 연장하지 못한다.
④ 환매특약등기는 매수인의 권리취득의 등기에 부기하는 방식으로 한다.
⑤ 환매권은 양도할 수 없다.
⑥ 환매기간을 정한 경우, 환매권의 행사로 발생한 소유권이전등기청구권은 특별한 사정이 없는 한 그 환매기간 내에 행사하지 않으면 소멸한다.
⑦ 환매기간을 정하지 않은 경우, 그 기간은 5년으로 한다.

10 **甲 소유의 토지를 乙이 건물을 축조할 목적으로 임차하여 건물을 축조하였다. 다음 설명 중 틀린 것은?** (다툼이 있으면 판례에 의함) [정답 : 3개]

① 乙이 토지임대차를 등기하지 않더라도 그 지상건물을 등기한 때에는 제3자에 대하여 토지임대차의 효력이 생긴다.

② 乙이 그 지상건물을 등기하기 전에 丙이 그 토지에 관하여 소유권을 취득한 경우에도 乙이 그 지상건물을 등기하면 丙에 대하여 임대차의 효력이 생긴다.

③ 乙의 건물이 무허가건물이라도 특별한 사정이 없는 한 乙은 지상물매수청구권을 행사할 수 있다.

④ 임대차기간의 정함이 없는 경우 甲이 해지통고를 하면 乙은 지상물매수청구권을 행사할 수 없다.

⑤ 토지임차인의 차임연체 등 채무불이행을 이유로 그 임대차계약이 해지되는 경우에도 토지임차인으로서는 토지임대인에 대하여 그 지상건물의 매수를 청구할 수 있다.

⑥ 임차인 소유의 건물이 구분소유의 객체가 되지 아니하고 또한 임대인 소유의 토지 외에 임차인 또는 제3자 소유의 토지 위에 걸쳐서 건립되어 있다면 임차인의 건물 매수청구는 허용되지 아니한다.

⑦ 대항력을 갖춘 乙의 임차권이 기간만료로 소멸한 후 甲이 당해 토지를 丙에게 양도한 경우, 乙은 丙을 상대로 지상물매수청구권을 행사할 수 있다.

11 **임대차에 관한 설명으로 틀린 것은?** (다툼이 있으면 판례에 따름) [정답 : 4개]

① 유익비상환청구권은 임대차 종료 시에 행사할 수 있다.

② 부속된 물건이 임차물의 구성부분으로 일체가 된 경우 특별한 약정이 없는 한, 부속물매수청구의 대상이 된다.

③ 임대차 기간 중에 부속물매수청구권을 배제하는 당사자의 약정은 임차인에게 불리하므로 무효이다.

④ 일시사용을 위한 것임이 명백한 임대차의 임차인은 부속물의 매수를 청구할 수 없다.

⑤ 유익비상환청구권은 임대인이 목적물을 반환받은 날로부터 6월 내에 행사하여야 한다.

⑥ 임대차계약이 임차인의 채무불이행으로 인하여 해지된 경우에는 임차인은 부속물매수청구권을 행사할 수 없다.

⑦ 건물의 사용에 객관적 편익을 가져오는 것이 아니더라도 임차인의 특수목적에 사용하기 위해 부속된 것은 부속물매수청구권의 대상이 된다.

⑧ 임차인의 비용상환청구권에 관하여 임차인에게 불리한 약정을 하면 무효이다.

⑨ 임대차 종료시 임차인이 동시이행항변권에 기하여 목적물을 사용·수익하는 경우, 임대인은 임차인에게 불법점유를 이유로 손해배상책임을 물을 수 있다.

12 **건물임대인 甲의 동의를 얻어 임차인 乙이 丙과 전대차계약을 체결하고 그 건물을 인도해 주었다. 틀린 것은?** (다툼이 있으면 판례에 따름) [정답: 3개]

① 乙의 차임연체액이 2기의 차임액에 달하여 甲이 임대차계약을 해지하는 경우, 甲은 丙에게 그 사유를 통지하지 않으면 甲은 해지로써 丙에게 대항할 수 없다.

② 임대차계약이 해지통고로 종료하는 경우, 甲은 丙에 대해 그 사유의 통지 없이도 해지로써 대항할 수 있다.

③ 전대차 종료 시에 丙은 건물 사용의 편익을 위해 乙의 동의를 얻어 부속한 물건의 매수를 甲에게 청구할 수 있다.

④ 임대차와 전대차 기간이 모두 만료된 경우, 丙은 건물을 甲에게 직접 명도하면 乙에 대한 건물명도의무를 면한다.

⑤ 甲과 乙의 합의로 임대차계약이 종료되어도 丙의 권리는 소멸하지 않는다.

13 **乙은 건물을 소유할 목적으로 甲소유의 X토지를 임차한 후 甲의 동의를 받지 않고 X토지를 丙에게 전대하였다. 다음 중 옳은 것은?** (다툼이 있으면 판례에 의함) [정답: 2개]

① 乙과 丙 사이의 전대차계약은 유효하다.

② 乙은 丙에게 X토지를 인도하여 丙이 사용・수익할 수 있도록 할 의무가 없다.

③ 甲은 乙과의 임대차계약을 해지하지 않고 丙에게 불법점유를 이유로 부당이득반환을 청구할 수 있다.

④ 甲은 乙과의 임대차계약을 해지하지 않고 丙에게 불법점유를 이유로 손해배상을 청구할 수 있다.

⑤ 만약 乙이 甲의 동의를 얻지 않고 부득이한 사정으로 배우자 丁에게 X토지를 전대한 경우, 乙의 행위가 甲에 대한 배신적 행위라고 볼 수 없다면 甲은 임대차계약을 해지할 수 없다.

PART 04 민사특별법

01 주택임대차보호법에 관한 설명으로 틀린 것은? (다툼이 있으면 판례에 따름)

[정답 : 8개]

① 임대차계약이 묵시적으로 갱신되면 그 임대차의 존속기간은 2년으로 본다.

② 주택의 전부를 일시적으로 사용하기 위한 임대차인 것이 명백한 경우에도 「주택임대차보호법」이 적용된다.

③ 임차인이 2기의 차임액에 달하도록 차임을 연체한 경우, 묵시적 갱신이 인정되지 아니한다.

④ 임대차 성립시에 임차주택과 그 대지가 임대인의 소유인 경우, 대항력과 확정일자를 갖춘 임차인은 대지만 경매되더라도 그 매각대금으로부터 우선변제를 받을 수 있다.

⑤ 임대차기간을 1년으로 정한 경우, 임대인은 그 기간이 유효함을 주장하거나 2년을 주장할 수 있다.

⑥ 다가구용 단독주택의 임대차에서는 전입신고를 할 때 지번만 기재하고 동・호수의 표시가 없어도 대항력을 취득할 수 있다.

⑦ 저당권이 설정된 주택을 임차하여 대항력을 갖춘 주택임차인은, 후순위저당권이 실행되더라도 매수인이 된 자에게 보증금의 전부를 받을 때까지 임대차관계의 존속을 주장할 수 있다.

⑧ 임차권보다 선순위의 저당권이 존재하는 주택이 경매로 매각된 경우, 경매의 매수인은 임대인의 지위를 승계한다.

⑨ 등기명령의 집행에 따라 주택 전부에 대해 타인 명의의 임차권등기가 끝난 뒤 소액보증금을 내고 그 주택을 임차한 자는 최우선변제권을 행사할 수 없다.

⑩ 주택임차인의 우선변제권은 대지의 환가대금에는 미치지 않는다.

⑪ 대항력을 갖춘 임차인의 보증금반환채권이 가압류된 상태에서 그 주택이 양도된 경우, 양수인은 채권가압류의 제3채무자 지위를 승계한다.

⑫ 대항력을 갖춘 임차인의 보증금반환채권이 가압류된 상태에서 그 주택이 양도된 경우, 가압류채권자는 양수인에 대하여만 가압류의 효력을 주장할 수 있다.

⑬ 임대차계약이 묵시적으로 갱신된 경우, 임대인은 언제든지 임차인에게 계약해지를 통지할 수 있다.

⑭ 임차인이 임차권등기명령의 집행에 따른 임차권등기를 마친 경우, 임차인은 임차권등기의 비용을 임대인에게 청구할 수 있다.

⑮ 대항력 있는 임대차기간이 만료하기 전에 임대인이 제3자에게 주택을 매도하고 소유권이전등기를 마친 경우, 임차인은 계약 당사자가 아닌 제3자에게 임차권을 주장할 수 없다.

⑯ 임차인이 2기의 차임액에 해당하는 금액에 이르도록 차임을 연체한 사실이 있는 경우에는 임대인은 임차인의 계약갱신요구를 거절할 수 있다.

⑰ 임차인은 계약갱신요구권을 1회에 한하여 행사할 수 있으며, 이 경우 갱신되는 임대차의 존속기간은 2년으로 본다.

⑱ 임대인(임대인의 직계존속·직계비속을 제외한다)이 목적주택에 실제 거주하려는 경우에는 임대인은 임차인의 계약갱신요구를 거절할 수 있다.

02 **상가건물임대차보호법에 관한 설명으로 옳은 것은?** (다툼이 있으면 판례에 따름)

[정답: 7개]

① 대항력 있는 임차인이 적법하게 상가건물을 전대하여 전차인이 이를 직접점유하면서 그 명의로 「부가가치세법」 등에 의한 사업자등록을 하였다면, 임차인의 대항력이 유지된다.

② 사업자등록의 대상이 되지 않는 건물에 대해서는 이 법이 적용되지 않는다.

③ 기간을 정하지 아니하거나 기간을 1년 미만으로 정한 임대차는 그 기간을 1년으로 본다.

④ 차임연체액이 3기의 차임액에 달하는 경우, 임대인은 임대차계약을 해지할 수 있다.

⑤ 권리금회수의 방해로 인한 임차인의 임대인에 대한 손해배상청구권은 방해행위가 있는 날로부터 5년 이내에 행사하지 않으면 시효의 완성으로 소멸한다.

⑥ 임차인의 계약갱신요구권은 최초의 임대차기간을 포함한 전체 임대차기간이 5년을 초과하지 아니하는 범위에서만 행사할 수 있다.

⑦ 서울특별시에서 보증금 10억원인 상가임대차에서 임대차종료 후 보증금이 반환되지 않은 경우, 임차인은 상가건물의 소재지 관할법원에 임차권등기명령을 신청할 수 없다.

⑧ 서울특별시에서 보증금 10억원인 상가임대차에서 임대차기간을 6개월로 정한 경우, 임대인은 그 기간이 유효함을 주장할 수 있다.

⑨ 서울특별시에서 보증금 10억원인 상가임대차에서 상가건물이 경매로 매각된 경우, 대항력과 확정일자를 갖춘 임차인은 보증금에 대해 일반채권자보다 우선하여 변제받을 수 있다.

⑩ 임차인의 보증금 중 일정액이 상가건물의 가액(임대인 소유의 대지가액을 포함)의 3분의 1을 초과하는 경우에는 상가건물의 가액의 3분의 1에 해당하는 금액에 한하여 우선변제권이 있다.

⑪ 임차인은 약정한 차임 또는 보증금이 임차주택에 대한 조세·공과금 기타 부담의 증감이나 경제사정의 변동으로 상당하지 않게 된 때에는 당사자는 장래에 대하여 그 증감을 청구할 수 있는데, 증액의 경우 약정차임 또는 보증금의 100분의 9를 초과하지 못한다.

⑫ 「전통시장 및 상점가 육성을 위한 특별법」 제2조 제1호에 따른 전통시장의 경우, 임차인의 권리금 회수기회 보호 등 규정이 적용되지 않는다.

⑬ 건물이 노후·훼손 또는 일부 멸실되는 등 안전사고의 우려가 있어서 임대인이 임대목적 건물의 전부 또는 일부를 철거하거나 재건축하기 위하여 목적 건물의 점유를 회복할 필요가 있는 경우, 임대인은 임차인의 계약갱신요구를 거절할 수 있다.

⑭ 임차인이 3기의 차임액에 해당하는 금액에 이르도록 차임을 연체한 사실이 있는 경우 임대인은 임차인의 계약갱신요구를 거절할 수 있다.

⑮ 임차인이 임차한 건물의 전부 또는 일부를 경과실로 파손한 경우, 임대인은 임차인의 계약갱신요구를 거절할 수 있다.

03 **甲은 乙에게 빌려준 1억 원을 담보하기 위해 乙소유의 X토지(시가 2억 원)에 소유권이전등기를 경료받았다. 그 후 丙이 X토지에 대해 저당권을 취득하였다. 다음 설명 중 옳은 것은?** (다툼이 있으면 판례에 따름) [정답 : 5개]

① 만약 甲이 공사대금채무를 담보하기 위하여 가등기를 한 경우에는「가등기담보등에 관한 법률」이 적용되지 않는다.

② 甲이 乙에게 담보권 실행통지를 하지 않으면 청산금을 지급하더라도 가등기에 기한 본등기를 청구할 수 없다.

③ 만약 丁이 X토지를 사용·수익하던 乙과 임대차계약을 맺고 그 토지를 인도받아 사용하고 있는 경우, 甲은 특별한 사정이 없는 한 담보권실행을 위하여 丁에게 X토지의 인도를 청구할 수 없다.

④ 乙이 피담보채무의 이행지체에 빠졌을 경우, 甲은 乙과 임대차계약을 맺고 그 토지를 인도받아 사용하고 있는 丁에게 소유권에 기하여 X토지의 인도를 청구할 수 있다.

⑤ 甲이 청산기간이 지나기 전이라도 가등기에 의한 본등기를 마치면 그 본등기는 유효이다.

⑥ 丙은 청산기간이 지나면 그의 피담보채권 변제기가 도래하기 전이라도 X토지의 경매를 청구할 수 있다.

⑦ 甲의 가등기담보권 실행을 위한 경매절차에서 X토지의 소유권을 丁이 취득한 경우, 甲의 가등기담보권은 소멸한다.

⑧ 甲이 乙에게 청산금의 평가액을 통지한 후에는 甲은 이에 관하여 다툴 수 없다.

⑨ 甲이 乙에게 주관적으로 평가한 청산금이 객관적인 가액에 미달하면 통지로서 효력이 없다.

⑩ 청산금이 없다면 甲은 乙에게 청산금이 없다는 뜻을 통지하여야 한다.

⑪ 만약 甲이 청산금을 지급하기 전에 임의로 X토지를 선의의 丁에게 매도하여 소유권이전등기를 마친 경우, 乙은 丁에게 소유권이전등기의 말소를 청구할 수 있다.

⑫ 만약 丁이 X토지를 사용·수익하던 乙과 임대차계약을 맺고 그 토지를 인도받아 사용하고 있는 경우, 甲은 乙로부터 X건물을 임차하여 사용하고 있는 丁에게 임료상당의 부당이득반환을 청구할 수 있다.

04 **집합건물의 소유 및 관리에 관한 법령상 집합건물에 관한 설명으로 틀린 것은?** (다툼이 있으면 판례에 따름) [정답: 5개]

① 집합건축물대장에 등록되지 않더라도 구분소유가 성립할 수 있다.
② 공용부분의 사용과 비용부담은 전유부분의 지분비율에 따른다.
③ 집합건물의 임차인은 관리인이 될 수 있다.
④ 재건축 결의는 구분소유자 및 의결권의 각 5분의 4 이상의 결의에 의한다.
⑤ 재건축 결의 후 재건축 참가 여부를 서면으로 촉구받은 재건축반대자가 법정기간 내에 회답하지 않으면 재건축에 참가하겠다는 회답을 한 것으로 본다.
⑥ 공용부분 관리비에 대한 연체료는 특별승계인에게 승계되는 공용부분 관리비에 포함되지 않는다.
⑦ 집합건물의 공용부분은 시효취득의 대상이 될 수 없다.
⑧ 구분소유자는 규약 또는 공정증서로써 달리 정하지 않는 한 그가 가지는 전유부분과 분리하여 대지사용권을 처분할 수 없다.
⑨ 아직 건물이 집합건축물대장에 등록되거나 구분건물로서 등기부에 등기되지 않았다면 그 건물은 구분소유가 성립할 수 없다.
⑩ 공용부분에 관한 물권의 득실변경은 등기하여야 효력이 생긴다.
⑪ 상가건물 구분소유자가 그 건물 1층의 복도와 로비를 무단으로 점유하여 자신의 영업장 내부공간인 것처럼 사용하고 있는 경우, 그 구분소유자에게 부당이득반환의무가 인정되지 않는다.

05 **甲은 조세포탈·강제집행의 면탈 또는 법령상 제한의 회피를 목적으로 하지 않고, 배우자 乙과의 명의신탁약정에 따라 자신의 X토지를 乙명의로 소유권이전등기를 마쳐주었다. 다음 설명 중 틀린 것은?** (다툼이 있으면 판례에 따름) [정답: 3개]

① 乙은 甲에 대해 X토지의 소유권을 주장할 수 없다.
② 乙이 丙에게 X토지를 매도하여 소유권이전등기를 마친 경우, 특별한 사정이 없는 한 丙은 악의이더라도 X토지의 소유권을 취득한다.
③ 乙로부터 X토지를 매수한 丙이 乙의 甲에 대한 배신행위에 적극가담한 경우, 乙과 丙사이의 계약은 무효이다.
④ 丁이 X토지를 불법점유하는 경우, 甲은 직접 丁에 대해 소유물반환청구권을 행사할 수 있다.
⑤ 戊가 위조하여 X토지의 소유권이전등기를 마친 경우, 甲은 직접 戊 명의의 등기말소를 청구할 수 있다.
⑥ 만약 甲과 乙이 법령상 제한의 회피를 목적으로 명의신탁약정을 한 경우, 甲은 乙에게 명의신탁해지를 원인으로 소유권이전등기를 청구할 수 없다.
⑦ 만약 甲과 乙이 법령상 제한의 회피를 목적으로 명의신탁약정을 한 경우, 乙이 丙에게 X건물을 적법하게 양도하였다가 다시 소유권을 취득한 경우라면 甲은 乙에게 소유물반환을 청구할 수 있다.

06 **甲은 친구 乙과 명의신탁약정을 하고 丙소유의 X부동산을 매수하면서 丙에게 부탁하여 乙명의로 소유권이전등기를 하였다. 다음 설명 중 옳은 것은?** (다툼이 있으면 판례에 의함) [정답 : 4개]

① 甲이 X부동산의 소유자이다.
② 甲은 명의신탁 해지를 원인으로 乙에게 소유권이전등기를 청구할 수 있다.
③ 甲은 부당이득반환을 원인으로 乙에게 소유권이전등기를 청구할 수 있다.
④ 丙은 진정명의회복을 원인으로 乙에게 소유권이전등기를 청구할 수 있다.
⑤ 甲은 직접 乙 명의의 소유권이전등기의 말소를 청구할 수 없다.
⑥ 甲은 丙을 대위하여 乙 명의의 소유권이전등기의 말소를 청구할 수 없다.
⑦ 만약 甲과 乙이 사실혼 관계에 있다면 甲과 乙 사이의 명의신탁약정은 유효이다.
⑧ 甲은 丙에게 X부동산의 소유권이전을 청구할 수 있다.
⑨ 乙이 X부동산을 丁에게 매도하고 소유권이전등기를 해 준 경우, 丁은 악의이더라도 유효하게 소유권을 취득한다.

07 **X부동산을 취득하려는 甲은 친구 乙과 명의신탁을 약정하였다. 乙은 그 약정에 따라 계약당사자로서 선의의 丙으로부터 X부동산을 매수하여 자신의 명의로 등기한 후 甲에게 인도하였다. 다음 중 옳은 것은?** (다툼이 있으면 판례에 의함) [정답 : 2개]

① 甲과 乙의 명의신탁약정은 유효하다.
② 乙은 유효하게 X부동산의 소유권을 취득한다.
③ 甲은 乙을 상대로 부당이득반환으로 X부동산의 등기이전을 청구할 수 없다.
④ 甲은 乙에게 제공한 부동산매수자금 회수를 담보하기 위하여 X부동산에 대하여 유치권을 행사할 수 있다.
⑤ 丙은 특별한 사정이 없는 한 乙명의의 등기말소를 청구할 수 있다.
⑥ 乙이 X부동산을 丁에게 매도하고 소유권이전등기를 해 준 경우, 丁은 선의인 경우에 한하여 유효하게 소유권을 취득한다.
⑦ 만약 丙이 甲과 乙의 명의신탁약정을 알고 있어도, 丙으로부터 직접 X부동산을 매수한 乙은 유효하게 소유권을 취득한다.

★ 항상 여러분의 합격을 기원합니다 !!

03 복습문제

PART 01 민법총칙

01 **甲은 자기소유의 X토지에 대하여 乙과 매매계약을 체결하였으나 X토지의 지번 등에 착오를 일으켜 계약서에는 Y토지 잘못 기재하였다. 다음 설명 중 틀린 것은?** (다툼이 있으면 판례에 의함) [정답 : 3개]

① X토지에 관하여 매매계약이 성립하지만, 甲은 착오를 이유로 X토지에 대한 계약을 취소할 수 있다.

② Y토지에 관하여 매매계약이 성립한다.

③ Y토지에 관하여 乙명의로 이전등기가 경료되었다면, 그 이전등기는 무효이다.

④ X토지에 관하여 乙은 소유권을 취득하였다.

02 **반사회적 법률행위에 관한 내용 중 틀린 것은?** (다툼이 있으면 판례에 의함) [정답 : 6개]

① 반사회질서의 법률행위에 해당하는지 여부는 해당 법률행위가 효력이 발생하는 때를 기준으로 판단해야 한다.

② 소송에서 증언할 것을 조건으로 통상 용인되는 수준을 넘는 대가를 지급하기로 하는 약정은 반사회적 법률행위로서 무효이다.

③ 사회질서에 위반되는 행위로서 무효임에도 이미 이행한 경우에는 부당이득반환청구를 할 수 없으나 소유권에 기한 반환청구를 할 수 있다.

④ 공무원의 직무에 관하여 부정한 청탁의 대가로 금전을 지급하기로 한 약정은 반사회적 법률행위로서 무효이다.

⑤ 강제집행을 면할 목적으로 부동산에 허위의 근저당권설정등기를 경료하는 행위는 반사회질서에 해당하는 법률행위로 무효이다.

⑥ 민사사건에서의 성공보수약정은 반사회질서의 법률행위에 해당하지 않는다.

⑦ 형사사건에서의 성공보수약정은 선량한 풍속 기타 사회질서에 위배되는 것으로 평가할 수 있다.

⑧ 도박채무를 변제하기 위해 채무자로부터 부동산의 처분을 위임받은 채권자가 그 부동산을 제3자에게 매도한 경우, 위와 같은 사정을 알지 못하는 제3자가 도박 채권자를 통하여 위 부동산을 매수한 행위는 사회질서에 반하는 법률행위에 해당한다.

⑨ 표시되거나 상대방에게 알려진 법률행위의 동기가 사회질서에 반하는 경우 그 법률행위는 반사회적 법률행위로서 무효이다.

⑩ 보험계약자가 다수의 보험계약을 통하여 보험금을 부정취득할 목적으로 보험계약을 체결한 경우, 이와 같은 보험계약은 민법 제13조 소정의 선량한 풍속 기타 사회질서에 반하여 무효이다.

⑪ 대리인이 매도인의 배임행위에 적극 가담하여 이루어진 부동산의 이중매매는 본인인 매수인이 그러한 사정을 몰랐다면 반사회질서의 법률행위가 되지 않는다.

⑫ 양도소득세를 회피할 목적으로 실제로 거래한 매매대금보다 낮은 금액으로 매매계약을 체결한 행위는 반사회질서에 해당하는 법률행위로 무효이다.

⑬ 반사회적 행위에 의해 조성된 비자금을 소극적으로 은닉하기 위해 체결한 임치약정은 반사회질서의 법률행위에 해당하지 않는다.

03 **甲은 자신의 X건물을 乙에게 매도하는 계약을 체결한 후, 다시 X건물을 丙에게 매도·인도하고 소유권이전등기도 해주었다. 다음 설명 중 옳지 않은 것은?** (다툼이 있으면 판례에 의함) [정답: 3개]

① 특별한 사정이 없는 한 丙은 X건물의 소유권을 취득하지 못한다.

② 乙은 甲에게 최고 없이 계약을 해제하고 손해배상을 청구할 수 있다.

③ 丙이 甲의 乙에 대한 배임행위에 적극 가담한 경우, 乙은 丙을 상대로 직접 등기의 말소를 청구할 수 없다.

④ 甲과 丙 사이의 매매계약이 반사회적 법률행위로 무효인 경우라도, 乙은 丙에 대하여 직접 등기의 말소를 청구할 수 없다.

⑤ ④의 경우, 丙으로부터 그 부동산을 전득한 丁이 선의이며 과실 없다면 甲과 丙의 매매계약의 유효를 주장할 수 있다.

⑥ 만약 丙의 대리인 戊가 丙을 대리하여 X토지를 매수하면서 甲의 배임행위에 적극 가담하였다면, 그러한 사정을 모르는 丙은 그 소유권을 취득하지 못한다.

⑦ 丙이 甲과 乙 사이의 매매사실을 알았다면, 乙은 甲을 대위하여 丙 명의의 등기를 말소청구할 수 있다.

04 **불공정한 법률행위에 관한 설명 중 옳은 것은?** (다툼이 있으면 판례에 의함) [정답: 5개]

① 불공정한 법률행위에는 무효행위의 추인은 인정될 수 있으나 무효행위의 전환은 인정될 수 없다.

② 급부와 반대급부 사이에 현저한 불균형이 존재하는지는 특별한 사정이 없는 한 법률행위 당시를 기준으로 판단하여야 한다.

③ 무경험이란 거래일반에 관한 경험 및 지식의 결여를 의미하는 것이 아니라 어느 특정영역에서의 무경험을 의미한다.

④ 대리행위에 있어서 궁박은 본인을 기준으로 판단하지만, 경솔과 무경험은 대리인을 기준으로 판단한다.

⑤ 급부와 반대급부 사이의 현저한 불균형은 피해자의 궁박·경솔·무경험의 정도를 고려하여 당사자의 주관적 가치에 따라 판단한다.

⑥ 경매절차에서 매각대금이 시가보다 현저히 저렴하더라도 불공정한 법률행위를 이유로 그 무효를 주장할 수 없다.

⑦ 증여와 같은 아무런 대가 없는 법률행위도 불공정한 법률행위에 해당될 수 있다.

⑧ 일방이 궁박 상태에 있었더라도 상대방이 그와 같은 사정을 알면서 이를 이용하려는 의사가 없으면 그 계약은 불공정한 법률행위가 되지 않는다.

⑨ 법률행위가 현저하게 공정을 잃었다고 하여 그 법률행위가 궁박, 경솔 또는 무경험으로 이루어진 것으로 추정되지 않는다.

05 **진의 아닌 의사표시에 관한 설명으로 틀린 것은?** (다툼이 있으면 판례에 의함) [정답: 2개]

① 비진의표시는 상대방이 선의이며 과실이 없는 경우에 한하여 유효하다.

② 진의 아닌 의사표시는 상대방과 통정이 없다는 점에서 통정허위표시와 구별된다.

③ 비진의표시는 원칙적으로 무효이다.

④ 진의란 표의자가 진정으로 마음속에서 바라는 사항을 뜻하는 것이 아니다.

⑤ 표의자가 강박에 의하여 증여의 의사표시를 한 경우, 재산을 강제로 빼앗긴다는 것이 표의자의 본심에 잠재되어 있었다면 그 의사표시는 진의 아닌 의사표시라고 할 수 있다.

06 **甲은 채권자 A의 강제집행을 면하기 위하여 자신의 부동산에 관하여 乙과 통정한 허위의 매매계약에 따라 소유권이전등기를 乙에게 해주었다. 그 후 乙은 이러한 사정을 모르는 丙과 위 부동산에 대한 매매계약을 체결하고 그에게 소유권이전등기를 해주었다. 다음 설명 중 틀린 것은?** (다툼이 있으면 판례에 따름) [정답 : 5개]

① 甲과 乙의 매매계약은 무효이다.
② 丙이 부동산의 소유권을 취득한다.
③ 甲은 丙을 상대로 이전등기의 말소를 청구할 수 없다.
④ 乙은 丙에 대해 원인행위의 무효를 이유로 등기말소를 청구할 수 있다.
⑤ 丙이 자신의 소유권을 주장하려면 자신의 선의를 증명해야 한다.
⑥ 丙이 선의이더라도 과실이 있으면 소유권을 취득하지 못한다.
⑦ 丙으로부터 위 부동산을 매수하여 소유권이전등기를 경료한 丁이 악의인 경우, 丁은 소유권을 취득하지 못한다.
⑧ 만약 丙이 악의인 경우, 丙으로부터 위 부동산을 매수하여 소유권이전등기를 경료한 丁은 선의이더라도 소유권을 취득하지 못한다.

07 **甲은 乙에게 자신의 토지를 증여하기로 합의하였으나 甲과 乙은 마치 매도하는 것처럼 계약서를 꾸며서 이전등기를 하였다. 그 뒤 乙은 丙에게 그 토지를 매도하고 이전등기를 하였다. 다음 설명 중 틀린 것은?** (다툼이 있으면 판례에 의함) [정답 : 4개]

① 乙명의의 등기는 효력이 있다.
② 甲과 乙 사이의 매매와 증여계약은 모두 무효이다.
③ 甲은 악의의 丙을 상대로 그 명의의 등기말소를 청구할 수 있다.
④ 乙은 악의의 丙을 상대로 그 명의의 등기말소를 청구할 수 없다.
⑤ 丙은 선의인 경우에 한하여 소유권을 유효하게 취득한다.
⑥ 만약 丙이 甲과 乙 사이에 증여계약이 체결된 사실을 알지 못한데 과실이 있다면 丙은 소유권을 취득하지 못한다.

08 **통정허위표시에 관한 설명으로 틀린 것은?** (다툼이 있으면 판례에 따름) [정답 : 5개]

① 당사자가 통정하여 증여를 매매로 가장한 경우, 증여와 매매 모두 무효이다.

② 통정허위표시의 무효로 대항할 수 없는 제3자에 해당하는지의 여부를 판단할 때, 파산관재인은 파산채권자 모두가 악의로 되지 않는 한 선의로 다루어진다.

③ 통정허위표시의 무효로 대항할 수 없는 제3자에 해당하는지를 판단할 때, 파산관재인은 파산채권자 일부가 선의라면 선의로 다루어진다.

④ 대리인이 본인 몰래 대리권의 범위 안에서 상대방과 통정허위표시를 한 경우, 본인은 선의의 제3자로서 그 유효를 주장할 수 있다.

⑤ 통정허위표시에 의한 채권을 가압류한 자는 통정허위표시를 기초로 새로운 법률상 이해관계를 맺은 제3자에 해당한다.

⑥ 가장채권을 가압류한 자는 통정허위표시를 기초로 새로운 법률상 이해관계를 맺은 제3자에 해당하지 않는다.

⑦ 통정허위표시에 의해 설정된 전세권에 대해 저당권을 설정받은 자는 통정허위표시를 기초로 새로운 법률상 이해관계를 맺은 제3자에 해당한다.

⑧ 가장전세권에 저당권을 취득한 자는 통정허위표시를 기초로 새로운 법률상 이해관계를 맺은 제3자에 해당하지 않는다.

⑨ 통정허위표시에 의해 체결된 제3자를 위한 계약에서 제3자는 통정허위표시를 기초로 새로운 법률상 이해관계를 맺은 제3자에 해당하지 않는다.

⑩ 가장소비대차에 따른 대여금채권의 선의의 양수인은 민법 제108조 제2항에 따라 보호받는 제3자가 아니다.

09 착오에 관한 설명으로 옳은 것은? (다툼이 있으면 판례에 따름) [정답: 4개]

① 상대방에 의해 유발된 동기의 착오는 동기가 표시되지 않았더라도 중요부분의 착오가 될 수 있다.

② 동기의 착오를 이유로 의사표시를 취소하기 위해서는 그 동기를 의사표시의 내용으로 삼기로 하는 합의가 있어야 한다.

③ 착오가 표의자의 중대한 과실로 인한 경우에는 상대방이 표의자의 착오를 알고 이용하더라도 표의자는 의사표시를 취소할 수 없다.

④ 표의자의 중대한 과실 유무는 착오에 의한 의사표시의 효력을 부인하는 자가 증명하여야 한다.

⑤ 경과실로 인해 착오에 빠진 표의자가 착오를 이유로 의사표시를 취소한 경우, 취소된 의사표시로 인해 손해를 입은 상대방은 불법행위를 이유로 손해배상을 청구할 수 없다.

⑥ 장래의 미필적 사실의 발생에 대한 기대나 예상이 빗나간 것에 불과한 것도 착오라고 할 수 있다.

⑦ 매도인의 하자담보책임이 성립하면 착오를 이유로 한 매수인의 취소권은 배제된다.

⑧ 매도인이 계약을 적법하게 해제한 후에도 매수인은 계약해제에 따른 불이익을 면하기 위하여 중요부분의 착오를 이유로 취소권을 행사하여 계약 전체를 무효로 할 수 있다.

⑨ 당사자가 착오를 이유로 의사표시를 취소하지 않기로 약정한 경우, 표의자는 의사표시를 취소할 수 없다.

10 **사기, 강박에 의한 의사표시에 관한 설명으로 옳은 것은?** (다툼이 있으면 판례에 의함)
[정답 : 6개]

① 교환계약의 당사자 일방이 상대방에게 그가 소유하는 목적물의 시가를 허위로 고지한 경우, 원칙적으로 사기를 이유로 취소할 수 있다.

② 강박에 의한 의사표시가 스스로 의사결정을 할 수 있는 여지가 전혀 없는 상태에서 의사표시의 외형만 있는 것에 불과한 경우에 그 의사표시는 효력이 없다.

③ 사기로 계약을 체결한 경우, 피해자는 불법행위책임을 묻기 위해서 그 의사표시를 취소하여야 한다.

④ 표의자가 제3자의 사기로 의사표시를 한 경우, 상대방이 그 사실을 과실 없이 알지 못한 때에도 그 의사표시를 취소할 수 있다.

⑤ 제3자의 사기에 의해 의사표시를 한 표의자는 상대방이 그 사실을 알았거나 알 수 있었을 경우에 그 의사표시를 취소할 수 있다.

⑥ 상대방이 불법적인 해악의 고지 없이 각서에 서명 · 날인할 것을 강력히 요구하는 것만으로는 강박이 되지 않는다.

⑦ 강박에 의해 증여의 의사표시를 하였다고 하여 증여의 내심의 효과의사가 결여된 것이라고 할 수 없다.

⑧ 대리인의 기망행위에 의해 계약이 체결된 경우, 계약의 상대방은 본인이 선의이더라도 계약을 취소할 수 있다.

⑨ 甲의 대리인 乙의 사기로 乙에게 매수의사를 표시한 丙은 甲이 그 사실을 알지 못한 경우에도, 사기를 이유로 법률행위를 취소할 수 있다.

11 의사표시에 관한 설명으로 틀린 것은? (다툼이 있으면 판례에 의함) [정답 : 6개]

① 우편물이 보통우편의 방법으로 발송되었다는 사실만으로는 그 우편물이 상당기간 내에 도달하였다고 추정할 수 없다.

② 우편물이 내용증명우편이나 등기취급의 방법으로 발송되고 반송되지 않은 경우에는 특별한 사정이 없는 한 그 무렵에 송달된 것으로 보아야 한다.

③ 과실로 상대방의 소재를 알지 못하는 표의자는 공시송달에 의하여 의사표시의 효력을 발생시킬 수 있다.

④ 표의자가 의사표시 발신 후 행위능력을 상실하면 그 의사표시를 취소할 수 있다.

⑤ 표의자는 의사표시가 도달하기 전에는 그 의사표시를 철회할 수 있다.

⑥ 상대방이 정당한 사유 없이 통지의 수령을 거절한 경우에는 상대방이 그 통지의 내용을 알 수 있는 객관적 상태에 놓여 있는 때에 의사표시의 효력이 생기는 것으로 보아야 한다.

⑦ 매매 목적물과 대금은 매매계약 체결시 반드시 구체적으로 확정되어야 한다.

⑧ 중간생략등기는 부동산등기특별조치법상 형사처벌하도록 되어 있으므로 중간생략등기합의에 관한 사법상 효력도 인정되지 않는다.

⑨ 농지법상 농지취득자격증명은 농지취득의 원인이 되는 법률행위의 효력발생요건이다.

⑩ 표의자가 매매의 청약을 발송한 후 사망하면 그 청약의 효력은 상실한다.

12 **甲은 자신의 X토지를 매도하기 위해 乙에게 포괄적인 대리권을 수여하였고, 乙은 甲을 위한 것임을 표시하고 X토지에 대하여 丙과 매매계약을 체결하였다. 다음 설명 중 틀린 것은?** (다툼이 있으면 판례에 의함) [정답 : 8개]

① 乙은 특별한 사정이 없으면 丙으로부터 계약금, 중도금, 잔금을 수령할 권한이 있다.

② 乙이 丙으로부터 대금 전부를 지급받고 甲에게 전달하지 않은 경우, 특별한 사정이 없는 한 丙의 대금지급의무는 소멸하지 않는다.

③ 乙은 특별한 사정이 없는 한 丙에 대하여 약정된 매매대금지급기일을 연기하여 줄 권한은 없다.

④ 丙이 乙의 기망행위로 계약을 체결한 경우, 甲이 그 사실을 과실 없이 몰랐다면 丙은 계약을 취소할 수 없다.

⑤ 乙은 甲의 허락이 있으면 甲을 대리하여 자신이 X토지를 매수하는 계약을 체결할 수 있다.

⑥ 만약 乙이 매매계약을 체결하면서 甲을 위한 것임을 표시하지 않은 경우, 특별한 사정이 없으면 그 의사표시는 乙을 위한 것으로 본다.

⑦ 乙이 대리권을 남용한 경우, 丙이 그 사실을 알았거나 알 수 있었을 경우, 대리행위는 甲에게 효력이 없다.

⑧ 만약 乙이 미성년자인 경우, 甲은 乙이 제한능력자임을 이유로 매매계약을 취소할 수 있다.

⑨ 만약 甲의 대리인이 乙, A, B라면 이들은 甲의 이익을 위하여 원칙적으로 공동으로 甲을 대리한다.

⑩ 만약 乙이 한정후견개시의 심판을 받은 경우, 乙의 대리권은 소멸하지 않는다.

⑪ 丙이 매매계약을 적법하게 해제한 경우, 丙은 乙에게 손해배상을 청구할 수 있다.

⑫ 丙의 채무불이행이 있는 경우, 乙은 특별한 사정이 없는 한 계약을 해제할 수 있다.

⑬ 丙이 매매계약을 적법하게 해제한 경우, 그 해제로 인한 원상회복의무는 乙과 丙이 부담한다.

13 **대리권 없는 乙이 甲소유의 X부동산을 甲의 이름으로 丙과 매매계약을 체결하였다. 다음 설명으로 틀린 것은?** (표현대리는 고려하지 않음, 다툼이 있으면 판례에 의함)

[정답 : 8개]

① 계약 당시에 대리권 없음을 안 丙은 계약을 철회할 수 없다.

② 丙이 계약 당시 乙의 대리권 없음을 알았다면 丙은 상당한 기간을 정하여 甲에게 추인 여부의 확답을 최고할 수 없다.

③ 추인은 단독행위이므로, 甲이 무권대리행위의 일부만 추인하거나 변경을 가하여 추인한 경우에는 丙의 동의가 없어도 효력이 있다.

④ 甲이 무권대리행위를 추인하면 다른 의사표시가 없는 때에는 추인한 때부터 그 효력이 생긴다.

⑤ 甲이 乙의 무권대리행위를 추인하지 아니하면 甲에 대하여 효력이 없다.

⑥ 丙은 상당한 기간을 정하여 甲에게 그 추인여부의 확답을 최고할 수 있고, 甲이 그 기간 내에 확답을 발하지 아니한 때에는 추인한 것으로 본다.

⑦ 乙의 대리권 없음을 알지 못한 丙은, 甲이 乙에 대하여 매매계약을 추인한 후라면 그 사실을 몰랐더라도 계약을 철회할 수 없다.

⑧ 丙이 당해 토지를 다시 丁에게 매도하고 소유권이전등기를 경료한 경우, 甲은 丁에 대하여도 무권대리행위를 추인할 수 있다.

⑨ 무권대리행위가 乙의 과실 없이 제3자의 기망 등 위법행위로 야기된 경우라면, 특별한 사정이 없는 한 乙은 丙에 대하여 책임을 지지 않는다.

⑩ 乙이 甲을 단독상속한 경우, 乙은 소유권이전등기를 경료한 丙에게 대리행위의 무효를 이유로 등기말소를 청구할 수 없다.

⑪ 乙이 甲을 단독상속한 경우, 乙이 무권대리를 이유로 丙에게 그 부동산의 점유로 인한 부당이득반환을 청구하는 것은 신의칙에 반하지 않는다.

⑫ 위 매매계약이 체결된 후에 甲이 X토지를 丁에게 매도하고 소유권이전등기를 마쳤더라도, 甲이 乙의 대리행위를 추인하면 丁은 유효하게 그 소유권을 취득하지 못한다.

14 **권한을 넘은 표현대리에 관한 설명으로 옳지 않은 것은?** (다툼이 있으면 판례에 의함) [정답: 4개]

① 권한을 넘은 표현대리인지를 판단할 때 정당한 이유의 유무는 대리행위 당시를 기준으로 한다.

② 법정대리권을 기본대리권으로 하는 표현대리가 성립할 수 없다.

③ 부부간의 일상가사대리권을 기본대리권으로 하여 권한을 넘은 표현대리가 성립할 수 있다.

④ 복대리인 선임권이 없는 대리인에 의하여 선임된 복대리인의 권한은 기본대리권이 될 수 없다.

⑤ 대리행위가 강행법규에 위반하여 무효인 경우에도 표현대리의 법리가 적용될 수 있다.

⑥ 등기신청대리권을 기본대리권으로 하여 사법상의 법률행위를 한 경우에도 권한을 넘은 표현대리가 성립할 수 있다.

⑦ 내리권소멸 후의 표현대리가 인정되고 그 표현대리의 권한을 넘는 대리행위가 있는 경우, 권한을 넘은 표현대리가 성립할 수 없다.

15 **대리에 관한 설명으로 옳은 것은?** (다툼이 있으면 판례에 따름) [정답: 4개]

① 권한을 정하지 아니한 대리인은 보존행위만을 할 수 있다.

② 복대리인은 대리인의 대리인이다.

③ 복대리인은 그 권한 내에서 대리인의 이름으로 법률행위를 한다.

④ 권한을 넘은 표현대리의 기본대리권에는 대리인에 의하여 선임된 복대리인의 권한도 포함된다.

⑤ 대리인이 대리권 소멸 후 선임한 복대리인과 상대방 사이의 법률행위에도 민법 제129조의 표현대리가 성립할 수 있다.

⑥ 권한을 넘은 표현대리의 기본대리권은 대리행위와 같은 종류의 행위에 관한 것이어야 한다.

⑦ 상대방의 유권대리 주장에는 표현대리의 주장도 포함된다.

⑧ 임의대리의 경우, 원인된 법률관계가 종료하기 전에는 본인은 수권행위를 철회하여 대리권을 소멸시킬 수 없다.

⑨ 표현대리가 성립하는 경우, 상대방에게 과실이 있더라도 과실상계의 법리를 유추적용하여 본인의 책임을 경감할 수 없다.

⑩ 법정대리인은 부득이한 사유가 없더라도 복대리인을 선임할 수 있다.

⑪ 대리인이 복대리인을 선임한 후 사망한 경우, 특별한 사정이 없는 한 그 복대리권은 소멸하지 않는다.

⑫ 복대리인의 대리행위에 대하여는 표현대리에 관한 규정이 적용될 수 없다.

16 **법률행위의 무효 또는 취소에 관한 설명으로 틀린 것은?** (다툼이 있으면 판례에 의함)

[정답 : 7개]

① 취소된 법률행위는 처음부터 무효인 것으로 본다.

② 甲과 乙이 무효인 가등기를 유효한 등기로 전용하기로 약정하였다면 이 가등기는 소급하여 유효한 등기로 전환된다.

③ 취소할 수 있는 법률행위를 추인한 자는 그 법률행위를 다시 취소하지 못한다.

④ 강행법규 위반으로 무효인 법률행위도 추인할 수 있다.

⑤ 불법조건이 붙은 법률행위는 무효임을 알고 추인하면 그 효력이 생길 수 있다.

⑥ 무효인 법률행위를 추인하면 특별한 사정이 없는 한 법률행위를 한 때로부터 새로운 법률행위를 한 것으로 본다.

⑦ 법정대리인은 취소원인 종료 전이라면 추인할 수 없다.

⑧ 취소권은 법률행위를 한 날로부터 3년 내에 추인할 수 있는 날로부터 10년 내에 행사하여야 한다.

⑨ 취소할 수 있는 법률행위의 추인은 취소원인이 소멸한 후에 하여야 효력이 있으며, 추인 후에는 취소할 수 없다.

⑩ 무효인 법률행위의 추인은 그 무효의 원인이 소멸한 후에 하여야 그 효력이 인정된다.

⑪ 「부동산등기 특별조치법」상 중간생략등기를 금지하는 규정은 효력규정이 아니다.

⑫ 「공인중개사법」상 개업공인중개사가 중개의뢰인과 직접 거래를 하는 행위를 금지하는 규정은 효력규정이다.

⑬ 「공인중개사법」상 개업공인중개사가 법령에 규정된 중개보수 등을 초과하여 금품을 받는 행위를 금지하는 규정은 효력규정이다.

17 **법정추인이 인정되는 경우가 아닌 것은?** (단, 취소권자는 추인할 수 있는 상태이며, 행위자가 취소할 수 있는 법률행위에 관하여 이의보류 없이 한 행위임을 전제함)

[정답 : 2개]

① 취소권자가 상대방에게 채무를 이행한 경우

② 취소권자가 상대방에게 담보를 제공한 경우

③ 상대방이 취소권자에게 이행을 청구한 경우

④ 취소할 수 있는 행위로 취득한 권리를 취소권자가 타인에게 양도한 경우

⑤ 상대방이 취소할 수 있는 행위로 취득한 권리를 타인에게 양도한 경우

18 **추인에 관한 설명 중 옳은 것은?** (다툼이 있으면 판례에 의함) [정답 : 2개]

① 무권대리 행위를 본인이 추인하면 그때부터 그 효력이 생긴다.
② 무권리자의 처분행위를 본인이 추인하면 추인한 때부터 권리자에게 그 효력이 귀속된다.
③ 법정대리인은 제한능력자가 한 법률행위를 취소의 원인이 소멸되기 전이라도 추인할 수 있다.
④ 무효행위를 추인하면 법률행위시부터 새로운 법률행위로 본다.
⑤ 제한능력자는 자신이 한 법률행위를 법정대리인의 동의 없이 취소할 수 있으나 추인할 수 없다.

19 **조건과 기한에 관한 설명으로 옳지 않은 것은?** (다툼이 있으면 판례에 따름) [정답 : 7개]

① 조건의 성취가 미정한 권리라도 일반규정에 의하여 처분하거나 상속할 수 있다.
② 기한의 도래가 미정한 권리의무는 일반규정에 의하여 처분하거나 담보로 할 수 없다.
③ 정지조건부 법률행위에 있어 조건이 성취되면 법률행위시로 소급하여 그 효력이 발생한다.
④ 당사자가 조건성취의 효력을 그 성취 전에 소급하게 할 의사를 표시한 경우에도 그 효력은 조건이 성취된 때부터 발생한다.
⑤ 조건을 붙이고자 하는 의사가 있더라도 그것이 표시되지 않으면 법률행위의 부관으로서의 조건이 되는 것은 아니다.
⑥ 조건을 붙이는 것이 허용되지 아니하는 법률행위에 조건을 붙인 경우 그 조건만을 분리하여 무효로 할 수 있다.
⑦ 조건부 법률행위에 있어 조건의 내용 자체가 불법적인 것이어서 무효일 경우 그 조건만을 분리하여 무효로 할 수 있다.
⑧ 조건이 법률행위 당시 이미 성취할 수 없는 것인 경우에는 그 조건이 정지조건이면 조건 없는 법률행위로 한다.
⑨ 불능조건이 해제조건이면 조건 없는 법률행위가 된다.
⑩ 조건이 법률행위 당시 이미 성취한 것인 경우, 그 조건이 해제조건이면 그 법률행위는 무효로 한다.
⑪ 상대방이 동의하면 해제의 의사표시에 조건을 붙일 수 있다.
⑫ 기한이익 상실특약은 특별한 사정이 없으면 정지조건부 기한이익 상실특약으로 추정된다.

PART 02 물권법

01 **물권에 관한 설명으로 틀린 것은?** (다툼이 있으면 판례에 의함) [정답: 9개]

① 미등기 무허가건물의 양수인은 소유권이전등기를 경료 받지 않아도 소유권에 준하는 관습법상의 물권을 취득한다.

② 미등기건물의 매수인은 건물의 매매대금을 전부 지급한 경우에는 건물의 불법점유자에 대해 직접 소유물반환청구를 할 수 있다.

③ 소유권에 기한 물권적 청구권은 그 소유권과 분리하여 별도의 소멸시효의 대상이 된다.

④ 소유자는 자신의 물건을 권원 없이 점유하는 자에 대해 점유자가 과실이 없다면 그 반환을 청구할 수 없다.

⑤ 물권적 청구권은 물권과 분리하여 양도할 수 없다.

⑥ 소유권에 기한 방해제거청구권은 현재 계속되고 있는 방해의 원인과 함께 방해결과의 제거를 내용으로 한다.

⑦ 소유자는 물권적 청구권에 의하여 방해제거비용 또는 방해예방비용을 청구할 수 있다.

⑧ 소유권을 양도한 전소유자가 물권적 청구권만을 분리, 유보하여 불법점유자에 대해 그 물권적 청구권에 의한 방해배제를 할 수 있다.

⑨ 소유권에 기한 방해배제청구권에 있어서 방해에는 과거에 이미 종결된 손해가 포함된다.

⑩ 근린공원을 자유롭게 이용한 사정만으로 공원이용권이라는 배타적 권리를 취득하였다고 볼 수는 없다.

⑪ 온천에 관한 권리를 관습법상의 물권이라고 볼 수는 없다.

⑫ 토지의 소유권을 양도하여 소유권을 상실한 전(前)소유자도 그 토지 일부의 불법점유자에 대하여 소유권에 기한 방해배제를 청구할 수 있다.

02 **甲 소유의 토지 위에 乙이 무단으로 건물을 건축하였다. 다음 중 틀린 것은?** (다툼이 있으면 판례에 따름) [정답: 3개]

① 甲이 乙을 상대로 건물철거소송을 제기한 후 丙에게 토지소유권을 이전한 경우, 甲은 더 이상 乙에게 철거청구를 할 수 없다.

② 乙이 건물을 점유하고 있는 경우, 甲은 乙에게 건물철거의 청구와 퇴거청구를 할 수 있다.

③ 乙이 丙에게 그 건물을 임대한 경우, 甲은 丙에 대하여 건물철거를 청구할 수 없다.

④ ③의 경우, 甲은 임차권의 대항력을 갖춘 丙에게 그 건물로부터의 퇴출을 청구할 수 없다.

⑤ 甲의 토지 위에 乙이 무단으로 건물을 건축하고 등기 없이 丙에게 매도하여 丙이 점유하고 있는 경우, 甲은 丙에게 건물철거를 청구할 수 없다.

03 등기에 관한 설명으로 옳은 것은? (다툼이 있으면 판례에 따름) [정답: 5개]

① 민사집행법상 경매의 매수인은 등기를 하여야 소유권을 취득할 수 있다.

② 집합건물의 구분소유권을 취득하는 자의 공용부분에 대한 지분 취득에는 등기를 요하지 않는다.

③ 피담보채권이 소멸하더라도 저당권의 말소등기가 있어야 저당권이 소멸한다.

④ 법률행위를 원인으로 하여 소유권이전등기를 명하는 판결에 따른 소유권의 취득에는 등기를 요하지 않는다.

⑤ 공유물분할의 소에서 공유부동산의 특정한 일부씩을 각각의 공유자에게 귀속시키는 것으로 현물분할하는 내용의 조정이 성립하였다면, 그 조정이 성립한 때 물권변동의 효력이 발생한다.

⑥ 등기가 원인 없이 말소된 경우, 그 회복등기가 마쳐지기 전이라도 말소된 등기의 등기명의인은 적법한 권리자로 추정된다.

⑦ 기존 건물 멸실 후 건물이 신축된 경우, 종전 건물에 대한 등기는 신축건물에 대한 등기로 유용하지 못한다.

⑧ 법정지상권자는 그 지상권을 등기하여야 지상권을 취득할 당시의 토지소유자로부터 토지를 양수한 제3자에게 대항할 수 있다.

⑨ 건물을 위한 법정지상권이 성립한 경우, 그 건물에 대한 저당권이 실행되면 경락인은 등기하여야 법정지상권을 취득한다.

⑩ 법정지상권자가 지상건물을 제3자에게 양도한 경우, 제3자는 그 건물과 함께 법정지상권을 당연히 취득한다.

04 등기에 관한 설명으로 옳지 않은 것은? (다툼이 있으면 판례에 따름) [정답: 8개]

① 소유권이전등기가 된 경우, 등기명의인은 전 소유자(권리변동의 당사자)에 대하여 적법한 등기원인에 기한 소유권을 취득한 것으로 추정된다.

② 등기명의인이 등기원인행위의 태양이나 과정을 다소 다르게 주장한다고 하여 추정력이 깨어지는 것은 아니다.

③ 소유권이전등기의 원인으로 주장된 계약서가 진정하지 않은 것으로 증명된 경우에는 그 등기의 추정력은 깨진다.

④ 소유권이전청구권 보전을 위한 가등기가 있으면, 소유권이전등기를 청구할 어떠한 법률관계가 있다고 추정된다.

⑤ 건물 소유권보존등기 명의자가 전(前)소유자로부터 그 건물을 양수하였다고 주장하는 경우, 전(前)소유자가 양도사실을 부인하더라도 그 보존등기의 추정력은 깨어지지 않는다.
⑥ 등기를 요하지 않은 물권취득의 원인인 판결이란 형성판결을 의미한다.
⑦ 소유권이전등기청구권의 보전을 위한 가등기에 기하여 본등기가 행해지면 물권변동의 효력은 가등기가 행해진 때 발생한다.
⑧ 가등기에 기한 본등기 절차에 의하지 않고 별도의 본등기를 경료받은 경우, 제3자 명의로 중간처분의 등기가 있어도 가등기에 기한 본등기 절차의 이행을 구할 수 없다.
⑨ 가등기된 소유권이전청구권은 가등기에 대한 부기등기의 방법으로 타인에게 양도될 수 있다.
⑩ 소유자는 허무인(虛無人) 명의로 등기한 행위자를 상대로 그 등기의 말소를 구할 수 없다.
⑪ 점유취득시효의 완성으로 점유자가 소유자에 대해 갖는 소유권이전등기청구권은 통상의 채권양도 법리에 따라 양도될 수 있다.
⑫ 취득시효완성으로 인한 소유권이전등기청구권은 시효완성 당시의 등기명의인이 동의해야만 양도할 수 있다.
⑬ 점유취득시효 완성으로 인한 이전등기청구권의 양도는 특별한 사정이 없는 한 양도인의 채무자에 대한 통지만으로는 대항력이 생기지 않는다.
⑭ 매매로 인한 이전등기청구권의 양도는 특별한 사정이 없는 한 양도인의 채무자에 대한 통지만으로 대항력이 생긴다.

05 **甲 소유의 X부동산을 乙이 대금을 완납하고 매수하여 점유하고 있으나 아직 소유권이전등기는 하지 않고 있다. 다음 중 틀린 것은?** (다툼이 있으면 판례에 따름)

[정답 : 1개]

① 乙의 소유권이전등기청구권은 채권적 청구권이지만 소멸시효에 걸리지 않는다.
② 乙이 丙에게 매도하여 그 점유를 승계한 경우에는 乙의 소유권이전등기청구권은 소멸시효에 걸린다.

06 **乙은 甲소유의 건물을 매수하여 다시 이를 丙에게 매도하였으며, 甲·乙·丙은 甲에게서 丙으로 소유권이전등기를 해 주기로 합의하였다. 다음 설명 중 옳지 않은 것은?** (다툼이 있으면 판례에 따름) [정답: 2개]

① 甲, 乙, 丙 전원이 중간생략등기에 합의했더라도, 乙의 甲에 대한 소유권이전등기청구권은 소멸하는 것이 아니다.

② 만약 甲, 乙, 丙 전원의 합의가 없다면 丙은 직접 甲을 상대로 이전등기를 청구할 수 없다.

③ 만약 중간생략등기의 합의가 없다면, 丙은 甲의 동의나 승낙 없이 乙의 소유권이전등기청구권을 양도받아 甲에게 소유권이전등기를 청구할 수 있다.

④ 만약 乙이 甲에 대한 소유권이전등기청구권을 丙에게 양도하고 이를 甲에게 통지하였더라도 그 양도에 관해 甲의 동의나 승낙이 없다면 丙은 甲을 상대로 직접 소유권이전등기를 청구할 수 없다.

⑤ 甲에서 직접 丙 앞으로 이전등기가 되었다면 甲, 乙, 丙 전원의 합의가 없더라도 丙은 유효하게 소유권을 취득한다.

⑥ 만약 甲, 乙, 丙 전원이 중간생략등기에 합의 후 甲과 乙 사이에 매매대금을 인상하는 약정을 체결한 경우, 甲은 인상분의 미지급을 이유로 丙의 소유권이전등기청구를 거절할 수 없다.

07 **점유에 관한 설명으로 틀린 것은?** (다툼이 있으면 판례에 따름) [정답: 7개]

① 점유자의 점유가 자주점유인지 타주점유인지의 여부는 점유자 내심의 의사에 의하여 결정된다.

② 전후 양 시점의 점유자가 다르더라도 점유의 승계가 증명된다면 점유계속은 추정된다.

③ 건물소유자가 현실적으로 건물이나 그 부지를 점거하지 않더라도 특별한 사정이 없는 한 건물의 부지에 대한 점유가 인정된다.

④ 진정 소유자가 자신의 소유권을 주장하여 점유자를 상대로 소유권이전등기의 말소등기청구소송을 제기하여 점유자의 패소로 확정된 경우, 그 소송의 제기시부터는 점유자의 점유가 타주점유로 전환된다.

⑤ 토지점유자가 등기명의자를 상대로 매매를 원인으로 소유권이전등기를 청구하였다가 패소 확정된 경우, 점유자의 점유는 타주점유로 전환된다.

⑥ 점유자가 자주점유의 권원을 주장하였으나 인정되지 않는 것만으로도 자주점유의 추정이 번복되어 타주점유로 전환된다.

⑦ 점유자는 소유의 의사로 선의, 평온 및 과실 없이 점유한 것으로 추정된다.

⑧ 乙이 甲을 기망하여 甲으로부터 점유물을 인도받은 경우, 甲은 乙에게 점유물반환 청구권을 행사할 수 있다.
⑨ 주택임대차보호법상의 대항요건인 인도(引渡)는 임차인이 주택의 간접점유를 취득하는 경우에도 인정될 수 있다.
⑩ 점유매개관계의 직접점유자는 타주점유자이다.
⑪ 甲이 乙과의 명의신탁약정에 따라 자신의 부동산 소유권을 乙명의로 등기한 경우, 乙의 점유는 타주점유이다.
⑫ 간접점유자에게는 점유보호청구권이 인정되지 않는다.
⑬ 점유자의 권리추정 규정은 특별한 사정이 없는 한 부동산 물권에는 적용되지 않는다.

08 **점유자와 회복자의 관계에 관한 설명으로 틀린 것은?** (다툼이 있으면 판례에 따름)
[정답: 5개]

① 선의의 점유자는 과실을 취득하더라도 통상의 필요비의 상환을 청구할 수 있다.
② 점유자가 유익비를 지출한 경우, 회복자의 선택에 좇아 그 지출금액이나 증가액의 상환을 청구할 수 있다.
③ 무효인 매매계약의 매수인이 점유목적물에 필요비 등을 지출한 후 매도인이 그 목적물을 제3자에게 양도한 경우, 점유자인 매수인은 양수인에게 비용상환을 청구할 수 없다.
④ 악의의 점유자가 책임 있는 사유로 점유물을 훼손한 경우, 이익이 현존하는 한도에서 배상해야 한다.
⑤ 악의의 점유자는 통상의 필요비를 청구할 수 있다.
⑥ 점유자가 책임 있는 사유로 그 물건을 훼손한 경우, 점유자가 소유의 의사가 없는 선의인 경우나 점유자가 악의인 경우 그 배상범위는 동일하다.
⑦ 타인의 물건을 선의로 점유한 점유자는 비록 법률상 원인 없이 사용하였더라도 이로 인한 이득을 반환할 의무가 없다.
⑧ 필요비상환청구권에 대하여 회복자는 법원에 상환기간의 허여를 청구할 수 있다.
⑨ 악의의 점유자는 과실(過失)없이 과실(果實)을 수취하지 못한 때에도 그 과실(果實)의 대가를 회복자에게 보상하여야 한다.
⑩ 악의의 점유자가 점유물의 과실을 수취하여 소비한 경우, 특별한 사정이 없는 한 그 점유자는 그 과실의 대가를 보상하여야 한다.

09 부동산의 점유취득시효에 관한 설명으로 틀린 것은? (다툼이 있으면 판례에 따름)

[정답: 4개]

① 시효취득자가 제3자에게 목적물을 처분하여 점유를 상실하면, 그의 소유권이전등기청구권은 즉시 소멸한다.

② 취득시효완성 후 이전등기 전에 제3자 앞으로 소유권이전등기가 경료되면 시효취득자는 등기명의자에게 시효취득을 주장할 수 없음이 원칙이다.

③ 부동산명의수탁자는 신탁부동산을 점유시효취득 할 수 없다.

④ 시효완성 당시의 소유권보존등기 또는 이전등기가 무효라면 원칙적으로 그 등기명의인은 시효완성을 원인으로 한 소유권이전등기청구의 상대방이 될 수 없다.

⑤ 집합건물의 공용부분은 별도로 취득시효의 대상이 되지 않는다.

⑥ 아직 등기하지 않은 시효완성자는 그 완성 전에 이미 설정되어 있던 가등기에 기하여 시효완성 후에 소유권 이전의 본등기를 마친 자에 대하여 시효완성을 주장할 수 있다.

⑦ 부동산에 대한 압류 또는 가압류는 점유취득시효를 중단시킨다.

⑧ 중복등기로 인해 무효인 소유권보존등기에 기한 등기부 취득시효는 부정된다.

⑨ 취득시효완성으로 인한 소유권이전등기청구권은 원소유자의 동의가 없어도 제3자에게 양도할 수 있다.

⑩ 시효완성 후 점유자 명의로 소유권이전등기가 경료되기 전에 부동산 소유명의자는 점유자에 대해 점유로 인한 부당이득반환청구를 할 수 있다.

10 **X토지를 甲이 2/3지분, 乙이 1/6지분, 丙이 1/6지분으로 등기하여 공유하면서 그 관리 방법에 관해 별도로 협의하지 않았다. 다음 설명 중 틀린 것은?** (다툼이 있으면 판례에 따름) [정답: 6개]

① 甲이 乙, 丙의 동의 없이 X토지 전부를 丁에게 임대한 경우, 乙은 丁을 상대로 그 토지부분의 반환을 청구할 수 있다.

② ①의 경우, 乙은 丁 또는 甲을 상대로 그 점유로 인한 부당이득의 반환을 청구할 수 있다.

③ X토지에 관하여 丁 명의로 원인무효의 소유권이전등기가 경료되어 있는 경우, 乙은 丁을 상대로 그 등기 전부의 말소를 청구할 수 있다.

④ 戊가 X토지 위에 무단으로 건물을 신축한 경우, 乙은 특별한 사유가 없는 한 단독으로 戊에게 손해전부의 배상을 청구할 수 있다.

⑤ 甲이 乙, 丙의 동의 없이 X토지 전부를 丁에게 매도하여 이전등기를 해 준 경우, 매매계약과 丁명의의 등기는 甲의 지분 범위 내에서 유효하다.

⑥ 乙이 다른 공유자와 협의 없이 X토지를 독점적으로 점유하는 경우, 소수 지분권자인 丙은 단독으로 乙에게 공유물의 보존행위로서 공유물의 인도를 청구할 수 있다.

⑦ 乙이 甲의 동의 없이 X토지를 독점적으로 점유하는 경우, 丙은 乙에게 방해배제청구권을 행사할 수 없다.

⑧ 甲이 공유지분을 포기한 경우, 등기를 하여야 포기에 따른 물권변동의 효력이 발생한다.

11 **공동소유에 관한 다음 설명 중 옳지 않은 것은?** (다툼이 있는 경우 판례에 의함) [정답: 3개]

① 비법인 사단이 타인 간의 금전채무를 보증하는 행위는 총유물의 관리·처분행위라고 볼 수 있다.

② 총유물의 관리는 정관 기타 규약에 달리 정한 바가 없으면 사원총회의 결의에 의한다.

③ 합유자는 합유물의 분할을 청구하지 못한다.

④ 합유자 중 일부가 사망한 경우, 특별한 사정이 없는 한 상속인은 그 지분을 포괄승계하지 못한다.

⑤ 합유물의 보존행위는 합유자 각자가 할 수 있다.

⑥ 합유지분의 포기는 등기하여야 효력이 생긴다.

⑦ 비법인사단의 대표는 단독으로 총유물의 보존행위를 할 수 있다.

⑧ 합유자는 전원의 동의 없이 합유물에 대한 지분을 처분할 수 있다.

⑨ 공유부동산에 대해 공유자 중 1인의 단독명의로 원인무효의 소유권이전등기가 행해졌다면 다른 공유자는 등기명의인인 공유자를 상대로 등기 전부의 말소를 청구할 수 없다.

12 **지상권에 관한 설명으로 틀린 것은?** (다툼이 있으면 판례에 의함) [정답 : 5개]

① 지상권자는 토지소유자의 의사에 반하여 지상권을 타인에게 양도할 수 없다.

② 지상의 공간은 상하의 범위를 정하여 공작물을 소유하기 위한 지상권의 목적으로 할 수 있다.

③ 지상권설정의 목적이 된 건물이 전부 멸실하여도 지상권은 소멸하지 않는다.

④ 지상권이 설정된 토지를 양수한 자는 지상권자에게 그 토지의 인도를 청구할 수 없다.

⑤ 지상권자는 지상물의 소유권을 유보한 채 지상권만을 양도할 수 있다.

⑥ 지상권자가 지상권설정자에게 약정한 지료의 1년 6개월분을 연체한 후 당해 토지를 양수한 자에게 지료의 1년분을 연체한 경우, 양수인은 지상권자에게 지상권의 소멸을 청구할 수 있다.

⑦ 분묘기지권을 시효로 취득한 경우, 토지소유자가 지료를 청구하면 분묘기지권자는 지료를 지급할 필요 없다.

⑧ 지료의 지급은 지상권의 성립요건이 아니다.

⑨ 지상권을 목적으로 하는 저당권을 설정한 경우, 지료연체를 원인으로 하는 지상권 소멸청구는 저당권자에게 통지한 후 즉시 효력이 생긴다.

⑩ 저당권설정자가 담보가치의 하락을 막기 위해 저당권자에게 무상의 지상권을 설정해 준 경우, 피담보채권이 소멸하면 그 지상권도 소멸한다.

⑪ ⑩의 경우, 제3자가 목적 토지 위에 건물을 신축한 경우 지상권자는 제3자에게 목적 토지의 사용·수익을 이유로 지상권 자체의 침해를 이유로 손해배상이나 부당이득의 반환을 청구할 수 있다.

⑫ ⑩의 경우, 제3자가 목적 토지 위에 건물을 신축한 경우 지상권자는 방해배제청구로서 그 건물의 철거와 대지의 인도를 청구할 수 있다.

13 **법정지상권에 관한 설명 중 틀린 것은?** (다툼이 있으면 판례에 의함) [정답 : 3개]

① 강제경매에 있어 관습상 법정지상권이 인정되기 위해서는 매각대금 완납 시를 기준으로 해서 토지와 그 지상 건물이 동일인의 소유에 속하여야 한다.

② 경매의 목적이 된 부동산에 대하여 가압류가 있고 그것이 본압류로 이행되어 경매절차가 진행된 경우에는 애초 가압류가 효력을 발생하는 때를 기준으로 토지와 그 지상건물이 동일인에 속하였는지 여부를 판단한다.

③ 강제경매의 목적이 된 토지 또는 그 지상건물의 소유권이 강제경매로 인하여 그 절차상의 매수인에게 이전된 경우에는 매각대금의 완납시가 아니라 압류의 효력이 발생하는 때를 기준으로 토지와 그 지상건물이 동일인에 속하였는지 여부를 판단한다.

④ 강제경매를 위한 압류나 그 압류에 선행한 가압류가 있기 이전에 저당권이 설정되어 있다가 강제경매로 저당권이 소멸한 경우, 토지와 그 지상건물이 동일인의 소유에 속하였는지 여부는 그 저당권 설정 이후의 특정 시점을 기준으로 판단한다.

⑤ 동일인 소유의 토지와 건물에 관하여 공동저당권이 설정된 후 그 건물이 철거되고 건물이 새로 축조된 다음, 토지에 관한 저당권의 실행으로 토지와 건물의 소유자가 달라진 경우에는 특별한 사정이 없는 한 법정지상권이 성립하지 않는다.

⑥ 동일인 소유의 토지와 건물이 매매로 인하여 서로 소유자가 다르게 되었고, 그 후 당사자가 그 건물을 철거하기로 합의한 경우에는 관습법상 법정지상권이 성립하지 않는다.

⑦ 甲소유의 나대지에 乙이 저당권을 취득한 후 甲이 그 나대지에 건물을 신축한 경우, 저당권실행으로 토지와 건물의 소유자가 다르게 되어도 법정지상권은 성립하지 않는다.

⑧ 대지와 건물의 소유자가 건물만을 양도하면서 양수인과 대지에 관하여 임대차 계약을 체결한 경우, 특별한 사정이 없는 한 그 양수인은 관습상 법정지상권을 취득한다.

14 **지역권에 관한 설명으로 옳지 않은 것은?** (다툼이 있으면 판례에 따름) [정답: 8개]

① 지역권은 요역지와 분리하여 양도하지 못한다.

② 토지의 일부를 위한 지역권은 인정된다.

③ 1필의 토지 일부를 승역지로 하여 지역권을 설정할 수 있다.

④ 다른 특별한 사정이 없다면 통행지역권을 시효취득한 자는 승역지 소유자가 입은 손해를 보상하지 않아도 된다.

⑤ 요역지와 분리하여 지역권만을 양도할 수 있다.

⑥ 지역권은 요역지와 분리하여 저당권의 목적이 될 수 있다.

⑦ 지역권의 이전을 위해서 지역권의 이전등기가 필요하다.

⑧ 소유권에 기한 소유물반환청구권에 관한 규정은 지역권에 준용된다.

⑨ 요역지의 소유권이 양도되면 지역권은 원칙적으로 이전되지 않는다.

⑩ 공유자의 1인이 지역권을 취득한 때에는 다른 공유자도 이를 취득한다.

⑪ 통행지역권을 주장하는 사람은 통행으로 편익을 얻는 요역지가 있음을 주장·증명하여야 한다.

⑫ 자기 소유의 토지에 도로를 개설하여 타인에게 영구적으로 사용하도록 약정하고 대금을 수령하는 것은 지역권설정에 관한 합의라고 볼 수 없다.

15 **전세권에 관한 설명으로 틀린 것은?** (다툼이 있으면 판례에 의함) [정답: 5개]

① 전세권이 성립한 후 전세목적물의 소유권이 이전되면, 전세금반환채무도 신소유자에게 이전된다.

② 건물에 대한 전세권이 법정갱신된 경우, 전세권자는 그 등기 없이는 건물의 양수인에게 전세권을 주장할 수 없다.

③ 전세금의 지급은 전세권의 성립요소이다.

④ 구분소유권의 객체가 될 수 없는 건물의 일부에 대한 전세권자는 건물 전체의 경매를 신청할 수 없다.

⑤ 전세목적물의 인도는 전세권의 성립요건이 아니다.

⑥ 전세권이 법정갱신된 경우, 그 존속기간은 전(前)전세권의 약정기간과 동일하다.

⑦ 甲의 전세권 존속기간이 만료한 경우, 전세권의 용익물권적 권능은 소멸한다.

⑧ 전세금의 지급은 반드시 현실적으로 수수되어야 하고, 기존의 채권으로 갈음할 수 없다.

⑨ 채권담보의 목적으로 전세권을 설정한 경우, 그 설정과 동시에 목적물을 인도하지 않았으나 장래 전세권자의 사용·수익을 완전히 배제하는 것이 아니라면, 그 전세권은 유효하다.

⑩ 타인의 토지에 있는 건물에 전세권을 설정한 경우, 전세권의 효력은 그 건물의 소유를 목적으로 한 지상권에 미친다.

⑪ 전세권설정자는 특별한 사정이 없는 한 목적물의 현상을 유지하고 그 통상의 관리에 속한 수선을 해야 한다.

⑫ 전세권자는 특별한 사정이 없는 한 전세목적물의 현상유지를 위해 지출한 통상필요비의 상환을 청구할 수 없다.

⑬ 협의한 전세권 존속기간이 시작되기 전에 전세권설정등기가 마쳐진 경우, 그 등기는 특별한 사정이 없는 한 무효로 추정된다.

16 **민법상 유치권에 관한 설명으로 틀린 것은?** (다툼이 있으면 판례에 의함) [정답 : 8개]

① 임대차 종료시 임대인이 임차인에게 권리금을 반환하기로 약정한 경우, 권리금반환청구권을 피담보채권으로 하여 임차인은 건물에 대하여 유치권을 행사할 수 있다.

② 유치권은 법정담보물권이므로 이를 미리 포기하는 약정은 무효이다.

③ 유치권은 채무자 이외의 제3자 소유물에도 성립할 수 있다.

④ 채무자가 유치물을 직접 점유하고 있는 경우, 채권자는 자신의 간접점유를 이유로 유치권을 행사할 수 없다.

⑤ 유치권자는 경매절차에서의 매수인에 대하여 목적물의 인도의 거절을 할 수 있으며 피담보채권의 변제를 청구할 수 있다.

⑥ 수급인이 경매개시결정의 기입등기가 마쳐지기 전에 채무자에게서 건물의 점유를 이전받았다 하더라도 경매개시결정의 기입등기가 마쳐져 압류의 효력이 발생한 후에 공사를 완공하여 공사대금채권을 취득함으로써 그때 비로소 유치권이 성립한 경우에는, 수급인은 유치권을 내세워 경매절차의 매수인에게 대항할 수 없다.

⑦ 경매로 인한 압류의 효력이 발생하기 전에 이미 그 부동산에 관하여 유치권을 취득한 사람은 그 취득에 앞서 저당권설정등기나 가압류등기 또는 체납처분압류등기가 먼저 되어 있는 경우에는 경매절차의 매수인에게 자기의 유치권으로 대항할 수 없다.

⑧ 임대차종료 후 법원이 임차인의 유익비상환청구권에 유예기간을 인정한 경우, 임차인은 그 기간 내에 유익비상환청구권을 담보하기 위해 임차목적물을 유치할 수 없다.

⑨ 임대차 종료시 원상회복약정이 있는 경우 임차인의 유익비상환청구권은 유치권을 행사하기 위한 피담보채권에 해당하지 않는다.

⑩ 건축자재를 매도한 자는 그 자재로 건축된 건물에 대해 자신의 대금채권을 담보하기 위하여 유치권을 행사할 수 있다.

⑪ 전세권자가 전세목적물을 보존하기 위하여 필요비를 지출한 경우, 필요비상환청구권을 피담보채권으로 하여 유치권을 행사할 수 있다.

⑫ 유치권자가 점유를 침탈당한 경우에도 유치권에 기한 반환청구권이 인정되지 않는다.

⑬ 유치권자와 유치물의 소유자 사이에 유치권을 포기하기로 특약한 경우, 제3자는 특약의 효력을 주장할 수 없다.

⑭ 유치권자는 채권의 변제를 받기 위하여 유치물을 경매할 수 있다.

⑮ 임차인의 임대인에 대한 보증금반환청구권은 유치권이 인정되지 않는다.

⑯ 건물의 신축공사를 도급받은 수급인이 사회통념상 독립한 건물이라고 볼 수 없는 정착물을 토지에 설치한 상태에서 공사가 중단된 경우에 위 정착물에 대하여 유치권을 행사할 수 있다.

⑰ 건물신축공사를 도급받은 수급인이 사회통념상 독립한 건물이 되지 못한 정착물을 토지에 설치한 상태에서 공사가 중단된 경우, 토지에 대하여 유치권을 행사할 수 없다.

17 **저당권에 관한 설명으로 틀린 것은?** (다툼이 있으면 판례에 따름) [정답: 7개]

① 저당권으로 담보한 채권이 시효완성으로 소멸하면 저당권도 소멸한다.
② 저당권은 그 담보한 채권과 분리하여 타인에게 양도하거나 다른 채권의 담보로 할 수 있다.
③ 저당권설정자에게 대위할 물건이 인도된 후에도 저당권자가 그 물건을 압류한 경우 물상대위권을 행사할 수 있다.
④ 저당권이 설정된 토지가 「공익사업을 위한 토지 등의 취득 및 보상에 관한 법률」에 따라 협의취득된 경우, 저당권자는 그 보상금에 대하여 물상대위권을 행사할 수 없다.
⑤ 대위할 물건이 제3자에 의하여 압류된 경우에도 물상대위가 인정된다.
⑥ 저당목적물이 매매된 경우, 저당권자는 저당권설정자가 받을 매매대금에 대하여 물상대위권을 행사할 수 있다.
⑦ 저당부동산에 대한 압류가 있으면 압류 이전의 저당권 설정자의 저당부동산에 관한 차임채권에도 저당권의 효력이 미친다.
⑧ 저당부동산에 대한 후순위저당권자는 저당부동산의 피담보채권을 변제하고 그 저당권의 소멸을 청구할 수 있는 제3취득자에 해당하지 않는다.
⑨ 저당권의 효력이 미치는 종물은 저당권 설정 전부터 존재하였던 것이어야 한다.
⑩ 타인 소유의 토지 위에 있는 건물에 대한 저당권의 효력은 원칙적으로 그 대지이용권인 지상권 또는 토지임차권에도 미친다.
⑪ 구분건물의 전유부분에 설정된 저당권의 효력은 특별한 사정이 없는 한 전유부분의 소유자가 나중에 취득한 대지사용권에 미친다.
⑫ 저당권에는 목적물반환청구권이 인정되지 않는다.
⑬ 토지저당권이 설정된 후 저당권설정자가 건물을 축조하였으나 경매 당시 제3자가 소유하고 있는 경우에는 일괄경매청구권이 인정되지 않는다.
⑭ 저당물의 제3취득자가 그 부동산에 유익비를 지출한 경우, 저당물의 경매대가에서 우선상환을 받을 수 없다.
⑮ 저당물의 소유권을 취득한 제3자는 그 저당물의 경매에서 경매인이 될 수 없다.

18 근저당권에 관한 설명으로 틀린 것은? (다툼이 있으면 판례에 의함) [정답 : 3개]

① 근저당권자가 경매를 신청한 경우, 그 근저당권의 피담보채권은 매수인이 매각대금을 완납한 때 확정된다.

② 근저당권의 후순위 담보권자가 경매를 신청한 경우, 근저당권의 피담보채권은 경매를 신청한 때 확정된다.

③ 채무자의 채무액이 채권최고액을 초과하는 경우, 물상보증인은 채무자의 채무 전액을 변제하지 않으면 근저당권설정등기의 말소를 청구할 수 없다.

④ 채권최고액에는 피담보채무의 이자가 산입된다.

⑤ 피담보채무 확정 전에는 채무자를 변경할 수 있다.

⑥ 근저당권의 피담보채권이 확정된 경우, 확정 이후에 새로운 거래관계에서 발생하는 채권은 그 근저당권에 의하여 담보되지 않는다.

PART 03 계약법

01 계약에 관한 설명으로 틀린 것은? (다툼이 있으면 판례에 따름) [정답 : 10개]

① 격지자 간의 계약에서 청약은 그 통지가 상대방에게 도달한 때에 효력이 발생한다.

② 승낙자가 청약에 대하여 조건을 붙이거나 변경을 가하여 승낙한 때, 청약자가 다시 승낙하여도 계약은 성립하지 않는다.

③ 청약자가 그 통지를 발송한 후 도달 전에 사망한 경우, 청약은 효력을 상실한다.

④ 불특정 다수인에 대한 승낙은 유효하다.

⑤ 승낙기간을 정한 계약의 청약은 청약자가 그 기간 내에 승낙의 통지를 받지 못한 때에는 원칙적으로 그 효력을 잃는다.

⑥ 불특정 다수인에 대하여 한 청약은 무효이다.

⑦ 격지자간의 계약은 승낙의 통지가 도달한 때에 성립한다.

⑧ 당사자 사이에 동일한 내용의 청약이 서로 교차된 경우, 양 청약이 상대방에게 도달한 때에 계약은 성립한다.

⑨ 계약의 합의해제에 관한 청약에 대하여 상대방이 조건을 붙여 승낙한 때에는 그 청약은 효력을 잃는다.
⑩ 청약자가 '일정한 기간 내에 회답이 없으면 승낙한 것으로 본다'고 표시한 경우, 특별한 사정이 없으면 그 기간이 지나면 계약은 성립한다.
⑪ 청약자의 의사표시나 관습에 의하여 승낙의 통지가 필요하지 않은 경우, 계약은 승낙의 의사표시로 인정되는 사실이 있는 때에 성립한다.
⑫ 당사자 쌍방의 귀책사유 없는 이행불능으로 매매계약이 종료된 경우, 매도인은 이미 지급받은 계약금을 반환하지 않아도 된다.
⑬ 甲과 乙 사이에 甲의 토지에 대한 매매계약이 체결된 후에 甲의 토지가 강제수용된 경우, 乙은 이행불능을 이유로 매매계약을 해제할 수 있다.
⑭ 채무자의 책임 있는 사유로 후발적 불능이 발생한 경우, 위험부담의 법리가 적용된다.
⑮ 당사자 일방이 대상청구권을 행사하기 위하여 상대방에 대하여 반대급부를 이행할 의무는 없다.

02 **甲은 자기소유의 주택을 乙에게 매도하는 계약을 체결하였는데, 그 주택의 점유와 등기가 乙에게 이전되기 전에 멸실되었다. 다음 설명 중 틀린 것은?** (다툼이 있으면 판례에 의함) [정답: 2개]

① 양 당사자의 책임 없는 사유로 주택이 멸실된 경우, 甲은 乙에게 매매대금을 청구할 수 없다.
② 주택이 태풍으로 멸실된 경우, 甲이 乙에게 받은 계약금은 반환할 의무가 있다.
③ 乙의 채권자지체 중에 태풍으로 주택이 멸실된 경우, 甲은 乙에게 매매대금을 청구할 수 있다.
④ ③의 경우 乙의 채권자지체 중에 주택이 멸실되었으므로 甲은 자기의 채무를 면함으로써 얻은 이익을 乙에게 상환할 필요는 없다.
⑤ 乙의 과실로 주택이 멸실된 경우, 甲은 乙에게 매매대금을 청구할 수 있다.
⑥ 甲의 과실로 주택이 전소된 경우, 乙은 계약을 해제할 수 없다.

03 동시이행의 항변권에 관한 설명 중 틀린 것은? (다툼이 있으면 판례에 의함)

[정답: 4개]

① 동시이행의 항변권을 배제하는 당사자 사이의 특약은 유효이다.

② 채무자의 피담보채권을 변제할 의무와 채권자의 담보가등기 말소의무는 동시이행관계에 있다.

③ 피담보채권을 변제할 의무와 근저당권설정등기 말소의무는 동시이행관계가 아니다.

④ 매도인의 토지거래허가 신청절차에 협력할 의무와 매수인의 매매대금지급의무는 동시이행관계가 아니다.

⑤ 임차권등기명령에 의해 등기된 임차권등기말소의무와 보증금반환의무는 동시이행관계에 있다.

⑥ 구분소유적 공유관계가 해소되는 경우, 공유지분권자 상호간의 지분이전등기의무는 동시이행관계에 있다.

⑦ 임대차 종료 후 보증금을 반환받지 못한 임차인이 동시이행의 항변권에 기하여 임차목적물을 점유하는 경우, 불법점유로 인한 손해배상책임을 지지 않는다.

⑧ 동시이행관계에 있는 어느 일방의 채권이 양도되더라도 그 동일성이 인정되는 한 동시이행관계는 존속한다.

⑨ 동시이행관계에 있는 쌍방의 채무 중 어느 한 채무가 이행불능이 되어 손해배상채무로 바뀌는 경우, 동시이행의 항변권은 소멸한다.

⑩ 동시이행의 항변권은 당사자의 주장이 없다면 법원이 직권으로 고려할 사항이 아니다.

⑪ 가등기담보에 있어 채권자의 청산금지급의무와 채무자의 목적부동산에 대한 소유권이전등기 및 인도의무는 동시이행관계가 아니다.

04 **甲은 자신의 토지를 乙에게 매도하기로 하고, 그 대금을 자신의 채권자 丙에게 지급하도록 乙과 약정하였다. 다음 설명 중 옳은 것은?** (다툼이 있으면 판례에 의함)

[정답 : 7개]

① 丙의 수익의 의사표시는 제3자를 위한 계약의 성립요건이 아니다.
② 丙이 하는 수익의 의사표시의 상대방은 甲이다.
③ 丙이 매매대금의 지급을 청구하였으나 乙이 이를 지급하지 않으면 丙은 매매계약을 해제할 수 있다.
④ 乙이 丙에게 매매대금을 지급하였는데 계약이 해제된 경우, 특별한 사정이 없는 한 乙은 丙에게 부당이득반환을 청구할 수 없다.
⑤ 甲이 소유권을 이전하지 않더라도 乙은 특별한 사정이 없는 한 丙의 대금지급청구를 거절할 수 없다.
⑥ 丙이 수익의 의사표시를 한 후 甲과 乙이 대금지급과 관련한 丙의 권리를 변경시키는 합의를 하였다면 그 합의는 丙에 대하여 효력이 있다.
⑦ 丙에게 대금을 지급하기로 한 약정이 체결된 이후, 甲·丙 사이의 금전소비대차계약이 취소되었다면 乙은 丙에 대하여 대금의 지급을 거절할 수 있다.
⑧ 乙은 기본계약에서 발생한 항변으로 丙에게 대항할 수 없다.
⑨ 乙은 甲의 丙에 대한 항변으로 丙에게 대항할 수 있다.
⑩ 乙은 甲과 丙 사이의 법률관계에 기한 항변으로 丙에게 대항할 수 없다.
⑪ 乙이 상당한 기간을 정하여 丙에게 수익 여부를 최고하였으나 그 기간 내에 확답을 받지 못하였다면, 丙이 계약의 이익을 받기를 거절한 것으로 본다.
⑫ 丙이 수익의 의사를 표시한 후에는 甲과 乙은 특별한 사정이 없는 한 계약을 합의해제할 수 없다.
⑬ 甲이 乙의 채무불이행을 이유로 계약을 해제한 경우, 丙은 乙에게 손해배상을 청구할 수 있다.
⑭ 甲의 채무불이행을 이유로 丙은 요약자와 낙약자의 계약을 해제할 수 있다.
⑮ 乙의 채무불이행이 있으면, 甲은 丙의 동의 없이 계약을 해제할 수 있다.
⑯ 甲이 소유권을 이전하지 않으면 乙은 특별한 사정이 없는 한 丙의 대금지급청구를 거절할 수 없다.

05 **계약의 해지, 해제에 관한 설명 중 옳은 것은?** (다툼이 있으면 판례에 의함)

[정답 : 6개]

① 합의해제의 경우에도 법정해제의 경우와 마찬가지로 제3자의 권리를 해하지 못한다.

② 해제 후 원상회복을 위해 금전을 반환할 자는 해제한 날로부터 이자를 가산하여야 한다.

③ 계약이 합의해제된 경우, 다른 사정이 없는 한 채무불이행으로 인한 손해배상을 청구할 수 없다.

④ 당사자의 쌍방이 수인인 경우, 계약의 해제는 그 1인에 대하여 하더라도 효력이 있다.

⑤ 당사자 일방이 수인인 경우, 그 중 1인에 대하여 해지권이 소멸한 때에는 다른 당사자에 대하여는 소멸하지 않는다.

⑥ 특별한 약정이 없는 한, 합의해제로 인하여 반환할 금전에는 그 받은 날로부터의 이자를 가산하여야 한다.

⑦ 일방 당사자의 계약위반을 이유로 상대방이 계약을 해제하였다면, 특별한 사정이 없는 한, 계약을 위반한 당사자는 계약해제의 효과를 주장할 수 없다.

⑧ 채무자가 불이행 의사를 명백히 표시하더라도 이행기 도래 전에는 최고 없이 해제할 수 없다.

⑨ 매도인의 이행불능을 이유로 매수인이 계약을 해제하려면 매매대금의 변제제공을 하여야 한다.

⑩ 계약이 해제되기 이전에 계약상의 채권을 양수하여 이를 피보전권리로 하여 처분금지가처분결정을 받은 경우, 그 채권자는 계약해제의 소급효로부터 보호될 수 있는 제3자에 해당하지 아니한다.

⑪ 해제된 매매계약에 의하여 채무자의 책임재산이 된 부동산을 가압류 집행한 가압류 채권자도 계약해제의 소급효로부터 보호될 수 있는 제3자에 해당된다.

⑫ 매매대금채권이 양도된 후 매매계약이 해제된 경우, 그 양수인은 해제로 권리를 침해당하지 않는 제3자에 해당하지 않는다.

⑬ 매도인이 잔금기일 경과 후 해제를 주장하며 수령한 대금을 공탁하고 매수인이 이의 없이 수령한 경우, 특별한 사정이 없는 한 합의해제된 것으로 본다.

06 **매매의 일방예약에 관한 설명으로 틀린 것은?** (다툼이 있으면 판례에 따름) [정답: 3개]

① 당사자 사이에 행사기간을 정하기 않은 매매의 예약완결권은 그 예약이 성립한 때로부터 10년 내에 행사하여야 한다.
② 예약완결권을 행사하면 당사자의 승낙이 있어야 매매의 효력이 발생한다.
③ 매매예약완결권의 제척기간이 도과하였는지 여부는 당사자의 주장이 없다면 법원은 고려하지 않는다.
④ 예약완결권은 특별한 사정이 없는 한 타인에게 양도할 수 있다.
⑤ 예약완결권은 당사자 사이에 행사기간을 약정한 때에는 그 기간 내에 행사해야 한다.
⑥ 예약완결권의 행사기간 도과 전에 예약완결권자가 예약목적물인 부동산을 인도받은 경우, 그 기간이 도과되더라도 예약완결권은 소멸되지 않는다.
⑦ 예약완결권 행사의 의사표시를 담은 소장 부본의 송달로써 예약완결권을 재판상 행사하는 경우, 그 행사가 유효하기 위해서는 그 소장 부본이 제척기간 내에 상대방에게 송달되어야 한다.

07 **甲은 자신의 토지를 乙에게 매도하면서 계약금 명목으로 1천만 원을 받았다. 다음 내용 중 틀린 것은?** (다툼이 있으면 판례에 의함) [정답: 8개]

① 乙이 이행기 전에 중도금을 지급한 경우, 甲은 특별한 사정이 없는 한 계약금의 배액을 상환하여 계약을 해제할 수 없다.
② 甲과 乙 사이에 해약금에 기한 해제권을 배제하기로 하는 약정을 하였다면 더 이상 그 해제권을 행사할 수 없다.
③ 乙은 중도금의 지급 후에는 특약이 없는 한 계약금을 포기하고 계약을 해제할 수 없다.
④ 乙의 해약금에 기한 해제권 행사로 인하여 발생한 손해에 대하여 甲은 그 배상을 청구할 수 있다.
⑤ 甲이 해약금에 기해 계약을 해제하는 경우에는 원상회복의 문제가 생길 수 있다.
⑥ 甲과 乙 사이에 교부된 계약금은 해약금으로서의 성질을 가지나, 그 계약금을 위약금으로 하기로 하는 특약이 없는 한, 당연히 손해배상액의 예정으로서의 성질을 가진 것이라고 볼 수 없다.
⑦ 만약 乙이 甲에게 계약금의 일부만 지급한 경우, 해약금의 기준이 되는 금원은 약정 계약금이 아니라 실제 교부받은 계약금이다.
⑧ 만약 乙이 계약금 1천만 원 중 600만 원을 甲에게 지급한 경우, 甲은 1200만 원을 乙에게 제공하고 매매계약을 해제할 수 있다.
⑨ 甲이 乙에 대하여 매매계약의 이행을 최고하고 매매잔대금의 지급을 구하는 소송을 제기한 것만으로는 이행에 착수하였다고 볼 수 없으므로 계약금을 포기하고 해제할 수 있다.

⑩ 만약 토지가 토지거래허가구역 내에 있고 매매계약에 대하여 허가를 받은 경우, 甲은 계약금 배액을 상환하고 해제할 수 없다.
⑪ 甲이 매매계약의 이행에 전혀 착수한 바가 없다면 乙이 중도금을 지급하여 이행에 착수한 후라도 乙은 제565조에 의하여 계약금을 포기하고 매매계약을 해제할 수 있다.
⑫ 甲이 제565조에 의하여 계약을 해제하기 위해서는 乙에게 계약금의 배액을 이행제공하여야 하고, 乙이 이를 수령하지 않으면 공탁하여야 한다.
⑬ 만약 乙의 중도금지급이 지체되어 甲이 계약을 해제하는 경우, 특별한 사정이 없는 한 계약금 1천만 원은 손해배상금으로 간주되어 甲에게 귀속된다.
⑭ 乙이 지급한 계약금은 해약금으로 추정되지만, 특약이 없는 한 위약금으로 추정되는 것은 아니다.

08 **매도인의 담보책임에 관한 설명으로 틀린 것은?** (다툼이 있으면 판례에 따름)
[정답 : 4개]

① 토지에 대한 법령상 제한으로 건물신축이 불가능하면 이는 권리의 하자에 해당한다.
② 저당권이 설정된 부동산의 매수인이 저당권의 행사로 그 소유권을 취득할 수 없는 경우, 악의의 매수인은 특별한 사정이 없는 한 계약을 해제하고 손해배상을 청구할 수 있다.
③ 타인의 권리를 매도한 자가 그 전부를 취득하여 매수인에게 이전할 수 없는 경우, 악의의 매수인은 계약을 해제할 수 있다.
④ 매매목적 부동산에 전세권이 설정된 경우, 악의의 매수인도 계약을 해제할 수 있다.
⑤ 권리의 일부가 타인에게 속한 경우, 선의의 매수인의 손해배상청구권은 계약일로부터 1년 내에 행사되어야 한다.
⑥ 경매절차가 무효인 경우에도 권리의 하자로 인한 담보책임이 적용된다.

09 **부동산의 환매에 관한 설명으로 틀린 것은?** (다툼이 있으면 판례에 따름) [정답 : 3개]

① 환매특약의 등기가 된 부동산의 매수인은 전득자인 제3자에 대하여 환매특약의 등기사실만으로 제3자의 소유권이전등기청구를 거절할 수 있다.
② 환매특약은 매매계약과 동시에 이루어져야 한다.
③ 환매기간을 정한 경우에는 그 기간을 다시 연장하지 못한다.
④ 환매특약등기는 매수인의 권리취득의 등기에 부기하는 방식으로 한다.
⑤ 환매권은 양도할 수 없다.
⑥ 환매기간을 정한 경우, 환매권의 행사로 발생한 소유권이전등기청구권은 특별한 사정이 없는 한 그 환매기간 내에 행사하지 않으면 소멸한다.
⑦ 환매기간을 정하지 않은 경우, 그 기간은 5년으로 한다.

10 **甲 소유의 토지를 乙이 건물을 축조할 목적으로 임차하여 건물을 축조하였다. 다음 설명 중 틀린 것은?** (다툼이 있으면 판례에 의함) [정답: 3개]

① 乙이 토지임대차를 등기하지 않더라도 그 지상건물을 등기한 때에는 제3자에 대하여 토지임대차의 효력이 생긴다.

② 乙이 그 지상건물을 등기하기 전에 丙이 그 토지에 관하여 소유권을 취득한 경우에도 乙이 그 지상건물을 등기하면 丙에 대하여 임대차의 효력이 생긴다.

③ 乙의 건물이 무허가건물이라도 특별한 사정이 없는 한 乙은 지상물매수청구권을 행사할 수 있다.

④ 임대차기간의 정함이 없는 경우 甲이 해지통고를 하면 乙은 지상물매수청구권을 행사할 수 없다.

⑤ 토지임차인의 차임연체 등 채무불이행을 이유로 그 임대차계약이 해지되는 경우에도 토지임차인으로서는 토지임대인에 대하여 그 지상건물의 매수를 청구할 수 있다.

⑥ 임차인 소유의 건물이 구분소유의 객체가 되지 아니하고 또한 임대인 소유의 토지 외에 임차인 또는 제3자 소유의 토지 위에 걸쳐서 건립되어 있다면 임차인의 건물매수청구는 허용되지 아니한다.

⑦ 대항력을 갖춘 乙의 임차권이 기간만료로 소멸한 후 甲이 당해 토지를 丙에게 양도한 경우, 乙은 丙을 상대로 지상물매수청구권을 행사할 수 있다.

11 **임대차에 관한 설명으로 틀린 것은?** (다툼이 있으면 판례에 따름) [정답: 4개]

① 유익비상환청구권은 임대차 종료 시에 행사할 수 있다.

② 부속된 물건이 임차물의 구성부분으로 일체가 된 경우 특별한 약정이 없는 한, 부속물매수청구의 대상이 된다.

③ 임대차 기간 중에 부속물매수청구권을 배제하는 당사자의 약정은 임차인에게 불리하므로 무효이다.

④ 일시사용을 위한 것임이 명백한 임대차의 임차인은 부속물의 매수를 청구할 수 없다.

⑤ 유익비상환청구권은 임대인이 목적물을 반환받은 날로부터 6월 내에 행사하여야 한다.

⑥ 임대차계약이 임차인의 채무불이행으로 인하여 해지된 경우에는 임차인은 부속물매수청구권을 행사할 수 없다.

⑦ 건물의 사용에 객관적 편익을 가져오는 것이 아니더라도 임차인의 특수목적에 사용하기 위해 부속된 것은 부속물매수청구권의 대상이 된다.

⑧ 임차인의 비용상환청구권에 관하여 임차인에게 불리한 약정을 하면 무효이다.

⑨ 임대차 종료시 임차인이 동시이행항변권에 기하여 목적물을 사용·수익하는 경우, 임대인은 임차인에게 불법점유를 이유로 손해배상책임을 물을 수 있다.

12 **건물임대인 甲의 동의를 얻어 임차인 乙이 丙과 전대차계약을 체결하고 그 건물을 인도해 주었다. 틀린 것은?** (다툼이 있으면 판례에 따름) [정답 : 3개]

① 乙의 차임연체액이 2기의 차임액에 달하여 甲이 임대차계약을 해지하는 경우, 甲은 丙에게 그 사유를 통지하지 않으면 甲은 해지로써 丙에게 대항할 수 없다.

② 임대차계약이 해지통고로 종료하는 경우, 甲은 丙에 대해 그 사유의 통지 없이도 해지로써 대항할 수 있다.

③ 전대차 종료 시에 丙은 건물 사용의 편익을 위해 乙의 동의를 얻어 부속한 물건의 매수를 甲에게 청구할 수 있다.

④ 임대차와 전대차 기간이 모두 만료된 경우, 丙은 건물을 甲에게 직접 명도하면 乙에 대한 건물명도의무를 면한다.

⑤ 甲과 乙의 합의로 임대차계약이 종료되어도 丙의 권리는 소멸하지 않는다.

13 **乙은 건물을 소유할 목적으로 甲소유의 X토지를 임차한 후 甲의 동의를 받지 않고 X토지를 丙에게 전대하였다. 다음 중 옳은 것은?** (다툼이 있으면 판례에 의함)

[정답 : 2개]

① 乙과 丙 사이의 전대차계약은 유효하다.

② 乙은 丙에게 X토지를 인도하여 丙이 사용 · 수익할 수 있도록 할 의무가 없다.

③ 甲은 乙과의 임대차계약을 해지하지 않고 丙에게 불법점유를 이유로 부당이득반환을 청구할 수 있다.

④ 甲은 乙과의 임대차계약을 해지하지 않고 丙에게 불법점유를 이유로 손해배상을 청구할 수 있다.

⑤ 만약 乙이 甲의 동의를 얻지 않고 부득이한 사정으로 배우자 丁에게 X토지를 전대한 경우, 乙의 행위가 甲에 대한 배신적 행위라고 볼 수 없다면 甲은 임대차계약을 해지할 수 없다.

PART 04 민사특별법

01 **주택임대차보호법에 관한 설명으로 틀린 것은?** (다툼이 있으면 판례에 따름)

[정답 : 8개]

① 임대차계약이 묵시적으로 갱신되면 그 임대차의 존속기간은 2년으로 본다.

② 주택의 전부를 일시적으로 사용하기 위한 임대차인 것이 명백한 경우에도 「주택임대차보호법」이 적용된다.

③ 임차인이 2기의 차임액에 달하도록 차임을 연체한 경우, 묵시적 갱신이 인정되지 아니한다.

④ 임대차 성립시에 임차주택과 그 대지가 임대인의 소유인 경우, 대항력과 확정일자를 갖춘 임차인은 대지만 경매되더라도 그 매각대금으로부터 우선변제를 받을 수 있다.

⑤ 임대차기간을 1년으로 정한 경우, 임대인은 그 기간이 유효함을 주장하거나 2년을 주장할 수 있다.

⑥ 다가구용 단독주택의 임대차에서는 전입신고를 할 때 지번만 기재하고 동・호수의 표시가 없어도 대항력을 취득할 수 있다.

⑦ 저당권이 설정된 주택을 임차하여 대항력을 갖춘 주택임차인은, 후순위저당권이 실행되더라도 매수인이 된 자에게 보증금의 전부를 받을 때까지 임대차관계의 존속을 주장할 수 있다.

⑧ 임차권보다 선순위의 저당권이 존재하는 주택이 경매로 매각된 경우, 경매의 매수인은 임대인의 지위를 승계한다.

⑨ 등기명령의 집행에 따라 주택 전부에 대해 타인 명의의 임차권등기가 끝난 뒤 소액보증금을 내고 그 주택을 임차한 자는 최우선변제권을 행사할 수 없다.

⑩ 주택임차인의 우선변제권은 대지의 환가대금에는 미치지 않는다.

⑪ 대항력을 갖춘 임차인의 보증금반환채권이 가압류된 상태에서 그 주택이 양도된 경우, 양수인은 채권가압류의 제3채무자 지위를 승계한다.

⑫ 대항력을 갖춘 임차인의 보증금반환채권이 가압류된 상태에서 그 주택이 양도된 경우, 가압류채권자는 양수인에 대하여만 가압류의 효력을 주장할 수 있다.

⑬ 임대차계약이 묵시적으로 갱신된 경우, 임대인은 언제든지 임차인에게 계약해지를 통지할 수 있다.

⑭ 임차인이 임차권등기명령의 집행에 따른 임차권등기를 마친 경우, 임차인은 임차권등기의 비용을 임대인에게 청구할 수 있다.

⑮ 대항력 있는 임대차기간이 만료하기 전에 임대인이 제3자에게 주택을 매도하고 소유권이전등기를 마친 경우, 임차인은 계약 당사자가 아닌 제3자에게 임차권을 주장할 수 없다.

⑯ 임차인이 2기의 차임액에 해당하는 금액에 이르도록 차임을 연체한 사실이 있는 경우에는 임대인은 임차인의 계약갱신요구를 거절할 수 있다.

⑰ 임차인은 계약갱신요구권을 1회에 한하여 행사할 수 있으며, 이 경우 갱신되는 임대차의 존속기간은 2년으로 본다.

⑱ 임대인(임대인의 직계존속·직계비속을 제외한다)이 목적주택에 실제 거주하려는 경우에는 임대인은 임차인의 계약갱신요구를 거절할 수 있다.

02 **상가건물임대차보호법에 관한 설명으로 옳은 것은?** (다툼이 있으면 판례에 따름)

[정답: 7개]

① 대항력 있는 임차인이 적법하게 상가건물을 전대하여 전차인이 이를 직접점유하면서 그 명의로 「부가가치세법」 등에 의한 사업자등록을 하였다면, 임차인의 대항력이 유지된다.

② 사업자등록의 대상이 되지 않는 건물에 대해서는 이 법이 적용되지 않는다.

③ 기간을 정하지 아니하거나 기간을 1년 미만으로 정한 임대차는 그 기간을 1년으로 본다.

④ 차임연체액이 3기의 차임액에 달하는 경우, 임대인은 임대차계약을 해지할 수 있다.

⑤ 권리금회수의 방해로 인한 임차인의 임대인에 대한 손해배상청구권은 방해행위가 있는 날로부터 5년 이내에 행사하지 않으면 시효의 완성으로 소멸한다.

⑥ 임차인의 계약갱신요구권은 최초의 임대차기간을 포함한 전체 임대차기간이 5년을 초과하지 아니하는 범위에서만 행사할 수 있다.

⑦ 서울특별시에서 보증금 10억원인 상가임대차에서 임대차종료 후 보증금이 반환되지 않은 경우, 임차인은 상가건물의 소재지 관할법원에 임차권등기명령을 신청할 수 없다.

⑧ 서울특별시에서 보증금 10억원인 상가임대차에서 임대차기간을 6개월로 정한 경우, 임대인은 그 기간이 유효함을 주장할 수 있다.

⑨ 서울특별시에서 보증금 10억원인 상가임대차에서 상가건물이 경매로 매각된 경우, 대항력과 확정일자를 갖춘 임차인은 보증금에 대해 일반채권자보다 우선하여 변제받을 수 있다.

⑩ 임차인의 보증금 중 일정액이 상가건물의 가액(임대인 소유의 대지가액을 포함)의 3분의 1을 초과하는 경우에는 상가건물의 가액의 3분의 1에 해당하는 금액에 한하여 우선변제권이 있다.

⑪ 임차인은 약정한 차임 또는 보증금이 임차주택에 대한 조세·공과금 기타 부담의 증감이나 경제사정의 변동으로 상당하지 않게 된 때에는 당사자는 장래에 대하여 그 증감을 청구할 수 있는데, 증액의 경우 약정차임 또는 보증금의 100분의 9를 초과하지 못한다.

⑫ 「전통시장 및 상점가 육성을 위한 특별법」 제2조 제1호에 따른 전통시장의 경우, 임차인의 권리금 회수기회 보호 등 규정이 적용되지 않는다.

⑬ 건물이 노후·훼손 또는 일부 멸실되는 등 안전사고의 우려가 있어서 임대인이 임대목적 건물의 전부 또는 일부를 철거하거나 재건축하기 위하여 목적 건물의 점유를 회복할 필요가 있는 경우, 임대인은 임차인의 계약갱신요구를 거절할 수 있다.
⑭ 임차인이 3기의 차임액에 해당하는 금액에 이르도록 차임을 연체한 사실이 있는 경우 임대인은 임차인의 계약갱신요구를 거절할 수 있다.
⑮ 임차인이 임차한 건물의 전부 또는 일부를 경과실로 파손한 경우, 임대인은 임차인의 계약갱신요구를 거절할 수 있다.

03 **甲은 乙에게 빌려준 1억 원을 담보하기 위해 乙소유의 X토지(시가 2억 원)에 소유권이전등기를 경료받았다. 그 후 丙이 X토지에 대해 저당권을 취득하였다. 다음 설명 중 옳은 것은?** (다툼이 있으면 판례에 따름) [정답: 5개]

① 만약 甲이 공사대금채무를 담보하기 위하여 가등기를 한 경우에는「가등기담보등에 관한 법률」이 적용되지 않는다.
② 甲이 乙에게 담보권 실행통지를 하지 않으면 청산금을 지급하더라도 가등기에 기한 본등기를 청구할 수 없다.
③ 만약 丁이 X토지를 사용·수익하던 乙과 임대차계약을 맺고 그 토지를 인도받아 사용하고 있는 경우, 甲은 특별한 사정이 없는 한 담보권실행을 위하여 丁에게 X토지의 인도를 청구할 수 없다.
④ 乙이 피담보채무의 이행지체에 빠졌을 경우, 甲은 乙과 임대차계약을 맺고 그 토지를 인도받아 사용하고 있는 丁에게 소유권에 기하여 X토지의 인도를 청구할 수 있다.
⑤ 甲이 청산기간이 지나기 전이라도 가등기에 의한 본등기를 마치면 그 본등기는 유효이다.
⑥ 丙은 청산기간이 지나면 그의 피담보채권 변제기가 도래하기 전이라도 X토지의 경매를 청구할 수 있다.
⑦ 甲의 가등기담보권 실행을 위한 경매절차에서 X토지의 소유권을 丁이 취득한 경우, 甲의 가등기담보권은 소멸한다.
⑧ 甲이 乙에게 청산금의 평가액을 통지한 후에는 甲은 이에 관하여 다툴 수 없다.
⑨ 甲이 乙에게 주관적으로 평가한 청산금이 객관적인 가액에 미달하면 통지로서 효력이 없다.
⑩ 청산금이 없다면 甲은 乙에게 청산금이 없다는 뜻을 통지하여야 한다.
⑪ 만약 甲이 청산금을 지급하기 전에 임의로 X토지를 선의의 丁에게 매도하여 소유권이전등기를 마친 경우, 乙은 丁에게 소유권이전등기의 말소를 청구할 수 있다.
⑫ 만약 丁이 X토지를 사용·수익하던 乙과 임대차계약을 맺고 그 토지를 인도받아 사용하고 있는 경우, 甲은 乙로부터 X건물을 임차하여 사용하고 있는 丁에게 임료 상당의 부당이득반환을 청구할 수 있다.

04 **집합건물의 소유 및 관리에 관한 법령상 집합건물에 관한 설명으로 틀린 것은?** (다툼이 있으면 판례에 따름) [정답: 5개]

① 집합건축물대장에 등록되지 않더라도 구분소유가 성립할 수 있다.
② 공용부분의 사용과 비용부담은 전유부분의 지분비율에 따른다.
③ 집합건물의 임차인은 관리인이 될 수 있다.
④ 재건축 결의는 구분소유자 및 의결권의 각 5분의 4 이상의 결의에 의한다.
⑤ 재건축 결의 후 재건축 참가 여부를 서면으로 촉구받은 재건축반대자가 법정기간 내에 회답하지 않으면 재건축에 참가하겠다는 회답을 한 것으로 본다.
⑥ 공용부분 관리비에 대한 연체료는 특별승계인에게 승계되는 공용부분 관리비에 포함되지 않는다.
⑦ 집합건물의 공용부분은 시효취득의 대상이 될 수 없다.
⑧ 구분소유자는 규약 또는 공정증서로써 달리 정하지 않는 한 그가 가지는 전유부분과 분리하여 대지사용권을 처분할 수 없다.
⑨ 아직 건물이 집합건축물대장에 등록되거나 구분건물로서 등기부에 등기되지 않았다면 그 건물은 구분소유가 성립할 수 없다.
⑩ 공용부분에 관한 물권의 득실변경은 등기하여야 효력이 생긴다.
⑪ 상가건물 구분소유자가 그 건물 1층의 복도와 로비를 무단으로 점유하여 자신의 영업장 내부공간인 것처럼 사용하고 있는 경우, 그 구분소유자에게 부당이득반환의무가 인정되지 않는다.

05 **甲은 조세포탈 · 강제집행의 면탈 또는 법령상 제한의 회피를 목적으로 하지 않고, 배우자 乙과의 명의신탁약정에 따라 자신의 X토지를 乙명의로 소유권이전등기를 마쳐주었다. 다음 설명 중 틀린 것은?** (다툼이 있으면 판례에 따름) [정답: 3개]

① 乙은 甲에 대해 X토지의 소유권을 주장할 수 없다.
② 乙이 丙에게 X토지를 매도하여 소유권이전등기를 마친 경우, 특별한 사정이 없는 한 丙은 악의이더라도 X토지의 소유권을 취득한다.
③ 乙로부터 X토지를 매수한 丙이 乙의 甲에 대한 배신행위에 적극가담한 경우, 乙과 丙사이의 계약은 무효이다.
④ 丁이 X토지를 불법점유하는 경우, 甲은 직접 丁에 대해 소유물반환청구권을 행사할 수 있다.
⑤ 戊가 위조하여 X토지의 소유권이전등기를 마친 경우, 甲은 직접 戊 명의의 등기말소를 청구할 수 있다.
⑥ 만약 甲과 乙이 법령상 제한의 회피를 목적으로 명의신탁약정을 한 경우, 甲은 乙에게 명의신탁해지를 원인으로 소유권이전등기를 청구할 수 없다.
⑦ 만약 甲과 乙이 법령상 제한의 회피를 목적으로 명의신탁약정을 한 경우, 乙이 丙에게 X건물을 적법하게 양도하였다가 다시 소유권을 취득한 경우라면 甲은 乙에게 소유물반환을 청구할 수 있다.

06 **甲은 친구 乙과 명의신탁약정을 하고 丙소유의 X부동산을 매수하면서 丙에게 부탁하여 乙명의로 소유권이전등기를 하였다. 다음 설명 중 옳은 것은?** (다툼이 있으면 판례에 의함) [정답 : 4개]

① 甲이 X부동산의 소유자이다.
② 甲은 명의신탁 해지를 원인으로 乙에게 소유권이전등기를 청구할 수 있다.
③ 甲은 부당이득반환을 원인으로 乙에게 소유권이전등기를 청구할 수 있다.
④ 丙은 진정명의회복을 원인으로 乙에게 소유권이전등기를 청구할 수 있다.
⑤ 甲은 직접 乙 명의의 소유권이전등기의 말소를 청구할 수 없다.
⑥ 甲은 丙을 대위하여 乙 명의의 소유권이전등기의 말소를 청구할 수 없다.
⑦ 만약 甲과 乙이 사실혼 관계에 있다면 甲과 乙 사이의 명의신탁약정은 유효이다.
⑧ 甲은 丙에게 X부동산의 소유권이전을 청구할 수 있다.
⑨ 乙이 X부동산을 丁에게 매도하고 소유권이전등기를 해 준 경우, 丁은 악의이더라도 유효하게 소유권을 취득한다.

07 **X부동산을 취득하려는 甲은 친구 乙과 명의신탁을 약정하였다. 乙은 그 약정에 따라 계약당사자로서 선의의 丙으로부터 X부동산을 매수하여 자신의 명의로 등기한 후 甲에게 인도하였다. 다음 중 옳은 것은?** (다툼이 있으면 판례에 의함) [정답 : 2개]

① 甲과 乙의 명의신탁약정은 유효하다.
② 乙은 유효하게 X부동산의 소유권을 취득한다.
③ 甲은 乙을 상대로 부당이득반환으로 X부동산의 등기이전을 청구할 수 없다.
④ 甲은 乙에게 제공한 부동산매수자금 회수를 담보하기 위하여 X부동산에 대하여 유치권을 행사할 수 있다.
⑤ 丙은 특별한 사정이 없는 한 乙명의의 등기말소를 청구할 수 있다.
⑥ 乙이 X부동산을 丁에게 매도하고 소유권이전등기를 해 준 경우, 丁은 선의인 경우에 한하여 유효하게 소유권을 취득한다.
⑦ 만약 丙이 甲과 乙의 명의신탁약정을 알고 있어도, 丙으로부터 직접 X부동산을 매수한 乙은 유효하게 소유권을 취득한다.

★ 항상 여러분의 합격을 기원합니다 !!

정 답

01 민법총칙

1	2	3	4	5	6
①②④	①③⑤⑧⑪⑫	①⑤⑦	②④⑥⑧⑨	③⑤	④⑤⑥⑦⑧

7	8	9	10	11
②③⑤⑥	①④⑥⑧⑩	①⑤⑧⑨	②⑤⑥⑦⑧⑨	③④⑦⑧⑩

12	13	14	15
②③④⑧⑨⑪⑫	②③④⑥⑦⑨⑪⑫⑬	②④⑤⑦	④⑤⑨⑩

16	17	18	19
②④⑤⑥⑦⑧⑫	③⑤	③⑤	③④⑥⑦⑧⑫

02 물권법

1	2	3	4
①②③④⑥⑦⑧⑨⑫	②④⑤	②⑥⑦⑩⑪	④⑤⑦⑧⑩⑫⑬⑭

5	6	7	8	9	10
②	③⑥	①④⑤⑦⑧⑫	①③④⑧⑨	①⑥⑦⑩	①②④⑤⑥⑦

11	12	13	14	15
①⑦⑧	①⑥⑦⑨⑪	①④⑧	②④⑤⑥⑦⑧⑨⑫	②⑥⑧⑪⑬

16	17	18
①②⑤⑦⑩⑪⑬⑯	②③⑥⑦⑨⑭⑮	①②③

03 계약법

1	2	3	4
②③④⑥⑦⑩⑫⑬⑭⑮	④⑥	②⑤⑨⑪	①④⑩⑪⑫⑬

5	6	7	8	9
①③⑩⑪⑫⑬	②③⑥	④⑤⑦⑧⑩⑪⑫⑬	①④⑤⑥	①⑤⑥

10	11	12	13
②④⑤	②⑦⑧⑨	①②③	①⑤

04 민사특별법

1	2	3	4
②⑤⑦⑧⑩⑬⑮⑱	①②③④⑦⑧⑭	①②⑦⑧⑩	②⑤⑨⑩⑪

5	6	7
④⑤⑦	④⑤⑧⑨	②③

제35회 공인중개사 시험대비 **전면개정판**

2024 박문각 공인중개사
김화현 파이널 패스 100선 1차 민법·민사특별법

초판인쇄 | 2024. 7. 25. **초판발행** | 2024. 7. 30. **편저** | 김화현 편저
발행인 | 박 용 **발행처** | (주)박문각출판 **등록** | 2015년 4월 29일 제2019-000137호
주소 | 06654 서울시 서초구 효령로 283 서경 B/D 4층 **팩스** | (02)584-2927
전화 | 교재 주문 (02)6466-7202, 동영상문의 (02)6466-7201

저자와의
협의하에
인지생략

정가 20,000원
ISBN 979-11-7262-165-0